传媒符号

一部文明史

（第二版）

[加]马塞尔·达内西◎著

郭飞 郜庆燕 赵若瑄 杨斌策◎译

上海交通大学出版社
SHANGHAI JIAO TONG UNIVERSITY PRESS

内容提要

本书是一部传媒符号学著作，介绍与人类生活息息相关的媒介，梳理概括重要的符号学公理和概念。本书分门别类地详述各种媒介类型及其符号表征：印刷媒介既涉及较为严肃的报刊书籍，又论述漫画、博客等引人入胜的形式；声音媒介将爵士、摇滚、嘻哈乃至整个名人文化囊括其中；影视媒介探讨电影与电视节目及其与后现代主义的关联；计算机与互联网媒介从计算机的发展史谈到与现代世界息息相关的社交媒体；广告媒介以全新视角展现广告艺术及其影响。本书最后详细地从符号学角度论述整个传媒体系的影响，并总结反思媒体和当代文化之间的关系。本书适合对传媒符号学感兴趣的广大读者使用。

图书在版编目(CIP)数据

传媒符号：一部文明史：第二版/(加) 马塞尔·达内西(Marcel Danesi)著；郭飞等译．—上海：上海交通大学出版社，2023.10

书名原文：Understanding Media Semiotics (Second Edition)

ISBN 978-7-313-29168-4

Ⅰ.①传… Ⅱ.①马…②郭… Ⅲ.①世界史—文化史 Ⅳ.①K103

中国国家版本馆 CIP 数据核字(2023)第 143198 号

传媒符号——一部文明史(第二版)

CHUANMEI FUHAO——YIBU WENMINGSHI(DI ER BAN)

著　　者：[加] 马塞尔·达内西　　译　　者：郭　飞 等

出版发行：上海交通大学出版社　　地　　址：上海市番禺路 951 号

邮政编码：200030　　电　　话：021-64071208

印　　制：苏州市古得堡数码印刷有限公司　　经　　销：全国新华书店

开　　本：710mm×1000mm　1/16　　印　　张：16.75

字　　数：268 千字

版　　次：2023 年 10 月第 1 版　　印　　次：2023 年 10 月第 1 次印刷

书　　号：ISBN 978-7-313-29168-4

定　　价：68.00 元

译者前言

本书《传媒符号——一部文明史（第二版）》原著 *Understanding Media Semiotics*（*Second Edition*）由加拿大符号学家马塞尔·达内西（Marcel Danesi）所著，是一本深入探讨媒体与符号学关系的重要著作。符号学主要研究符号和符号是如何被用来创造意义的，而媒体则是向广大受众传递信息的媒介。本书通过分析印刷、影音、广告和互联网等各种媒体，探讨了符号学在媒体分析中的应用和理论。第一版于2002年问世后迅速成为媒体研究、传播和符号学领域的常用教材。第二版于2019年出版，基于第一版，融合了新时代的新兴媒体以及对媒体变化的研究。

全书分为九章，每一章都关注媒体和符号学的不同方面。现代的媒介化世界是否真的是一把双刃剑？文化评论家古德温（Goodwin）所言的"消遣工厂"如何建成？这些问题都将在本书中找到答案。本书的第一章作为开篇章节，首先向读者介绍了媒介的意义，从早期通过石刻、木刻等方法形成的象形文字，到印刷术发明后的书籍文本，再到经由电子信号传输的录音、电影、广播和电视，这些与人类生活息息相关的各种媒介都将一一展现。何为表征？何为传播？这些符号学的公理和概念也将得到初步阐述，帮助读者理解符号学的相关知识。第二章则对符号学的学科知识进行了梳理与概括。从索绪尔与皮尔斯的符号学之源到其背景再到其发展历程，作者旁征博引且有的放矢，在有限的篇幅内将重要的符号学概念展现给读者，结合实例让读者即便不具备相关知识也能清楚明了。此外本章还涉及符号学分支的叙事学以及与符号密切关联的隐喻,为后面章节的内容做出充实的铺垫。

有了前两章对于传媒符号学的铺垫,接续的第三至八章分门别类地对各种媒介类型及其符号表征进行详细阐述:第三章的书籍、报纸、杂志等印刷媒介,既有邸报、《哲学会刊》等较为严肃的文本,又有各类漫画、博客等引人入胜的形式;第四章的流行乐、无线电等声音媒介,将爵士、摇滚、嘻哈乃至整个名人文化囊括其中;第五章与第六章的影视媒介,探讨了电影与电视节目经历的发展阶段、与后现代主义的关联,以及电视媒体环境对受众的四种心理社会影响;第七章的计算机与互联网媒介,从计算机的发展史谈到与现代世界息息相关的社交媒体,并在第一版的基础上增加了关于人工智能奇点理论的深度探讨;第八章的广告媒介,从符号学视角讲述广告的一些基本内涵,探究如何通过广告构建意指系统,以全新视角展现广告艺术及其影响。

第九章作为尾章,再次总结符号学分析的主要特点,更详细地从符号学角度论述整个传媒体系所产生的社会与文化影响,完成了收尾闭环,并对媒体和当代文化之间的关系进行总结反思,升华主题。

本书内容上涵盖从人类文明最初的声音传媒符号,到最早的书写文字传媒符号(包括中国的象形文字、埃及的楔形文字等),再到后面的印刷书籍、报纸、杂志、音乐、无线电媒介、影视媒介,直至今日计算机和互联网的传媒符号,涉及人类文明的整个符号历史。表征人类语言的传媒符号是人类有别于其他物种的文明体现,可以说,没有符号就没有人类文明,人类的符号发展史即是一部人类文明史。

作为媒体研究领域具有重要学术价值的书籍,本书结合符号学和媒体学的理论框架,探讨了媒体信息如何构建,以及受众如何接收和解释信息。首先,本书强调了符号学在媒体研究中的重要性和应用。符号学作为研究符号和符号如何被用来创造意义的学科,是分析媒体信息和受众反应的关键工具。本书对符号学的概念和理论做了详细讨论,同时佐以大量实际案例,涵盖印刷媒介、声音媒介、影视媒介、计算机与人工智能,以及广告等各种形式的媒体。通过对这些实证案例的深入分析,为读者展示了符号学在各种媒体分析中的应用,让读者更好地理解媒体信息的构建和受众反应的过程。

此外,本书对数字媒体和社交媒体的讨论也具有重要的学术价值。随着互联网技术的不断发展,数字媒体和社交媒体已经成为现代媒体环境的重要组成部分。书中不乏对这些媒体的分析，并探讨了它们如何使用符号来创造意义和影响受众，这对于理解数字媒体和社交媒体的文化和社会影响具有重要的学术价值。同时，本书为符号学研究者提供了更加系统和全面的分析框架和方法，在学术界受到了广泛的关注和赞誉，也在教育界得到了广泛应用，成为媒体研究和媒介文化课程的重要导论书籍。

一言以蔽之，本书不仅通过深入的理论分析和实证案例，为读者理解媒体信息和受众反应的过程提供理论基础，同时也为符号学与媒体研究领域提供重要的学术价值和实际应用价值。本书的出版在一定程度上填补了符号学与传媒研究交叉点理论和应用方面的空白，能够成为研究者深入探究媒体信息和受众反应的重要参考文献，同时也为媒体研究和媒介文化教育提供有力支撑。

作为本书译者，我们很荣幸能够将这本重要的传媒符号学著作带给更多国内读者。本书对于理解符号学理论与在媒体中的应用，以及对于理解数字媒体和社交媒体对文化和社会影响的分析，具有极高的学术价值和实际应用价值。译者已经深深地体会到了本书对于研究工作的启示和帮助。

本书在翻译过程中，不乏将符号学理论和应用准确传递至中文读者等挑战。其中涉及部分其他语言体系中独有的符号系统，如非洲本土语言对色谱的界定。为此，译者花费了大量时间进行比较和分析，查阅各类资料文献并咨询多领域资深人士，力求将原著的精神和内容完整地呈现给中文读者。

译者相信，这本译著能够成为广大媒体研究者、教师、学生以及业余爱好者们的一本实用的工具和参考书，帮助他们更好地理解传媒符号学，并从符号学的视角去观察数字媒体和社交媒体对于文化和社会的影响。我们强烈推荐本书给所有对符号学、媒体研究和媒介文化感兴趣的读者，希望本书能够成为他们的重要参考和灵感之源。

译　者

致　谢

我谨先向加拿大多伦多大学维多利亚学院表示感谢，数年来有幸于此教授并协理符号学与传播学理论相关课程。同时诚谢执教三十余载带过的芸芸学子。奇文共欣赏，疑义相与析。正是莘莘学子的见地与激情成就了我教书生涯的简单美好！他们就是本书的动力之源！

序 言

> 商业爵士[①]、肥皂剧、通俗小说、连环画、电影等大众传媒影响着城市大众的形象、举止、准则和目标。在某种程度上，这些文化机器面前人人平等；同技术本身一样，大众传媒几乎具有普遍的影响力和强大的吸引力。这些媒介是一种共同标准，一种能够预设大众情绪的体系。
>
> ——C. 赖特 · 米尔斯(C. Wright Mills, 1916—1962)

詹姆斯 · 邦德(James Bond)系列电影中的反派通常使用暴力手段达到目的，但 1997 年上映的《007 之明日帝国》(*Tomorrow Never Dies*)中，邪恶反派试图通过控制所有大众传播媒介进而控制整个世界。影片讲述了反派埃利奥特 · 卡佛(Elliott Carver)的故事。片头就指出，埃利奥特能够左右普通人的所见所闻，几乎掌控了大众的思想。毫无悬念，在无畏的英雄詹姆斯 · 邦德的带领下，正义力量最终“拯救了世界”，摆脱了这个疯狂媒体大亨的无情统治。

该电影以及 1997 年以来上映的许多其他类似主题的电影都传递了一个明确信息：我们的世界正越来越受到“媒介

① 商业爵士是一种将多种风格编排在一起的舞蹈形式，可包含爵士、嘻哈、街头、放克等多种舞蹈风格。(本书脚注皆为译者注)

权力”操纵者的威胁，这些人控制着电视网络、电影制作工作室和计算机媒体。但是，并非只有电影爱好者才对媒体大亨感到恐惧。事实上，过去十年间出版的许多书籍都谴责了媒体对当代社会各方面构成的严重威胁，多数书籍尖锐批评了控制媒体机构的个人和团体。另有许多书籍则尝试对因传媒文化全球传播而形成的社会状况作出合理解释。但在我看来，解决任何“媒体操纵”问题的关键，是理解由媒介传播而影响现代日常生活系统的“意义结构”。撰写本书的目的正在于此，即在“符号学”(semiotics)的概念框架内深入研究这些“意义结构”。其视角之独特在于，这些结构对我们来说似乎是如此的“理所当然”而又“耐人寻味”，原因正如已故的加拿大媒介学家马歇尔·麦克卢汉[①](Marshall McLuhan, 1911—1980)所言，我们创造的媒介是自己内在感官和认知过程的无意识延伸。

① 马歇尔·麦克卢汉是20世纪的原创媒介理论家、思想家，代表著作有《机器新娘》(1951)和《理解媒介》(1964)。

本书目标

对媒介的学术研究可以追溯到20世纪30年代的美国。然而，直到20世纪50年代末，符号学才被引入这一研究领域。这十年间，法国符号学家罗兰·巴特[①](Roland Barthes, 1915—1980)首次阐明媒介如何产生意义的研究价值。巴特在1957年出版的代表作《神话学》(*Mythologies*)中写道，符号学方法是最根本的，因为它与其他研究媒介的方法不同，几乎只关注隐含意义。可令人唏嘘的是，自20世纪50年代末以来，鲜少有巴特式的传媒符号学教科书问世。这很大程度上是因为符号学从未真正在学术界找到一席之地，因而"全职"研究符号学的专业人员也极少。此外，出于某种原因，在巴特作品问世后的几十年里，符号学领域很快被冠上过于专业化、术语过多、晦涩难懂的"坏名声"。撰写本书在很大程度上旨在为符号学正名。事实上，符号学由一些基本概念组成，这些概念可广泛应用于任何人类意义系统的研究。

本书可作为传媒符号学(media semiotics)的一部导论书籍，旨在为修读普通符号学、心理学、语言学、神话学、教育学、文学研究、社会学、文化人类学、文化研究、传播学和媒介分析等领域入门级课程的学生量身定制。本书亦可作为一本实用手册，帮助他们从符号学理论这一特定角度研究和理解媒介。为便于阅读，本书引文较少。其中相关评注、描述

① 罗兰·巴特是法国作家、思想家、社会学家、社会评论家和文学评论家，代表著作有《神话学》(1957)。

和分析的各类参考信息均列在书后。虽偶尔会对某类媒介产品提出批评，但这并非本书的主要目的。市面上有众多书籍从各种意识形态的角度评论媒介，部分已在书后的参考书目中列出。本书目的主要是例证如何将符号学应用于媒介研究，仅此而已。

符号学的主要研究方法有两个：

1. 历史溯源(Historical Inquiry)。意义系统首先必须从历史角度进行考察。原因显而易见，要想真正理解某物的含义，首先必须厘清它是如何产生的。因此，在每章的讨论中都会涉及与某一特定媒介的起源和演变有关的历史问题，以及其随着时间的推移所产生的作品和流派。

2. 阐释(Interpretation)。符号学研究旨在揭示 X=Y 关系的本质。X 是实质存在的事物，可以是一个单词、一本小说、一档电视节目，或其他人类艺术作品。Y 是该事物在个人、社会、历史等所有维度中的意义。弄清 Y 的这些意义就构成了符号学方法的总和与实质。这个过程通常被称为阐释。

作为一本实用手册，本书为了将篇幅控制在该类书籍的体量范围内，不得不对主题的选择和每个主题探讨的深度有所限制。尽管如此，在两版书中我还是尽可能全面地探讨重要的主题、概念和技术，以展现符号学研究如何成为一种真正有效的媒介分析形式。

作者写作内容及方式必然会反映出自身的背景和偏好。但我向读者们保证，本人已尽全力强调分析方法，摒弃个人观点。我真诚地希望读者们在各领域都能发现本书论述的可用之处。为此，我采用简洁明了的写作风格，预设读者此前并未掌握任何相关专业知识，同时在书后附有一份术语表以供参考。若想了解有关本书讨论的各种主题的不同观点或其他补充观点，可参见书末列出的相关著作(术语表及相关著作详见原著)。

本书为第二版。2002 年第一版问世时，还未出现社交媒体、热门视频、模因、智能手机等事物。因此，第二版涵盖符号学分析框架内的所有变化，极大地扩展了其覆盖面，并包含数字时代演化出的媒介景观。

第一章概述媒介的类型及其历史发展，同时简要阐述符号学的原理和概念。第二章介绍符号学方法的主要概念和技巧，这些概念和技巧可用于系统研究媒介表征及其产品。第三章至第八章从符号学研究的角度分别探讨印刷、音频、电影、电视、计算机和广告等媒介及其类型。由于本人在加拿大生活和教书，这些章节中讨论和分析的大多数例证都基于北美洲的情况，但我也尽可能列举自己熟悉的其他国家的各类案例。最后一章是作者对媒介与当代文化之间关系的思考，特别是媒介对当代人心理的影响。

目　录

第一章 传媒世界

> 大众媒介、报刊、广播、电影和电视的经营者们成功将我们对灾祸的注意力转移至别处。若想摆脱其干扰，就要加倍关注这些灾祸。
>
> ——恩斯特·菲舍尔(Ernst Fischer, 1899—1972)

已故的马歇尔·麦克卢汉的演讲常常引人入胜，20 世纪 60 年代至 70 年代间他在加拿大多伦多大学演讲时，惯常告诫学生，他们每天接触的媒介有利亦有弊。虽然从收音机到智能手机等各种平台上传播的大众媒介确实让越来越多的人更容易获得信息，但麦克卢汉早在互联网出现之前就指出，媒介也让人们产生一种普遍的疏离感和“离身”感。在他去世几十年后，几乎每个人都清楚地认识到，他的告诫有据可循。我们的现代媒介化世界确实是一把双刃剑：麦克卢汉在几十年前就警示过的“离身”现象似乎已经不足为奇，与此同时，越来越多的人获得了曾经只有少数人才能获取的信息。

这是如何发生的？难道世界上的媒体大亨真如本书序言中提到的邦德系列电影所暗示的那样，控制着普通人的思想和灵魂，用文化评论家古德温(1992)称作“消遣工厂”的全球传媒娱乐业的资源，日复一日地对他们洗脑，使他们屈服吗？新晋“强盗大亨”——迪士尼公司(Disney Corporation)、时代华纳(Time Warner)、通用电气(General Electric)、美国在线(AOL)、谷歌(Google)、苹果(Apple)和雅虎(Yahoo)等媒体帝国的首席执行官们，现在他们之中谁拥有并传播着人们看到和听到的大量内容？显然，对于我们所有生活在媒介景观中的人来说，这些问题都十分重要，却很难简单地予以解答。

“消遣工厂”并非一夜建成，它是技术和历史合力的产物。因此，在回答这些问题时,合乎逻辑的出发点是对其中一些力量展开初步探究,这是开篇章节两个主要目标中的第一个。第二个目标则是描述一些基本的符号学概念,这些概念将在随后的章节中指引我们开启当代媒介景观之旅。

何为媒介?

在发明字母表之前,人们用口语交流,知识也是口口相传。但即使在早期的"口语文化"时期,人们也发明了一些工具,以耐久的物质形式记录并留存思想。这些形式无一例外都是象形文字,以图画的形式表示存在于世界上或头脑中的某种事物。尽管现在我们大多数的书面交流都基于字母表,但象形文字直观且实用,因此它从未从世上消失,也就不足为奇了。仅举两个常见的例子,洗手间的男女标识和公共建筑内的禁烟标志都是现代的象形文字。

要说明何为媒介[①],象形文字是再合适不过的例子,这种文字就是一种使用雕刻工具、颜料、尖笔等恰当的技术在洞壁、木片、莎草纸[②]等表面上记录思想的手段。更通俗地说,媒介可以定义为实现某种用于记录思想的象形文字、字母字符等"符号"系统的物理手段。

象形文字并没有改变日常交流的基本口头性质,也没有改变早期社会口头传播知识的方式。约公元前 1000 年发明字母书写之后,世界秩序才发生了第一次巨变。哲学家托马斯·库恩(Thomas Kuhn, 1922—1996)将这种巨变称为"范式转向"(1970)。用库恩的话来说,从象形文字到字母书写的转变是人类历史上第一次伟大的"范式转向",因为它是建立世界文明的第一步。简言之,字母书写使印刷成为世界上第一种可行的存储和交流思想与知识的媒介。

建立世界文明的第二步是在 15 世纪活字印刷技术发展[③]之后,这使廉价印刷和复制书籍成为可能。麦克卢汉以发明欧洲活字印刷术的德国印刷商约翰内斯·古腾堡[④](Johannes Gutenberg,约 1400—1468)的名字命名了这一技术事件之后的世界秩序类型——"古腾堡星系"。正如麦克卢汉所言,"古腾堡

① 媒介(medium),拉丁文"medius"意为"中间或之间"。
② 英文为 papyrus,是早期用纸莎草制成的纸张。
③ 此处指的是铅活字,最早的活字印刷始于 11 世纪北宋毕昇发明的胶泥活字印刷术。
④ 约翰内斯·古腾堡是西方铅活字印刷术的发明者,他的发明引发了一场媒介革命,迅速推动了西方科学和社会的发展。

星系”确实将印刷书籍确立为记录和保存信息与知识的主要工具。但它的作用不止于此，它还将廉价生产的书籍确立为历史上第一种真正的“大众消遣”工具。事实上，时至今日，我们阅读书籍不仅是为了学习或借鉴，也是为了消磨闲暇时间。

建立世界文明的第三步发生在 20 世纪初，电子技术的进步使录音、电影、广播和之后问世的电视成为传播信息的新媒介，最重要的是，为更多的人提供消遣。由于电子信号几乎可以畅通无阻地跨越国界，麦克卢汉将这个被电子媒介联通起来的世界称为“地球村”。用这位敏锐的加拿大学者的话说，这个世界可以称作“电子星系”。20 世纪末，在计算机广泛普及、互联网作为真正的全球大众媒介出现之后，人类朝着建立世界文明迈出了第四步。根据麦克卢汉建立的术语风格，当今世界可以称为数字星系。

对大众传媒和媒介景观的学术研究可以追溯到 20 世纪 30 年代的美国。然而，直到 20 世纪 50 年代末，在麦克卢汉 1951 年出版至关重要的著作《机器新娘》(*The Mechanical Bride*)之后，学术界才开始研究大众传媒、流行文化和社会变革之间的联系。麦克卢汉告诫读者，我们每天接触的媒介重塑了我们的思想。媒介会影响大脑，因为它们提供了传播知识和信息的环境，这些知识和信息直接影响大脑执行活动的方式。苏联的利维·维果茨基(Lev Vygotsky, 1962, 1978)将大脑的这一特性称为可塑性。麦克卢汉(1964:300)敏锐地指出：“环境不仅仅是容器，还是完全改变内容的进程。”

表征

在哲学、心理学和符号学等学科中，以某种物理方式记录思想、知识或信息的过程称为表征(representation)。在符号学中，可以更准确地将其定义为使用图片、声音等“符号”来联结、描述、描绘或再现那些通过文字、故事、绘画等物理形式感知、感觉、想象或体会到事物的方式。表征可以描述为构建形式 X 的过程，以引起人们对物质上或概念上存在事物 Y 的注意，或者简单表述为 X=Y。然而，梳理 X=Y 的含义并非易事。物理形式创造者的意图、其形成的历史和社会背景、创造形式的目的等，都是其中的复杂因素。符号学的目的就是研究这些因素。为了进行系统化研究，符号学建立了独特的术语和准则。在符号学中，表征的实际物理形式 X 通常称为能指(signifier)；其产生的(无论明显与否的)一个或多个意义 Y 称为所指(signified)；在特定的文化环境中，有可能从表征(X=Y)中提取的各种意义称为意指(signification)。这些将在第二章进行详细讨论。还有其他方法可以表示表征的这些特征,但现在了解这些足矣。

表征的蕴意可以用一个例子来说明,亲某人嘴唇的动作即接吻,可表示浪漫的爱情。浪漫爱情作为一种生物的和情感的现实存在于世界中,但即使如今世界已成为"地球村",其表达方式"接吻"却并非如此(Danesi, 2013)。在符号学的表征理论中,浪漫爱情被称为指称物(referent),因为当它通过我们的感官、情感和智力向我们的意识"呈现自己"时,我们希望以某种方式指称它。作为一个指称物,它可以被表征(represent,字面意思是"再次呈现")为某种刻意创造的物理形式。这就是亲吻作为一种能指出现的方式。例如,在现代的欧陆文化中,通过接吻来表现的浪漫爱情可以通过以下能指来实现:①一张明显相爱的两个人在浪漫接吻的照片;②一首隐喻性地描述接吻时各种生理和情感反应的诗;③一部用特写镜头刻画接吻动作的浪漫电影。尽管它们会围绕一个源自文化习俗的基本语义核心而趋同,但每个人所捕捉到的意义都不尽相同。这些意义构成了浪漫爱情的所指。请注意,这些能指不仅由其创造者构建,而且由与其所处文化相关的某些预先存在的概念构建。例如,伦敦对浪漫爱情的表征可能与传统部落文化中对同一指称物的表征有所不同。此外,用来描绘指称物的媒介也塑造了所指。照片能显示的所指物的视角相当有限,而电影可以展现接吻动作的更多图像细节。最终,生活在伦敦、加尔各答或旧金山的人们从上述表征中获取意义的方式会有所不同。这是因为他们在自己的特定文化中,已经习惯了不同的意义系统,这些系统是浪漫爱情及其接吻表征的基础。

我们无法确定某一符号的意义,也无法预测采用何种表意系统来精确计算某个特定表征(X=Y)对某人而言意味着什么。然而,从某种表征中获取意义的过程并非是完全开放的,它受到社会习俗、群体经验和许多其他背景因素的制约,这些因素限制了在特定情况下可能出现的意义的范围。符号学分析的任务之一就是要弄清楚这个范围是什么。正如前文中所述,符号学方法论的这一方面被称为阐释。

在本书中,用于构建表征的媒介和表征本身之间几乎不做区分。举例来说,当本书中使用诸如"印刷媒介"这样的术语时,它可以专指或兼指:①用于生产印刷能指(象形文字、字母字符)的物理元素;②允许人们编码的所指类型(文字、文本等);③用于制作印刷品表征的物理材料(纸张、莎草纸等)。

传播

表征与传播不同。正如上文所述，前者是指以某种特定的方式对某物进行描述；后者则是指以某种基于感官的方式对信息进行传递、传输、广播或交流。

感官模式	实 例
听觉	口头交流、唱歌、吹口哨、哭泣等
视觉	象形文字、听障者手语、图画等
触觉	视力受损者或失明者的盲文（通过触摸识别代表字母和数字的不同组合的凸点）、通过触摸熟悉字母形状的字母玩具块等
嗅觉	香水、古龙水、宗教用香等
味觉	食物中试图还原某些自然味道的化学成分等

在纯粹的生物学层面上，只有当另一物种拥有用于传播讯息的相同类型的感官模式时，该信息才能被成功接收，即被识别为信息。其中，触觉模式似乎跨越了人类和动物的感官传输系统。毫无疑问，我和我的猫每天都在进行一种基本形式的触觉交流。我们共享生活空间，在情感交流方面相互依赖，我们确实通过身体信号，特别是通过相互触摸，向对方传递自己的感觉状态。然而，即使在多样化的传播交流模式的范围内，我也无法通过"拥抱、引导、支撑、亲吻、挠痒痒"等词语向我的猫传达更广泛的感觉状态。显然，跨物种交流可以实现，但形式非常有限。根据物种的不同，交流可以在某些模式下部分或完全实现，但如果两个物种的感官系统差异过大，信息传递几乎不可能实现。

表征也可以通过技术传播，即通过一些人工制品或发明来传播。早期社会发明了简单的信息传播工具，如鼓、烟火信号以及烽火，以便在短距离内可以被看到或听到。信息也可以绑在经过训练的信鸽腿上，它们可以将信息送达目的地后再返回。在后来的社会中，所谓的旗语或闪光灯信号被用来在相对较短但难以跨越的距离内发送信息，如从一个山顶到另一个山顶，或从海上的一艘船到另一艘船。

工具是一种提升某些感官、体力或智力方面能力的人工制品。斧头提升了手力，让人能够更加轻松地伐木；车轮提升了脚力，让人得以走得更远。为了体现科学方面的准确性，需要注意的是，工具制造本身就是双足性（即两足直立行走能力）产物。非洲发现的化石也已证明，即使在数百万年前人类的大脑体积还未大幅增加时,他们也能直立行走,并有双足的步态。完全的两足直立行走解放了人类的双手,使其成为高度敏感的肢体,可以进行精确的操纵和抓取。直立姿势促使随后的语言生理器官的进化,因为这种姿势导致喉部降低并位置固定,以控制呼吸。

麦克卢汉(1964)指出,记录和传播信息的技术类型决定了人们如何处理和记忆信息。人类天生具有用各种感官破译信息的能力。按他所言,感官配比在我们出生时就经过一致校准以接收信息。然而,在社会环境中所有感官不太可能都以相同的比例运作。根据记录和传播信息所采用的方式不同,其中某一感官配比会相应提高。在口语文化中,听觉比例在很大程度上决定着信息处理和解读的方式;而在书面文化中,视觉比例则至关重要。但这种感官配比的提高或降低并非经过预先设置。事实上,在我们自己的文化中,我们可以同时激活各种感官配比。例如,如果一个人听到某人说出"猫"这个词,在处理该词含义时,听觉感官配比将起关键作用。然而,如果看到这个单词写在纸上,那么视觉感官配比就会被激活。同时看到并听到"猫"这个词,会一并激活听觉和视觉两种感官配比。

1967 年,麦克卢汉与昆廷·菲奥里(Quentin Fiore)①合著的《媒介即按摩》(*The Medium is the Massage*)出版,书中麦克卢汉在感官系统(sensorium)的基础上发展了他的感官配比概念。在严格意义上的印刷文化中,视觉感官配比不仅支配着我们如何从书面文本中收集信息,也导致视觉向其他媒介延伸。典型的例子是漫画艺术,麦克卢汉将其视为感官融合或联觉的真正象征。我们通过图像和文字从漫画书中提取内容,二者以一种相互关联的混合方式彼此照应。漫画书也是我们通过大众媒介创造感官系统的一个例子。感官系统一词诞生于 17 世纪,指人类思维的感觉性。在医学上,它指的是影响大脑处理信息方式的感官环境,包括对世界的解释。麦克卢汉采用的正是后一种含义。

由于感官配比的不平衡性,一系列运动和各种艺术风格应运而生,其本质是试图恢复平衡。因此,在使用字母的文化中,各种艺术运动的出现都是为了这一本质。事实上,诸如古典主义、浪漫主义等运动都是恢复感官平衡的尝试。这就是为什么在文艺复兴时期,艺术家也是数学家,他们通过感官融合来整合

① 昆廷·菲奥里,平面设计师。他因在 20 世纪 60 年代与媒介理论家麦克卢汉合作出书而开始引起人们的关注,凭借打破常规的图书排版风格而声名远扬。

大脑的两个方面，这就是我们所说的“审美”体验的本质，也就是说，我们切实地感觉到并体会到一件艺术作品的整体意义。

媒介类型

媒介可分为三种基本类型：

- 自然媒介（natural medium），即通过某种生物方式（声音、面部表情、手势等）传播信息的媒介；
- 人工媒介（artifactual medium），即通过一些人工制品（书籍、绘画、雕塑、信件等）表示和传播信息的媒介；
- 机械媒介（mechanical medium），即通过电话、无线电、电视机、计算机等机械发明传播信息的媒介。

显然，从人工媒介到机械媒介是一种迁移。事实上，前者包含后者，因为机械媒介实际上属于特殊的人工媒介。更通俗地说，它们是“非生物”媒介，可以细分为三大类：印刷、电子和数字。这些媒介的不同之处在于所谓的“表述”模式，即其编码信息的方式不同。印刷媒介允许人们在石头、壁画、莎草纸、纸张和其他可印刷的表面或材料上“表述”口头信息。电子媒介则允许人们通过电子渠道，如唱片、广播和电视等设备来表述信息：唱片是记录声音的设备，如录音带和光盘（CD）；广播是音频媒介，允许发送和接收无线电信号，即电磁波；电视是可以发送视觉图像的视觉媒介，并伴有声音，电磁波通过电视机的接收设备重新转换为视觉图像。数字媒介是基于计算机的系统，如互联网——连接世界各地计算机的网络矩阵，以及万维网（World Wide Web, WWW）——互联网上由相互连接的站点和文件组成的信息服务器，可通过浏览器程序访问。

交互性

语音交流是一种交互式媒介，因为对话者之间是通过言语往复来进行交流的。与之不同，传统的印刷和电子媒介在很大程度上是非交互式的，因为发送者和接收者之间不可能存在这种往复的联系。即使有一些互动也是延迟的，即信息接收者在收到信息后的某天才予以书面回应。随着第二代万维网（Web 2.0）技术的出现，交互性已不再是当代媒介景观中的特例，而是常态。

总而言之,交互性这一术语指的是媒介系统,在该系统中人们有可能直接并立即实时响应、参与或影响系统中传递或包含的信息。因此,互联网时代的媒介目前分为以下几种:①非交互式媒介,指信息无法立即与先前的信息相关联的媒介;②反应式媒介,指一条信息可以与前一条信息相关的媒介;③交互式媒介,指信息既可以与之前的一些信息相关联,又可以与它们之间的关系相关联的媒介。从本质上讲,人与人之间的交互涉及对话者之间的协作意识,以确保成功实现传播与沟通,而人机互动则涉及个人与计算机(或电视机等其他设备)之间的信息或指令交流。交互的概念已经扩展到营销和广告等领域,包括消费者对用户和用户对用户的互动。在该领域中,与过去的非交互式媒介相比,媒介被视为消费者可与之互动的渠道。在媒介研究中,交互性通常指受众通过网站和其他数字形式与文化内容的生产者直接互动的能力。

媒介景观的发展

大众媒介在很大程度上定义了我们生活的世界——这个世界常被称为媒介景观,该术语由阿尔君·阿帕杜莱(Arjun Appadurai, 1990)创造,指通过大众媒介表征不断产生的图像和信息。它们会潜移默化地影响所有人,因为我们在不断地适应它们,就像我们的身体适应自己生活的环境一样。从根本上说,媒介景观在古代就已通过发明文字和其他早期传播媒介而形成了。可以说,根据这一概念,人类历史就是一种不断扩大媒介景观影响和范围的尝试。

最早将作为记录思想、保留商业交易凭证和传播知识手段的象形文字制度化的文明之一是中国文明。据一些考古估测,中国的象形文字最早可追溯到公元前15世纪。更确切地说,这是一种语标文字①,因为除了纯粹的表意图像外,它还采用象形符号来代表整个字词(不考虑其发音)。另一种成熟的古代象形文字系统因为由楔形图像符号组成而被称为楔形文字(cuneiform),是5000多年前发展起来的苏美尔—巴比伦象形文字系统。苏美尔人将信息记录在泥板上,这使楔形文字成为一种非常昂贵且不实用的交流手段。因此,它主要由统治者和神职人员发展、学习和使用。大约公元前2700年到前2500年,埃及

① 语标文字是用一个标记来表达一个完整含义(词语)的书写系统,可能涉及一种或几种不同的原则(象形、会意、假借等)。汉字总体上是语标文字。

发明了另一种象形文字，称为圣书体(hieroglyphic)[①]。埃及人使用莎草纸来记录这种文字。圣书文字最终在其系统中发展出了表音(phonographic)元素——指代表单词一部分的形式，如音节或单个语音。

表示单个语音的完整表音文字系统被称为字母系统(alphabetic)。第一个字母表系统出现在中东地区，由腓尼基人(地中海东岸的一个民族，主要居住于今天的黎巴嫩一带)传播到希腊。该字母表只包含辅音符号。当它传到希腊时，元音符号被加入其中，希腊系统从而成为第一个完整的字母表系统。如前文所述，字母书写的出现带来了真正的"范式转向"，因为它使得社会以更稳定的方式储存和保留知识。

纸张与印刷

如前文所述，最早用于记录文字的轻质材料是莎草纸，由埃及人用名为纸莎草的植物制成。早在公元前2世纪，整个中东地区和部分欧洲早期文明地区的人们就用鸟类羽毛制成的羽毛笔，在鞣制并刮削过的动物薄皮上书写，这些动物薄皮被称为羊皮纸或牛皮纸。羊皮纸虽不像莎草纸那样轻，但更耐用，信息和知识因此得以储存更长时间。许多中世纪的羊皮纸手稿和书籍留存至今。但羊皮纸十分昂贵，因此和古时一样，读书识字在很大程度上仍然是少数人的特权。2世纪，中国人发明了丝纤维制成的纸张。11世纪，阿拉伯人将中国的技术带到欧洲。纸张比羊皮纸更轻，因此更便于携带，价格也相对便宜。实际上，纸张的发明是使印刷品成为大众媒介的首个事件，与以往时代相比，它极大地扩展了媒介景观。

直到15世纪前，纸质文件都是手写的。负责书写的人被称为抄书吏(scribes)，其中许多是僧侣，他们负责复制文件和书籍。"手稿"(manuscript)一词的字面意思是"手写的稿件"，反映中世纪书籍是手写的这一事实。然而，到了15世纪，人们需要一种更简单的复制文件的方法。1450年，德国印刷商人约翰内斯·古腾堡完善了金属活字印刷术，引进了第一台机械设备——印刷机，用于印刷和生产大量纸质文件副本。事实上，"古腾堡星系"，即麦克卢汉定义的印刷术发明后的世界，此时已经形成。16世纪，印刷厂的数量急剧增加。

---

① 圣书体，或称碑铭体、正规体，俗称埃及象形文字，是古埃及人使用的一种文字体系，由图形文字、音节文字和字母构成，是最早的文字形式之一，书写正规，图画性强。

印刷商出版书籍、报纸、手册和许多其他类型的纸质文件。由于价格低廉,这些印刷品非常受欢迎。

由于印刷术的出现,更多的书籍得以问世,更多的人开始读书识字。随着读写能力的提高,人们开始接触新思想,也开始独立思考。人们能够独立思考后,许多宗教、政治、社会和科学等革命也随之而来。此外,由于廉价印刷的书籍可以运往世界各地,科学家、哲学家、艺术家、教育家、历史学家、诗人和小说家都在阅读和翻译彼此的书籍。思想开始超越国界,跨越广阔空间,将世界越来越紧密地联系在一起。在科学界和商业领域,标准化的行事方式应运而生。简而言之,印刷术的发明是为建立真正的全球文明铺平道路的技术事件。

20 世纪,印刷文件价格更加低廉,也更易获取。例如,复印技术使文件复制更容易、更迅速。20 世纪 80 年代中期,出现了高效且经济的计算机排版和印刷,它在很大程度上取代了自 15 世纪出现以来地位就几乎无可撼动的排版技术。如今,复杂的文字处理和图形处理软件可在屏幕上设置字体和排版,与最终印刷版本分毫不差。页面布局也通过各种数字网络和卫星系统传输到其他地方进行编辑、重新设计和印刷。

数字印刷技术的普及推动了桌面出版①的发展。如今,几乎人人都可以在个人电脑(PC)上撰写书籍、简讯、报纸或杂志,然后以光速将这些出版物传输到几乎任何地方。事实上,早期的商业计算机倡导者曾预言"无纸化世界"终将到来。但迄今为止,事实证明他们的预言并不准确,有些为时过早。讽刺的是,数字技术使印刷文件的复制、印刷和传输变得更容易,却导致对纸张的需求增加,尽管随着我们以前所有的媒介都与数字媒介融合在一起,这种情况可能会有所缓和。后文将对此进行讨论。

电报

第一个用于传输书面讯息的电子设备是电报——一种可以通过长距离电线发送和接收电信号的系统。最初的商业电报技术是 19 世纪初在英国发展起来的。不久之后,美国发明家塞缪尔·F. B. 莫尔斯(Samuel F. B. Morse, 1791—1872)于 1844 年推出了一种后来国际通行的电码。这种电码称为莫尔

① 桌面出版,又称为桌上出版、桌上排版,是通过电脑等电子手段进行报纸书籍等纸张媒体编辑出版的总称。

斯电码，利用"开"和"关"信号来代表字母表中的单个字母。线路一端的电报员敲击电键，另一端的电报员在敲击声传来时进行解码，写下信息，并通过信使将其发送给收信人。

1858年，大西洋海底铺设了电报电缆，定期的跨大西洋服务于1866年开始。这是第一个全球互联通信系统。20世纪初，电报逐渐被电传系统取代。电传系统的使用逐渐消除了对莫尔斯电码等电码的需要。用户可以输入一条信息，同样的信息会出现在接收者端，通过电报和电话线传输到世界各地的电传机。早在20世纪30年代，这些线路也用于传输图片，这一事件在国际通信中引入了所谓的有线电传真(Wirephoto)①。今天，随着互联网的出现，所有这些之前的媒介要么已经过时，要么已经与互联网传输设备整合在一起。

电话

1876年，苏格兰裔美国发明家亚历山大·格拉汉姆·贝尔(Alexander Graham Bell, 1847—1922)为第一部可使用的电话申请了专利，这是一种能够通过电线传输声音的设备。事实上，贝尔的发明是在前人研究基础上的成果，并非完全原创。贝尔认为，电话将被用来播送音乐会、讲座和布道。但在创建了自己的公司后，他很快发现，电话的吸引力更在于可以让普通人互相通话。所以，1878年贝尔电话公司建立了第一个电话交换机——一种将一组用户中的成员互相连通的交换机。到1894年，美国约有26万部贝尔电话投入使用，大约每250人就拥有一台。到了20世纪60年代，电话在世界许多地方被视为一项"基本服务"。

20世纪末，电话在开创"数字银河"的过程中发挥了关键作用，通过被称为调制解调器的设备为用户提供接入互联网和万维网的途径。另外，无需多言，移动电话和智能手机极大地增强了我们当代日常公共生活系统中远程通信的功能和规律性。

智能手机

如果说传统手机还未被智能手机完全取代的话，至少也正在让位于智能手机。智能手机是一款安装在掌上电脑平台的移动电话，通过连接和应用程序，

① 通过电线远距离传输照片的装置。

可以在触屏上实现视频和语音通信,访问互联网数据,并能使用更多其他功能。智能手机是一个装在盒子里的信息交流传输系统,不久前人们还认为它像个魔法盒。智能手机可以运行日历、照相机、网络浏览器等各种应用程序,并且具有触摸屏和图像化用户界面。

这些设备真正令人惊叹之处在于它们能够真实地表现物体。这种设计叫作拟物化(skeuomorphism),智能手机的界面功能类似于真实世界的物体,能够提高可识别性和可用性。智能手机还与苹果公司云服务(iCloud)相连,该服务通过互联网在多个设备之间提供同步数据。苹果公司云服务由苹果公司开发,存储音乐、照片、应用程序、联系人、日历等内容,将这些内容推送到所有数字设备上;也就是说,苹果公司云服务与各种应用程序和系统集成在一起,因此一切都可以自动进行。从物理意义上讲,媒介景观已经成为令人叹为观止的"纳米景观",因为几乎所有的媒体都可以存储在一个便携的移动设备上,人人都能用数字容器随身携带媒介景观。更大的心理媒介景观、现实世界景观和纳米景观构成了彼此映射的三个镜像。我们实际上生活在矩阵的世界里,这一点将在后文进行讨论。

无线电

最初通过空气中的电磁波,而非电线发送电信号的系统被称为无线系统,后来被称为无线电报,简称无线电。支撑无线电发明的科学原理是由英国物理学家詹姆斯・克拉克・麦克斯韦(James Clerk Maxwell, 1831—1879)提出的,然而是由意大利裔美国电气工程师古列尔莫・马可尼(Guglielmo Marconi, 1874—1937)将其应用,并于1895年发明了世界上第一个实用的无线电设备。他的无线电系统可以在约三公里的距离内发送和接收信号。

1901年,马可尼发明了一种交流发电机装置,它可以将信号发送得更远,背景噪声也更小。这种装置推动了约20年后商业技术的发展,使无线电成为第一种电子大众媒介。1920年,美国第一个定期公共无线电广播于宾夕法尼亚州匹兹堡市的KDKA电台①播出。此后不久,其他电台如雨后春笋般遍布全国,美国无线电公司(RCA)和西屋电气公司(Westinghouse)等陆续建立了

① KDKA电台是美国第一个领有营业执照的商业广播电台,也是被公认的世界上第一个商业电台,标志着广播事业的正式诞生。

制作和播出节目的无线电网络。20 世纪 20 年代中期，无线电广播已成为与电影并驾齐驱的极受欢迎的大众媒介，影响了音乐、戏剧、广告和口头交流的总体趋势。与印刷品相比，无线电广播的受众更广，不仅因为它能瞬间跨越很远的距离，还因为它的受众不一定要会读书识字。因此，节目可以设计得很有吸引力。无线电广播由此催生了流行文化——一种面向所有人的文化，而不仅仅面向文人和学者。无线电带来了电子星系，在这个星系中，随着无线电接收器变得越来越便宜，大众也能负担得起，几乎每个人都可以获得日益高级的娱乐消遣形式。

电视

电视机技术发展史的先驱是英国电气工程师约翰·罗杰·贝尔德(John Logie Baird, 1888—1946)。俄裔美国工程师弗拉基米尔·K. 茨沃里金(Vladimir K. Zworykin, 1888—1982)和美国发明家费罗·T. 法恩斯沃斯(Philo T. Farnsworth, 1906—1971)分别于 1923 年和 1927 年各自发明了一种实用的电视摄像机。第一批大规模使用的电视机于 1936 年和 1938 年分别在英国和美国出现。第二次世界大战(简称“二战”)后，随着技术的改进和经济的繁荣，人们对这些电视机的需求也不断增加。美国最初建立了 6 家电视台，每家电视台每天只播出几个小时节目。1948 年，34 个全天候电视台在 21 个主要城市运营，电视机销量约达 100 万台。20 世纪 50 年代末，大多数工业化国家都建立了国家电视网。实际上，电视的出现已经取代了广播，因为除了轻松的节目外，电视中还会播送当代戏剧和交响乐等，成为世界范围内大众娱乐、信息甚至审美取向的主要来源。20 世纪末，随着基于计算机的数字电视的出现，电视进入了数字星系。今天，电视可以进行流媒体播放，节目既可以延迟观看，也可以实时观看，大幅扩展了电视一直以来在媒介景观中的分野。

随着 20 世纪 60 年代有线电视以及 90 年代直播卫星(DBS)服务的广泛发展，现在全球各地的人们都可以看到许多新的频道和各类节目。今天，随着美国家庭电影台(HBO)、网飞(Netflix)和其他付费电视服务的出现，电视已经成为新艺术和哲学节目的主要来源。因此，关于电视对世界文化、政治和社区生活影响的讨论已是屡见不鲜。一方面，反对者称，电视向不知情的观众源源不断地灌输简化的想法，提供耸人听闻的画面，对政治和投票模式产生了负面影响，破坏了当地文化，转而支持平淡乏味的消遣文化，使人们更加被动。另一方面,支持者则表示,电视提供了大量高质量的教育和文化节目,对许多现代公民来说,它是地方、国内和国际新闻的主要来源,否则他们将一无所知。无论真相如何,有一点是肯定的——电视已经成为巩固了麦克卢汉的"地球村"的技术发明,因为它使全球各地都可以看到相同模式和种类的节目。

计算机与互联网

19 世纪 20 年代至 30 年代,英国数学家和发明家查尔斯·巴贝奇(Charles Babbage, 1791—1871)[①]根据现代电子计算机的原理设计了机械计算器。19 世纪 90 年代,巴贝奇的想法被应用于制造可以用穿孔卡自动操作的计算机。20 世纪 30 年代,机电穿孔卡操作系统问世,美国国际商用机器公司(IBM)生产了第一个用于广泛商业用途的计算机系统。值得一提的是,二战期间,英国特勤局利用 IBM 的设计原理制造了 10 台电子计算机,称为巨人计算机(Colossus),这些计算机帮助其破解德国人的秘密军事密码。此后不久,美国的第一台通用计算机——电子数字积分式计算机(ENIAC)于 1946 年在宾夕法尼亚大学制造完成。

随着二战后计算机技术的稳步发展,人们可以制造出体积更小、价格更低廉的计算机,用途广泛。20 世纪 70 年代,甚至可以生产人们负担得起的面向大众消费的个人电脑。第一代个人电脑主要用作"文字处理器";也就是说,制造者给打字机增加了计算机处理功能,使打字和更改打印文本变得更加精确、易于操作。1975 年,世界上第一台真正的微型计算机问世,它拥有许多大型机器的功能,却只需一张桌子就能放下。这是因为新的微型化技术使制造商能够将数以千计的电路内存和处理能力压缩到称为半导体的微小材料芯片上。此后不久,先进的文字处理软件在 1978 年问世。

计算机的速度越来越快,功能越来越强大,体积也越来越小,与此同时,为了使计算机相互连接,网络也在不断发展。20 世纪 60 年代,美国国防部高级研究计划局(ARPA)与全美各地研究中心和大学从事军事项目的研究人员一道,开发了名为阿帕网(ARPANET)的网络,该网络通过专门配备的电话线和卫星链路共享数据及计算机主机的处理时间。阿帕网最初用于军事目的,在国

---

① 查尔斯·巴贝奇,英国数学家、发明家兼机械工程师。由于提出了差分机与分析机的设计概念,被视为计算机先驱。

家科学基金会将大学和非军事研究网站接入后，它成为第一个主要的功能性电子邮件网络。阿帕网被重新命名为“互联网”，意为将阿帕网设计成一个“互联”的网络，服务于许多军事以外的不同功能。

如今，互联网已成为世界上规模最大、覆盖范围最广的计算机网络。商业在线服务供应商向个人计算机用户和公司出售互联网接入服务。也有用于特定用途的较小规模网络，这些网络被称为局域网（LANs），可以安装在一栋或几栋建筑中，供某一组织专用。与之相对，广域网（WANs）是指“组织定向”网络，可以在很大的地理区域内使用。它们也可以将用户与互联网互联。现在，大多数计算机网络都可以传输任何类型的数字信号，包括视频图像、声音、图形、动画和文本。而且，由于无线网络通信技术（Wi-Fi）的存在，人们几乎可以在任何地方访问互联网上的各种内容。无线网络通信技术允许各种数字设备通过无线接入点轻松连接到互联网。实际上，借助这种技术，人们就不需要电线、插件之类的辅助设备，可以随时随地实时使用计算机技术。

计算机和互联网已经从根本上改变了商业、教育、艺术，以及几乎所有人类的事务。人们可以使用计算机设计图形和全动感视频、发送电子邮件、预订机票或酒店、搜索各种信息、玩游戏、听广播、观看电视节目，甚至通过万维网在“虚拟房间”内与其他人聊天。在人类通信史上，让如此多的人无论相隔多远都能相互交流，这种媒介是史无前例的。

万维网

万维网（WWW）是存储在互联网计算机中文档的集合。该集合系统的第一个网络软件由蒂姆·伯纳斯-李（Tim Berners-Lee）发明，他是一名计算机科学家，来自瑞士日内瓦附近的欧洲核子研究中心（CERN）物理实验室。1991年，万维网成为互联网的一部分。

在其最初的版本第一代万维网（Web 1.0）中，一个网站或万维网上的一个站点可以包含一个主页，还可以包含其他文件和文档，文件制作者和用户在进入网站时可以看到该主页。每个网站都是由个人、公司或组织独立拥有和运营的。访问网站通过浏览器进行，浏览器是一种软件应用程序，它允许用户在网上冲浪，并通过解析超文本标记语言（HTML）文件和网络上使用的其他语言来访问网页。第一个流行的网络浏览器是美国国家超级计算应用中心（NCSA）研发的马赛克浏览器（Mosaic），其 1.0 版本于 1993 年 9 月发布，于

1997 年停止开发。Web 2.0 指的是第二代万维网,它为人们提供了在线协作和分享信息的功能。第二代万维网利用网络本身,其关键组成部分为用户生成的内容。

除了扩大在线发布者的群体,使被动的、只读的能力转变为主动的、读写的能力,第二代万维网还成就了对网络本身的另一种隐喻,网络不仅是一个大型图书馆或媒介景观,人们可以从中提取所需的大量信息,而且能作为一个公共场所,人们去那里与他人相识并拥有共同的经历。第二代万维网提供的相关服务包括:推特(Twitter)、脸书(Facebook)、油管(YouTube)、照片墙(Instagram)、色拉布(SnapChat)等社交网络,这些服务支持特定群体内部的社会交流,允许用户分享数据和知识或进行常规交流,并且支持协作式文档编辑的网站维基(wikis),如维基百科。

媒介融合

进入数字星系,媒介"竞争"的说法已不再准确。数字技术和电信网络的进步使各类媒介融合成一个整体的通信系统——名副其实的统一媒介景观。这反过来又催生了新的生活方式、新职业、新机构以及社会组织和艺术交流方面所有领域的根本"范式转向"。

这种融合首先表现在所有媒介技术的数字化,以及不同媒介与计算机网络的嵌合之中:

- 电话

第一个实现数字化的电信媒介是电话。1962 年,人们在电话网络中安装了高速线路,能够同时承载几十次通话。现在,各种电话设备都已完全数字化。此外,电话现在是一种技术设备,允许人们访问互联网。智能手机和其他移动设备能够通过 Wi-Fi 和卫星系统传输和访问音频、视频以及其他计算机数据。

- 印刷媒介

印刷媒介的数字化始于 1967 年。今天,大多数主流报纸都通过数字技术制作,同时也有网络版本。事实上,许多报纸和杂志现在只在网络平台上出版。

- 电影

1977 年,为电影《星球大战》(*Star Wars*)制作的特效将数字技术引入电影制作。1995 年,第一部由电脑制作的电影《玩具总动员》(*Toy Story*)首映。这类电影现在已稀松平常。在家庭视频技术领域，曾取代家用录像系统（VHS）磁带的数字多功能光盘（DVD）现在也基本被淘汰了。通过网飞、社交媒体网站和各种流媒体服务观看电影的新方式已经成为家常便饭。

- 录音载体

1982年数码光盘问世，此后不久，这种光盘在20世纪80年代中期开始取代黑胶唱片和盒式录音带。现在，光盘几乎已经过时，由于下载技术和油管等社交媒介网站的发展，人们不仅可以在这些平台上听音乐，还可以发布音乐。

- 电视

1998年有线电视实现了数字化，广播公司因此能够增加频道数量。这一技术的引入主要是为了应对来自直播卫星行业的竞争，该行业于1995年开始制作数字多频道节目，供家庭卫星天线接收。电视广播也实现了数字化。1998年，由使用数字格式的发射器和接收器组成的高清晰度电视（HDTV）开始投入商业使用。现在还有其他高清晰度技术。此外，基于实时观看的电视节目现在可以通过各种技术播放回看。

- 无线电

数字音频广播（DAB）是无线电广播中与电视直播卫星系统相对应的技术。广播电台现在使用数字技术制作节目。播客（podcast）等在线广播电台也很常见，播客在互联网上提供多媒体数字文件，可供下载到便携式媒体播放器或电脑上，成为传统广播频道之外的另一种选择。

媒介融合是计算机、卫星和纳米技术发展的必然结果。计算机之于如今的思想运动，就像20世纪初汽车之于人的运动一样。随着数字"高速公路"上各个"道路"的继续融合，最终，我们很可能生活在一个全球数字化的媒介景观中。

上述对媒介发展史的简短回顾蕴含非常重要的启示——信息表现和传播方式的任何重大变化都会带来文化体系和世界秩序的"范式转向"。古老的楔形文字在泥板上留下不可磨灭的印记，为苏美尔人缔造了伟大的文明；莎草纸和象形文字帮助埃及社会孕育了先进的文化；字母表促使古希腊人在科学、技术和艺术方面取得了非凡的成就，也使罗马人形成了高效的政府系统。印刷术促进了知识的广泛传播，为文艺复兴、宗教改革和启蒙运动铺平了道路；广播、电影和电视带来了20世纪全球流行文化的崛起；互联网和万维网在20世纪后期缔造了麦克卢汉的"地球村"。

这些历史清楚地表明,三个基于媒介的事件改变了人类历史的进程。第一个事件是文字的发明和识文断字的普及。阅读和写作激活了大脑中的线性思维过程,这是因为印刷出来的思想依次呈现,从而能够按顺序相互联系,并根据彼此之间的关系进行逻辑分析。口述则不利于发展这种精确的思维,因为口述的思想是通过人声的情感特质传递的,因此与传递它们的"主体"不可割裂。识文断字使人感觉知识和信息与其来源——人类互不相关,因而具有"客观性";口述则不然。这种感觉并非无中生有,印刷信息易于归类,并以某种经久耐磨的物质形式保存下来,如书籍或在线维基。简言之,如果没有文字的出现和制度化,哲学、科学、法理学以及现在看来对人类文明进步至关重要的许多其他人类智力活动的传播,从一开始就不可能实现。

当然,口头语言也并未从人类生活中消失。口语是自然习得的,识文断字则不然。简单接触日常对话,儿童几乎不费吹灰之力就能学会说话,无需任何训练或提示。而读写能力并不能通过简单地接触印刷品而产生,其习得要经过指导、练习和不断复习。事实上,建立学校就是为了传授读写能力和出版的知识。

第二个改变人类历史进程的事件发生在20世纪,彼时文字已经出现数千年,电子大众传媒也已经出现并开始普及。这些大众传媒不仅促进了远程通信,还带来了一种以"消遣工厂"为基础的全球文化形式,通常称为流行文化,它构成了一个综合电影、电视节目、侦探小说、快餐连锁店、流行音乐风格等内容的日常生活系统,模糊了有意义的内容和纯娱乐之间的界限。上述这些导致许多社会批评家指出的两种社会现象。其中一种被符号学家罗兰·巴特(1957)称为"嗜新狂"(neomania)。巴特将其定义为对新的消费对象和新的娱乐形式的持续渴求,这种渴求通过媒介图像、讯息和各种奇特景象灌输给现代人。另一种现象则称为"年轻化"(juvenilization)——人们普遍认为自己在生理和社会意义上都"永远年轻",就像他们每天在各种媒介上看到的演员和名人一样。当然,这并不仅仅是由于受到媒介的影响。医学和医疗服务的发展,以及整个社会富裕程度的提高,是其出现的主要因素,因为平均预期寿命得到了大幅提升。预期寿命越长,人们就可能认为自己年轻得更久。至少从20世纪20年代起,这两点就成了现代性的代名词。无论它们对社会生活的影响如何,重点是它们与大众传媒的变化息息相关。

第三个事件随着第二代万维网技术的出现而发生。这一事件使人们能够通过网络空间随时保持联系，通过数字媒介与全球所有人建立联系。这些技术几乎打破了人与人之间交流的时空限制。因此，当今世界数字通信技术发展促使人们更多地与彼此联系，无论我们说何种语言，来自何种文化，身处何方，有何种身份，我们都是同一个“地球村”的居民。购买商品、获取和记录信息、寻求娱乐，甚至求爱，一切都发生在这个村庄所处的网络空间之中。人们因此对信息、沟通和读写能力产生了新认识。用麦克卢汉的话来说，事实上，新媒介已经成为新讯息。它们抵消了印刷时代的个人主义和私有化力量，允许人们以更公共的方式相互接触，消解了作者身份和宗教、哲学等经典文本的主导地位。即使是印刷百科全书等权威的知识来源，现在也已面向所有人参与并协作完成，而不仅限于专家，这点可以从互联网上各种维基的出现和传播中看出，它与过去的所有传统方式都不同，允许用户合作编辑内容。

基本概念

媒介景观及其对人类历史的影响可以通过多种方式进行研究。例如，可以聚焦某项改变世界的技术发明所产生的社会条件；也可以研究技术和社会系统之间的联系；还可以探究媒介表达思想的方式，以及这些想法如何演变为群体思维的一部分。上述研究方向本书皆有涉及，但最后一个方向是本书的重点。因此，与社会条件和技术相关的评论将穿插在本章和后续章节的讨论中。

本书主要采用符号学方法。符号学本身是一门学科，研究人类智慧最关键的特征——创造和使用文字、标记等符号来思考、交流、反映、传递和保存知识的能力。作为一种跨学科的研究模式，符号学以综合的方式使用来自同源学科的思想和概念。更具体地说，本书采取的方法属于传媒符号学范畴。罗兰·巴特在其 1957 年出版的经典著作《神话学》中首次将符号学技术和概念应用于媒介研究。巴特认为，媒介文化是一种“大众文化的杂烩”，重复着以前的文本，特别是神话文本，并无新意。实际上，《神话学》预示传媒符号学的建立，从景象、电影、消费品、网站、播客等媒介文本如何循环利用二阶（内涵）意义结构的角度，揭示了研究媒介文本的意义。例如，报纸上的一张照片并不是简单地直接捕捉某个事实或事件，它涉及一个双重处理的过程。在他所说的“未编码”层面上，一张照片展示了现实中的一些东西。这就是语言讯息。而在二阶层面上，这张照片唤起了一系列基于社会的意义，这些意义与文本的解读方式有关。例如,一张狗的照片可能不仅捕捉到狗的形象,而且还体现出与狗有关的所有社会特征,如宠物、伙伴等。确定文本的意义可通过某种方式实现,比如加上"好伙伴"这样的标题。

中介

符号从来只是事实的冰山一角,让我们从无限的可知领域中选取知识,非常便捷,因而成为我们与现实之间的中介。例如,通过称呼某种生物为"兔子"时,我们实际上已经把这种生物与所有其他生物区分开来。因此,当我们使用"兔子"这个词时,我们强调了动物领域的一个选定部分,就像我们在电脑屏幕上将文件的一个选定部分高亮一样。经常这样做,最终这一选定部分会有一些必要的存在理由,而不仅仅是因为符号的便捷性或历史选择。

因此,任何事物的表现都是借助中介的过程。以三部不同时代的美国电视情景喜剧表现性别的方式为例:第一部是 20 世纪 50 年代的情景喜剧《我爱露西》(*I Love Lucy*),该剧通过露西尔·鲍尔(Lucille Ball)的角色刻画了女性形象,她是一名意志坚强、独立自主、掌控自己命运的女性。第二部是 20 世纪 80 至 90 年代的情景喜剧《拖家带口》(*Married with Children*),该剧通过贝蒂(Betty)这一角色讽刺性地描绘了传统妻子的形象,塑造了一个行为粗野、性饥渴、终日碌碌无为的女性。第三部是 2007 年首播的《生活大爆炸》(*The Big Bang Theory*),该剧围绕四个男性极客[①]展开,他们精通物理学和工程学知识,但在社交方面却很笨拙,尤其是在涉及女性的场合。佩妮(Penny)是一位魅力十足的女服务员,也是一名有抱负的女演员。当她搬到两个男室友隔壁时,他们的世界发生了翻天覆地的变化,因为佩妮将"真实"的社会带入了宅男们的思想中,教会他们什么是社会性别关系。佩妮作为一种"大地母亲"的形象,把朴实无华的智慧带入高智商男性的生活中。

需要强调的是,这三部情景喜剧通过人物形象、情景和性别关系整体视角的细微差别,以不同的方式分别描绘了同一性别的含义。用巴特的概念来说,实际上以每个情景喜剧作为媒介,性别的意义都被锚定在一个特定的社会基础上,这种社会基础与这些情景喜剧流行的不同时代相关——也就是说,某种事

---

① 极客是美国俚语"geek"的音译。随着互联网文化的兴起,该词含有智力超群和努力的语义,又被用于形容对计算机和网络技术有狂热兴趣,并投入大量时间钻研的人。

物的表现方式，以及选择的媒介，可以在很大程度上影响人们对它的看法。正如20世纪伟大的哲学家恩斯特·卡西尔[①](Ernst Cassier, 1944:25)曾经说过，人类不再仅仅生活在物质世界中，还生活在一个中介符号世界中。随着表征活动的推进，人类与物质现实的直接接触也相应减少。

讯息

“讯息”(message)和“意义”(meaning)这两个词经常互换使用。但从符号学的角度来看，这并不正确。为了区分这两者，可以以简单的问候语为例，如“今天天气不错”。当然，这是一个人向另一个人口头传达的讯息。然而，这个讯息的含义可以是字面上的，即说话者认为天气确实很好，适合交际；而如果在阴雨天说这句话，可能是出于讽刺。这类区别将在下一章详述。在此我只想说，正如上述例子所示，讯息与意义的概念并不一致——同一则讯息可以有多个不同的意义，且不同讯息也可以有相同的意义。处于大众传媒中就像处于艺术领域一样，同一则讯息往往包含多层意义。

从符号学的角度来说，讯息是能指，其意义是它的所指。前者本质上是讯息本身，可以在物质层面从一个人或设备传输到另一个人或设备，可以包含文本块以及各种类型的信息提示，例如指向某人或某物，以及内容的性质为何。讯息可以通过实体从发送者直接传递给接收者，也可以通过电子、机械或数字媒介的介入全部或部分传递。其所指是只能参照其他讯息而确定的意义。研究能指与所指的关系，即意指，构成了基本的符号学实践。下一章将对此进行更多讨论。

毋庸置疑，在确定讯息所涉及的符号系统时，总是存在各种各样的解释和理解问题。这些问题在符号学分析的各个层面都很常见。例如，字典对“猫”的定义是“一种自古以来就被驯化的用于捕鼠的小型食肉哺乳动物”，这就是该词的含义。但这种方法存在问题，因为它使用“哺乳动物”来定义“猫”，从而做出一个毫无根据的假设，即哺乳动物在某种程度上能够解释猫是什么。在字典里查“哺乳动物”这个词也没什么意义，因为它的定义是“哺乳纲的温血脊椎动物”，这个定义又引出另一个问题：什么是动物？词典将动物定义为一种“有机体”，又将“有机体”定义为“个体生命形式”，并进一步将其定义为“区分生物体

---

① 恩斯特·卡西尔(1874—1945)，德国哲学家，其在文化哲学方面的重要著作为《符号形式的哲学》。

的属性”。

这样一来,词典陷入了概念死循环,因为它在定义过程中使用了一个已经使用过的词“有机体”。为了避免出现这样的循环问题,符号学家经常使用“二元对立”(binary opposition)的技巧来具体化某事物相对于其他事物的含义。这种方法假设意义是无法绝对确定的,只能与其他符号相联系,例如猫与狗、猫与鸟等。从这样的对立中,我们可以看到,一两个同时存在的特征能够使猫有别于其他动物。事实上,如果我们确实需要用到实际世界中猫的概念,那么这种对立的累加让我们能够根据猫与其他动物的不同之处,精准地确定其含义。

信息

在心理学和传播学中,“信息”(information)和“意义”这两个术语常常互为替代。但是,从符号学的角度来说,这种假设的对等是不正确的。信息是可以被人类、动物或机器接收的数据,当然这几种数据是有区别的。此外,一则讯息中的信息量可以根据其概率进行“衡量”——响铃报警信号比无声报警信号携带“更多”信息,因为后者是报警系统的“预期状态”,前者是其“警报状态”。美国电信工程师克劳德·香农(Claude Shannon, 1916—2001)是第一个从数学层面研究信息理论的人。他从本质上证明,信号中包含的信息与其概率成反比。信号的可能性越大,它携带的信息“负载”就越少;可能性越小则“负载”信息越多。

显然,“信息”和“意义”不是一回事。前者指的是未经解释的数据或感觉状态,在某种情况下其概率可以很容易测量;后者指的是对数据或感觉状态的解释,包括信息在特定情况下所包含的或意欲包含的特殊种类的细微差别和价值。这适用于报警信号、复杂陈述等任何类型的信息。例如,在抛硬币游戏中,决定连续抛出正面三个人头即为胜利。如果某位玩家最终持续获得预期的结果,打败了所有挑战者,那么我们倾向于将结果解释为命运之神的眷顾,或者解释为获胜玩家的聪明才智和隐秘的作弊行为。阐释是我们所做、所想、所感的核心。

通信

为了提高电信系统的效率,香农设计出信息数学模型。但此后不久,心理学家和通信科学家开始大量地将其应用于人类通信的研究。香农的通信模型被称为“靶心模型”(the bull's-eye model),它从本质上将两个人之间的信息传递描述为一个取决于概率因素的系统过程,即特定情况下,信息预期与否的程度。它被称为靶心模型,是因为发送者被定义为将讯息瞄准接收者的人,就像他们在靶心目标范围内一样。

发送者⟶讯息⟶接收者

香农还为通信的一般研究引入了几个关键术语:信道(channel)、噪声(noise)、冗余(redundancy)和反馈(feedback)。信道是承载传输信号的物理系统。例如,声音产生的声波可以通过空气或无线电等电子信道传输。噪声是指信道中扭曲或部分消除讯息的一些物理或心理干扰因素。在无线电和电话传输中,噪声相当于电子静电;在语音传输中,它包括任何干扰性的外部声音,即物理噪音,以及说话者的记忆缺失,即心理噪音。然而,正如香农所证明的那样,通信系统内部有冗余特性以抵消噪声。即使有噪声存在,由于这些特性,也可以对信息进行解码。例如,在语言交流中,许多词语可预测性较强,如“玫瑰是红色的,紫罗兰是……”,元素也会有模式化重复,如“是的,是的,我会做;是的,我会”,这些是语言的冗余特性,极大增加了语言信息被成功解码的可能性。反馈指的是发送者有能力监测他们发送的讯息,并根据接收者的反应修改讯息以提高其有效性。例如,人类语言交流中的反馈包括接收者身上可以观察到的面部表情、身体动作等身体反应,这些反应表明讯息在传播过程中所产生的效果。

1954 年,美国传播理论家威尔伯·施拉姆(Wilbur Schramm, 1982)拓展了靶心模型。施拉姆将靶心模型分解为四个主要部分:

(1) 信源(S)或发起人。

(2) 讯息(M)及其信息内容。

(3) 信道,通过这个渠道将讯息从一个地方或个人传送到另一个地方或个人。

(4) 讯息指向的接收者。

在逻辑上,它被称为信源—讯息—信道—接收者(Source-Message-Channel-Receiver)模型,简称 SMCR 模型。施拉姆还保留了初始靶心模型的反馈和噪声两个概念。他将前者定义为信源和接收者之间调节通信流的任一机制;后者则是通信交换过程中可能引入的任何失真或错误。施拉姆在他的模型中增加了另外两个组成部分:①编码器(*encoder*),将讯息转换为可以通过适当信道传递的形式;②解码器(*decoder*),将编码过程逆转,使讯息能够被成功接收。

SMCR 模型简易明了,适用于所有类别的传统媒介。在口头交流中,信源和接收者也分别是编码器和解码器。在这种情况下,编码和解码涉及所用语言代码的知识,以及面部表情、手势和其他非语言代码的知识。信道是通过空气媒介传输讯息的发声装置。讯息根据接收者可观察到的反馈行为进行调整;在这种情况下,噪声可能源于生理和心理两方面。

在最近的研究中,传递模式和互动性的概念已引入基本的 SMCR 模型中。例如,说"是"这个词时不同的语调会带有不同的含义。如果一个人以正常的语气说出这个词,它将被解读为肯定的标志,例如"是的,你是对的,我同意你刚才说的话"。然而,如果一个人高声说话,例如"是吗?你在开玩笑吗?我简直不敢相信",就会被解读为怀疑或难以置信的意思。传递模式和互动性的概念也适应数字互动媒介的出现,因为在这种情况下,反馈可以像口头交流一样即时,而且传递方式由各种模式和支持媒介组成。也就是说,数字通信是多媒体(multimedial)和多模态(multimodal)的。多媒体允许用户操作和使用不同类型的媒介,如文本、声音、视频、图形和动画。商业交互式多媒介系统包括有线电视服务,其计算机接口允许观众与电视节目交互;高速交互式视听系统,如视频游戏机;以及创建人工感官环境的虚拟现实(VR)系统。多模态是一个广泛使用的术语,指从音频到视频的各种通信方式的融合。从本质上讲,它指的是媒介形式的混合:例如,电视新闻节目或网站上,声音、图像和图形的混合。

受众

在媒体研究中,SMCR 模型的接收者通常被称为受众。受众的定义为被某种媒介类型吸引的读者、观众或听众。在广播理论中,大多数受众可根据特定的社会学特征和生活方式特征进行"细分"。当代专业广播电台和私营电视频道尤其重视广播的这一方面,提供的节目有针对性地面向与年龄、性别、阶级和其他社会变量有关的特定兴趣类型的不同观众。因此,现在用来描述这类节目的术语是窄播(narrowcasting),而不是广播(broadcasting)。

一般来说,特定的受众只与特定的媒介类型有关。例如,有些观众认为,某种类型的电视节目代表现实生活,因此倾向于根据个人生活经历来解读它;而另一些观众可能会从其设定情景出发,更批判地看待同一节目。举个例子,非宗教人士观看电视布道节目时,会倾向于以批判和怀疑的态度来解释它,而有宗教信仰的观众则会认为它与个人生活经验直接关联。随着互联网的出现,全球各地的受众现在都可以接触到几乎相同的节目、表演、思想等内容。传统的、本地化的受众正越来越多地被更加全球化、跨文化的受众取代。因此,如今受众所接触到的文化形式不仅是由生活在世界上特定地区的人塑造的,而且越来越多地由全球不同地区的人塑造。一些分析人士称,互联网已经消除了目标受众与全球受众、媒介生产者与消费者、被动受众与互动受众之间的区别。

媒介流派

为大众消费而制作的书籍、电影、电视节目、油管视频和频道、播客等媒介的不同类型被称为流派(genres)。该词起源于文学批评,在 20 世纪 60 年代引入媒介研究。

流派可以通过某些惯例来识别,受众经常接触这些惯例就能意识到这一点。例如,肥皂剧是一种连续剧,涉及固定的人物和情景;访谈节目要有一名主持人采访一些人,如某一领域的权威人士,或者是有特殊问题想要公开讨论的普通人等。由于每种媒介流派都会定期吸引特定类型的观众,其节目通常由特定类型的广告商赞助。事实上,“肥皂剧”一词就来自广告赞助:该类型的节目最初是由洗涤剂肥皂公司赞助的,旨在吸引那些待在家里做家务的主妇,她们在家洗碗洗衣服时必然会使用肥皂产品。

符号学方法

如上文所述,20 世纪 50 年代,罗兰·巴特首次提出从符号学角度研究媒介流派。巴特将上文简要介绍过的基本符号理论应用于分析各种媒介景观和流派,揭示其内在的隐含意义。回顾一下,符号被定义为某种有形事物(X),它以某种特定的方式(X=Y)代表其他物质或概念上的东西(Y)。符号可以是简单的形式,如单词;也可以是复杂的形式,如小说或广播节目。后者在符号学理论中被更具体地称为文本,但文本仍然属于一种符号。这就是为什么我们将一本小说作为单一的形式(X)阅读和记忆,而不是作为其具有特定类型的意义或意义范围(Y)的单词集合体,我们根据个人、社会和其他类型的经验(X=Y)从中获取意义。

巴特的目标是揭露大众资本主义文化是一个巨大的、旨在根除传统艺术和意义创造形式的消遣工厂。在此过程中,他表明大众资本主义文化构成了一个总体的符号系统,抹杀了大众文化内部根深蒂固的意义,取而代之的是商业目的。这些被称为“结构”。传媒符号学的主要目标是当这些“结构”在媒介产品中表现出来时对它们进行分类和分析。当然,要成为一名传媒符号学家,不一定要采取巴特的意识形态立场或评论。事实上,许多符号学家为了探究问题的真相,将嗜新狂和商品化等概念背后的意识形态抛诸脑后。

为了忠于历史,应该提到,巴特所谓的马克思主义现代性立场并非没有先例,在其他分析流派中也有发现这样的人,包括所谓的法兰克福学派(Frankfurt School)。德国法兰克福社会研究学院(The Frankfurt School of Social Research)最初设立于法兰克福大学(1923—1933)。但随着纳粹党的崛起,学院被迫迁往瑞士日内瓦(1933—1935),然后迁往纽约的哥伦比亚大学(1935—1949),然后于 1949 年回归法兰克福大学。法兰克福学派有影响力的成员包括马克斯·霍克海默(Max Horkheimer, 1895—1973)、西奥多·阿多诺(Theodor Adorno, 1903—1969)、赫伯特·马尔库塞(Herbert Marcuse, 1898—1979)、瓦尔特·本雅明(Walter Benjamin, 1892—1940)、艾瑞克·弗洛姆(Erich Fromm, 1900—1980)、李·洛文塔尔(Lee Lowenthal, 1900—1993)和弗里德里希·波洛克(Friedrich Pollock, 1894—1970)。该学派成员对文化和社会趋势的解释主要倾向于马克思主义。

该学派代表人物试图理解人类群体在现代技术的影响下集体创造意义的方式,以及现代社会如何受到资本主义及其生产物质产品的商品文化的控制。法兰克福学派对现代资本主义下存在真正文化的可能性持高度悲观态度,谴责大多数形式的流行或大众文化都沦为消费主义的宣传渠道,向大众灌输消费主义并掩盖真正的社会不公。该学派的主要论点是,典型的流行文化是低俗的,主要作用是安抚普通人。一些当代流行文化和媒介方面的批评家大量引用了该学派提出的普遍论点。然而,符号学作为一门关于意义的科学,尽管可能偶尔会出现意识形态上的偏见,但在分析媒介意义时会尽量予以避免。

三大基本问题

在识别和记录媒介结构时，符号学家以三大基本问题为指导：

(1) 某一“结构”(如文本、类型等)意味着什么？

(2) 它是如何表达其含义的？

(3) 为什么它能代表该含义？

以下图为例，简要说明符号学家会如何给出这些问题的答案：

我们已经讨论多次，在符号学术语中，这个图像被归类为视觉能指，也就是一种形式 X，它由可视元素构建，而非听觉、感觉或嗅觉等元素。这个图像意味着什么？答案就是 Y——“一个好主意”。如前所述，这叫所指。那么，它是如何表达其含义(X=Y)的？因为相当于大脑的气泡框有个明亮的灯泡。最后，为什么这个符号能代表“一个好主意”？这便是符号学分析真正要研究的问题，它涉及深入研究该视觉符号的起源和历史——这里我们不作进一步讨论。可以这样说，要弄清本案例中 X=Y 关系所依据的符号系统，需要知道：①灯泡是光的来源；②光是知识的隐喻结构；③漫画书中的气泡框里是人物口中所说或脑中所想的内容。

“一个好主意”也被称为指称物。符号所编码的指称物一般有两种，即具体的和抽象的。具体的指称物,如“兔子”,是具体有形的,因此是可以被感官感知的;抽象的指称物,如上面的灯泡图所指示的“一个好主意”,是在头脑中形成的概念,因此是无形的。现在,正如心理符号学家查尔斯·莫里斯(Charles Morris, 1938,1946)所言,符号是强大的心理工具,正是因为它的X部分可以唤起任何类别的指称物,不管它是具体还是抽象的,也无论它是否便于演示或解释。术语上可称为移位性(displacement),是一种即便被指事物可能并不在感官所能感知的范围内,但仍能够联想到符号所指向事物的思维能力。符号的移位性赋予人类思考世界的能力,使其超越大多数其他物种所囿于的刺激—反应领域,从而在“心灵空间”内的任何时间和任何情况下对世界进行思考。形象地说,符号让我们的脑海中承载着整个世界。但这里所说的世界并非真实世界,而是精神世界,它由符号划定的特定指代范围形成。

符号学分析

可以对比一下两种类型的文本——食谱和诗歌。已故符号学家翁贝托·埃科(Umberto Eco)于1979年和1990年将诗歌称为开放性文本(open text),解读无限,意义众多。例如,T. S. 艾略特(T. S. Eliot)在1922年写下的伟大诗篇《荒原》(*The Waste Land*)就没有一个固定可识别的诠释或意义。它可以代表第一次世界大战的苦难所造成的一个时代的幻灭;也可以成为对存在主义绝望的讴歌;对它的理解无穷无尽,但似乎都汇集到一个荒凉、痛苦和绝望的情感中心。另一方面,它也可能颇具讽刺意味,批判了当时作家们深陷的虚无主义情绪。事实上,艾略特的诗是开放性文本,围绕着一个主题中心,对它的解释存在无限的可能。封闭性文本(closed text)则只能唤起单一意义,或一个非常有限的意义范围。因为食谱就是用来说明如何制作食物的,对其含义的理解相当直接。然而,它并不是完全封闭的,对于菜谱的理解也会受限于其他因素,例如食材如何混合、菜品的味道如何。

显然,符号学家要对其进行解释就必须了解创造表征的文化。在本书中,与其称其为文化,不如称其为意指次序(signifying order),强调它构成了一个意义结构的网络。米歇尔·福柯(Michel Foucault, 1972)将这个网络描述为一个“相互关联的结构”,在这个结构中,意义的边界从来都是不明确的。每一个能指都可以用来参照其他的能指;它是分散的所指网络中的一个节点,即实际使用的意义。一旦脱离这个网络,它就无法自证其意;它只表明自己的含义。因此,要从一个文本中提取意义,就必须对这个网络和构成它的意义有所了解。尽管西方社会现在基本上将自己定义为世俗社会(Frye, 1981),但在西方的意指次序中,文学的创作以及日常话语的风格和内容都与《圣经》主题相互关联。例如,英语中"他陷入了耻辱"的表达方式源于亚当和夏娃的故事,我们也要看到,耻辱(disgrace)这个词含有恩典(grace)的成分,而恩典指的是被上帝的宠爱所保护或神圣化的状态;同样,"她刚刚踏上人生旅程"的表达方式也基于《圣经》中的旅程故事,比如诺亚方舟的故事。

构成意指次序、相互关联的意义网络由代码(codes)领域配置。这些代码是网络中的"组织网格"。20 世纪 50 年代的摇滚音乐就是代码的一个具体例子。这构成了一种特殊类别的音乐代码,形成了一个音乐结构系统,而这些结构是随着时间推移从以前的音乐源头发展而来的。从这个系统孕育出无数的歌曲,我们很容易就能把这些歌曲作为代码的范例。实际歌曲的差异可归因于风格的不同,也就是说,差异在于某首歌曲的具体创作方式。因此,人们可以说"猫王风格""小理查德风格"或"帕齐·克莱因风格",这些都是特定艺术家对同一音乐代码的个性化实践。顺便说一句,由于风格的变化,代码也在不断变化。然而,所有这些代码都保留了它们所诞生的基本结构。只有当这些结构发生根本性变化时,一个完全"新的音乐代码"才会出现。

扩展阅读

本部分只列出涉及使用符号学的书籍或资料;更多一般性参考资料见于英文原著最后的参考书目。

Berger, Arthur Asa. 2014. *Signs in Contemporary Culture: An Introduction to Semiotics*. CreateSpace Independent Publishing.

本书是符号学领域读者最多的导论书的修订本,初版问世于 1980 年。本书清晰全面地展示了人们如何使用符号学理解日常生活。

Eschbach, Achim, and Jürgen Trabant. 1983. *History of Semiotics*. Amsterdam: Benjamins.

本书是目前唯一一本综合分析符号学历史的书,主要侧重于语言符号学与符号及符号系统整体研究之间的历史联系。

Nöth, Winfried. 1990. *Handbook of Semiotics*. Bloomington: Indiana University Press.

本书既是一本参考手册，也是一本入门级教材，对符号学作出了权威性介绍，内容涵盖古代历史及其分支和应用等。

第二章 符号学概述

> 我们可以想象有这么一门研究社会符号的学科，它是社会心理学的一部分，属于一般心理学范畴；我称其为“符号论”(semiology)，源自希腊语“semeion”，即“符号”之意。符号论揭示的是符号的构成及其定律。
>
> ——费迪南·德·索绪尔[①](Ferdinand de Saussure, 1857—1913)

生产、使用和交流符号是人类精神与社会生活的基础。我们打手势、说话、写作、阅读、看电视、听音乐、浏览油管视频或欣赏画作的行为或为符号导向，或为意义导向。19 世纪，瑞士语言学家费迪南·德·索绪尔和美国哲学家查尔斯·皮尔斯[②](Charles Peirce)为研究这类行为提出了一门独立的学科。索绪尔称其为符号论，皮尔斯称其为符号学(semeiotics)，而早在 17 世纪，英国哲学家约翰·洛克(John Locke)就使用过该术语。如今，符号学(即 semiotics，在“semeiotics”的基础上去掉字母“e”)这个术语更广为接受，皮尔斯将其定义为研究基于符号的行为的“原则主义学说”，其中“主义”(doctrine)一词采取其基本含义——一套既定的原则。已故作家和符号学家翁贝托·埃科(1932—2016)巧妙而透彻地将符号学定义为“研究一切可以用于说谎的事物的学科，如果某事物无法用于说谎，那么反之也无法用于说真话；事实上，这样的事物根本就无法进入表达”。虽然看似略带调侃之意，但该定义却相当有见地，因为它强调我们有能力借助符号以任何所想方式表征世界，甚至也包括误导和欺骗的方

① 费迪南·德·索绪尔，瑞士作家、语言学家，后世学者公认的结构主义创始人，现代语言学理论的奠基者，被誉为现代语言学之父。

② 查尔斯·皮尔斯，美国最具独创性的哲学家之一，物理学家、数学家，实用主义创始人。

式。有了这种伪造能力,我们能够创造出不存在的指称物,即便没有任何经验证明我们所言为真,我们仍然可以指称事物。在所谓的假新闻时代,埃科的定义显得尤为重要,这种现象确实需要符号学来解构,并指出问题的真相。正如情景喜剧《宋飞正传》(*Seinfeld*)中的人物乔治·科斯坦扎(George Costanza)所言:"如果你相信谎言,谎言就不再是谎言。"

如今,符号学日渐风靡,很大程度上得益于埃科的畅销小说。他的《玫瑰之名》(*The Name of the Rose*)、《傅科的钟摆》(*Foucault's Pendulum*)、《前日之岛》(*The Island of the Day Before*)等畅销作品大获成功,勾起了公众对符号学的好奇。美国印第安纳大学杰出的符号学教授托马斯·A.谢伯克(Thomas A. Sebeok, 1920—2001)也曾致力于向大众指出符号学与公众的关系。但如前所述,首次引入符号学方法的是20世纪50年代的罗兰·巴特,他引导人们辩证地理解媒介化的世界。本章旨在描述符号学方法的基本方面,为后续章节讨论媒介景观奠定基础,并给出指导。

背景知识与基本概念

据历史记载,创造出"符号学"(semeiotics)一词的人是古希腊医学之父希波克拉底[①](Hippocrates,公元前460—前377),他将其定义为症候研究的医学分支。症候实际上就是一个符号(semeion),也可以说是"标记或标志",代表本身以外的事物。希波克拉底认为,医生的首要任务是解开症候在生理解剖学方面代表的含义。因此诊断就是一种符号学方法。柏拉图(约公元前428—前347)所在时期,对"事物如何代表其他事物"的研究成为哲学家的特权。柏拉图认为符号是理想化的精神"形式",并不直接"代表"现实,而是现实的理想化精神相似物。柏拉图的杰出弟子亚里士多德(公元前384—前322)对"代表",即X=Y的过程现象进行了更深入的研究,奠定了早期的内隐符号理论,这一基本理论沿用至今。他将一个词定义为由三个方面组成:①单词本身的物理成分(如兔子这个词语的发音);②单词所聚焦的指称物(即某类动物);③单词所唤起的意义(指称物的心理与社会特性)。我们在前一章中提到,如今①被称为能指;②被称为所指;③被称为意指。

---

① 希波克拉底,古希腊伯里克利时代的医师,被西方尊称为"医学之父",西方医学奠基人。

哲学家和宗教思想家圣·奥古斯丁(354—430)在符号研究方面迈出另一大步,将符号分为自然、传统和神圣三个类别。从字面上看,自然符号是在自然界中发现的或由自然过程产生的符号。身体的症候、树叶的沙沙声、植物的色彩等都属于自然符号,动物的身体和情感状态发出的信号也属于此范畴。传统符号则是人造符号,如言语、手势和记号等。现代符号学理论中,这些符号被划分为语言类和非语言类。单词和表述、短语等其他语言结构属于语言符号,图画和手势属于非语言符号。圣·奥古斯丁曾强调,传统符号服务于基本需求,使人类能够指称并记住这个世界。如果没有传统符号,我们每次遇到或想象事物时,都必须从头到尾再经历一遍。符号也令思考和识别变得流畅且有章可循。神圣符号是传达上帝旨意的神迹,只能通过信仰来理解。

圣·奥古斯丁的观点在很大程度上鲜为人知,一直到11世纪,学者们在翻译了柏拉图、亚里士多德和其他希腊思想家的作品后才重新燃起了对人类表征的热忱。经院主义[①]运动也发端于此。学者们以古典希腊思想为知识框架,希望展示宗教信仰的真理是独立于表征它们的符号而存在的。但这场运动中,唯名论者(nominalist)认为"真理"是主观的,而符号充其量只能捕捉到虚幻易变、经人类加工过的真理。法国神学家彼得·阿伯拉尔(Peter Abelard,约1079—1142)在这场争论中持中立立场,他的观点引起人们的注意。他认为一个符号所捕捉的"真理"存在于特定事物之中时,是该事物本身的一个可观察属性,存在于事物之外时,则是头脑中的一个理想化概念。因此,"真理"介于这两者之间。

1690年,英国哲学家约翰·洛克(1632—1704)在著作《人类理解论》(*Essay Concerning Humane Understanding*)中把符号的形式研究引入哲学,以期哲学家们能够理解表征与知识之间的相互联系。但是直到索绪尔和皮尔斯的观点成为划分符号学研究领域的基础后,他在书中列出的问题才引起了人们的关注。

索绪尔将符号研究分为共时(synchronic)研究与历时(diachronic)研究。前者指某一特定时间点(通常是现在)的符号研究,后者指的是对符号在形式和意义上如何随时间演变的研究。要说明以符号学为重点的历时研究所分析的内容,可以用人(person)这个简单的词为例。在古希腊,该词指的是演员在舞

---

① 经院主义把亚里士多德的哲学和基督教神融合起来,并指出这种融合对于人生的意义,这种融合后来被称为经院主义。

台上所戴的“面具”(mask),后来又衍生出“戴面具者的性格”的含义。该含义在戏剧术语 dramatis personae(即“cast of characters”,字面含义是“戏剧中的人物或面具”)中一直沿用至今。最终,这个词演变成如今“生活中的人”的意义。以上就是对人这一词语的历时分析,同时也解释了我们在日常话语中仍然使用戏剧表达的原因,这些表达包括在生活中扮演角色、互动、表露感情、露出适当的表情(面具)等。

索绪尔认为符号是“二元结构”,由两个相互关联的部分组成。这两部分分别是能指(法语为“le significant”)和所指(“le signifié”)。两者的关系约定俗成,具有概念性和任意性。索绪尔认为,兔子等词语能够唤起“心理上的声音形象”,与所指动物的“理想化”社会形象相关联。

索绪尔阐述符号理论的同时,皮尔斯也在做着几乎相同的事情。他认为符号由“再现体”(representamen)组成,所谓的“再现体”即“有表征功能的事物”。符号可以指向某个对象,即再现体所关注的东西,并引发一个意义,即“解释项”(interpretant),解释项是在某情况中对某人产生的意义。这三者处于动态关系,而非静态关系之中,以循环的方式蕴含彼此。皮尔斯还提出一门由 66 种符号组成的类型学,根据它们的功能进行分类。比如,他将形符(qualisign)定义为引起人们注意的符号,或单独指出其指称物某些品质的符号。语言中形容词就是一种形符,因为它使人注意到指称物的品质,如颜色、形状、大小等。语言领域之外的形符包括画家使用的色彩、作曲家使用的和声和音调等。

20 世纪,许多符号学家、语言学家、心理学家和文化理论家发展了符号学理论。除巴特、谢伯克和埃科之外,还有查尔斯·莫里斯(1901—1979)、路易斯·赫耶尔姆斯勒夫(Louis Hjelmslev, 1899—1965)、罗曼·雅各布森(Roman Jakobson, 1896—1982)、阿尔吉达斯·J. 格雷马斯(Algirdas J. Greimas, 1917—1992)、克劳德·列维-斯特劳斯(Claude Lévi-Strauss, 1908—2009)、尤里·洛特曼(Juri Lotman, 1922—1993)、雅克·拉康(Jacques Lacan, 1901—1981)和雅克·德里达(Jacques Derrida, 1930—2009)等学者。但是以亚里士多德、圣·奥古斯丁中世纪的学者和哲学家以及洛克的著作为基础的索绪尔—皮尔斯基本范式完整保留至今。最后不能不提的是,“语义学”(sematology)和由韦尔比夫人(Lady Welby, 1837—1912)创造的“意义学”(significs)这两个术语有时也会被用到(Petrilli, 2009)。1969 年,国际符号学研究协会(International Association for Semiotics Studies)采用“符号学”

(Semiotics)这个术语，从那时起，符号学就成为该学科的指定术语。现在，关于符号学是否是一门科学，以及它是否应该包括对人类以及非人类符号系统的研究，一直存在不同的声音。这也推动了生物符号学的崛起。生物符号学的目的正是将符号学研究扩大到整个生物界。

一个多世纪以来，符号学的特点在数场学术辩论中体现出，时至今日，这样的辩论仍在进行。最重要的一个论题是，建构符号从根源上说到底是否是任意的过程，这种过程产生的符号形式与它们的指称物不存在感觉、经验或情感上的联系；或者说建构符号是否是"有动机"的过程，这种过程产生的符号形式也带有动机。将"任意性理论"引入符号学的学者是索绪尔，他认为符号的物理结构(能指)和它的意义(所指)之间建立的联系是任意的，为了某种特定的社会目的而随时间发展。例如，用"tree"(英语单词"树")或"arbre"(法语单词"树")来表示"乔木植物"，仅仅是为了给它一个名字而已。事实上，任何精心设计的能指都可以在任一种语言中使用。"tree"在英语中是符合语法规则的符号，而"tbee"则明显不符合语音规则。但是索绪尔也承认，一些符号是模仿其指称物的某些感官或感知特性而设计的。拟声词就是为模拟真实的物理声音而设计的，例如嘀嗒、扑通、砰砰等。但他认为，这种词的创造是例外，而非普遍规律。

皮尔斯与索绪尔观点相反，他认为动机结构是符号构造的"默认"模式，即构建符号时，人们会试图用其模仿某种感知、想象或感觉到的事物。因此，有动机的符号会自我解析为一种常规形式，使我们能够以相对稳定的方式分类和理解世界的某一部分。

本书主要使用索绪尔的术语，但并非对符号理论的特定流派有任何偏好，而是出于以下两个原因：①索绪尔的术语在与传媒符号学有关的研究文献中更为常见；②必要的时候本书也会使用皮尔斯提出的概念加以补充。但是，索绪尔和皮尔斯的范式并不是同构的(isomorphic)，二者也较为晦涩难懂，无法通过加入自己的观点让其变得易于理解。这里采用的"照搬"式做法只是出于便捷。事实上，仔细阅读如今的相关文献可以发现，符号学内部出现了将索绪尔和皮尔斯思想综合为一体的趋势，涉及对媒介景观的分析时尤其如此。

传媒符号学的研究目的

本书多次提到，是罗兰·巴特提醒人们注意用符号学的理论工具来研究媒介景观的价值。1957 年《神话学》出版后，符号学理论在批判性分析和功能分析领域得到了广泛使用。前者指文化研究的一个分支,研究受众和媒介类型之间的关系,后者指社会学的一个分支,研究媒介机构及其对群体行为的影响。这两个领域的学者都尤为推崇巴特的观点,即媒介产品和类型内在的意义结构源自古代神话,并将以往被投射到仪式结构上的意义赋予到媒体事件中。他们也倾向于支持巴特对媒介的这种手段的尖锐批评,认为这是一种两面派做法,位于道德的灰色地带,最终会颠覆真正的文化进步。

早在 20 世纪 60 年代,著名的法国符号学家让·鲍德里亚(Jean Baudrillard, 1929—2007)就传承了巴特的观点。鲍德里亚和巴特都严厉抨击了整个消费主义大众文化产业,将其比作大型消遣工厂,目的是哄骗大众,使他们变得麻木不仁,习惯性地追求物质,被占有欲蒙蔽双眼(Genosko, 1999)。但我认为,虽然巴特和鲍德里亚的批评是出于好意,但可能无意中为符号学增加过多的"政治化"色彩,成为社会批评家的一个便利工具。此处需要指出的是,符号学研究的是基于符号的行为,不应作为批评政治和社会制度的工具。因此,虽然当前的学术探讨一定会涉及巴特和鲍德里亚的真知灼见,但若他们对西方社会尖锐的批评无法为当前的讨论带来裨益,将很可能被省略。实际上,传媒符号学的主要目标是研究大众传媒如何有的放矢地创造或循环利用符号。第一章曾提到,这通过以下三个问题实现:①某事物意味着什么或表征着什么?②该事物是如何表达其含义的?③为什么它能代表该含义?当然,我们一定不能忽视媒介表征中的意识形态结构,该结构是整个分析过程的一部分。但我们不必为符号学分析的过程增添"意识形态化"色彩。

漫画人物中的超人可以作为一个实例。1938 年,超人形象首次出现在《动作漫画》(*Action Comics*)中,后来其形象独立出现在《超人》(*Superman*)漫画书中。超人代表何物或何人?答案是他代表了以往神话中的普罗米修斯(Prometheus)和赫拉克勒斯(Hercules)等超人类"英雄"形象。作为英雄人物,超人的文化意义必定会不断更新调整——他是一位"美国"英雄,代表"真理""正义"和"美式作风"。超人像古代英雄一样无坚不摧、刚正不阿,致力于解救人类。他还像阿喀琉斯等旧日英雄一样,有一个"充满悲剧色彩的弱点"——"氪石"。氪石是他母星上的物质,接触氪石他就会失去强大的力量。

要回答为什么超人或任何漫画中的英雄都会吸引现代观众这一问题,就需要深入研究这个典型英雄人物的起源与历史。在神话和传说中,英雄是一个个体,通常有神圣的血统,勇敢无畏、力大无穷、功绩宏伟、备受爱戴,由众神派往人间，在人类事务中发挥关键作用。简而言之，英雄是特质的抽象体，体现真理、诚实、正义、公平、道义等崇高的人类理想品质，人皆往之。当代观众对英雄主义的需求是与生俱来的，与古希腊的观众欣赏埃斯库罗斯[①]（约公元前525—前456）的《被缚的普罗米修斯》（*Prometheus Bound*）、《解放的普罗米修斯》（*Prometheus Unbound*）和《带火的普罗米修斯》（*Prometheus the Fire-Bringer*）舞台表演时并无二致。超人不是上天派来帮助人类的，因为这几乎没有世俗社会意义。他从另一个星系的星球来到地球，过着"双重生活"，既是普罗米修斯式的大力士，又是一家日报社"举止温柔"的记者克拉克·肯特（Clarke Kent）。同一家报社的记者露易丝·莱恩（Lois Lane）爱慕他，有时会怀疑克拉克·肯特是超人。超人还会身着独特服装。创作者们一期接一期地使用这种"超人代码"，因此超人在追寻英雄神话的当代观众中极受青睐。事实上，超人仍然是当代流行文化的宠儿。

因此，超人的符号学故事要点在于，他是一个"可循环利用"，或"媒介化的"古代英雄形象。超人形象的"符号系统"骨架可以用表格总结如下：

神话英雄	超　人
由众神派往人间	来自另一个星球
对人类事务伸出援手	帮助有难的"好人"，打倒作恶的"坏人"
有悲剧色彩的弱点	碰到母星的氪石会失去力量，不堪一击
象征美德、赤诚以及人性所向往的一切美好而常人鲜有的品质	代表"真理""正义"和"美式作风"，并拥有当代人所追求却少有的各种美德

超人的例子表明，媒介表征往往是循环利用的神话代码，披上现代的皮囊，吸引当代观众。正如巴特所言，这正是为什么电影中的牛仔和侦探等媒体人物，以及摔跤比赛等场面都拥有持久的吸引力。现代人像祖先一样，潜意识中需要英雄来"摆平"人类事务，至少在幻想的世界里是这样。

媒介化意义

超人的"英雄人物"意义就是一个"媒介化意义"的例子，这是一个被现代媒体循环利用的符号或意指系统。从未接触过超人、动作漫画书或英雄概念的人

① 埃斯库罗斯，古希腊悲剧诗人，与索福克勒斯和欧里庇得斯一起被称为古希腊三大悲剧作家。

无法直接推导出这种意义,当然这种人也不太可能存在。但倘若真的有对此一无所知的人,对他而言,超人似乎只是“身着紧身衣和红色斗篷,拥有超凡飞行能力和超强身体力量的人”。这种对超人的“字面”感知被称为符号图形的“外延”(denotation),它是在没有符号系统的情况下观察到的。1923 年,心理学家 C. K. 奥格登(C. K. Ogden)与哲学家兼文学评论家 I. A. 理查兹(I. A. Richards)在经典作品《意义之意义》(*The Meaning of Meaning*)中提出,外延意义的概念如同算术几何的公理,最好不要被定义。从本质上讲,外延意义是符号与其指称物之间建立的“表面价值”联系。古代观众可能认为普罗米修斯真实存在,因此他们会对舞台角色展开外延性解释。今天的儿童也可能倾向于如此理解超人。当代成年观众则不然,因为他们知道超人代表的是想象中的人物。根据皮尔斯的理论,普罗米修斯和超人之间的意义差异存在于解释项层面。前文曾提到,解释项包括符号在某时间点对某人或某群体所唤起的具体指称(Peirce, 1931—1958, II:228)。

尽管外延性意义表面上“不彰自显”,但也无法准确定位。上文提到过它是一种超越字面意义的概括。漫画书、电视和电影中的超人形象如出一辙,却又有所不同。不同媒介中超人形象的细节各不相同,但与超人相关的一般品质保持不变。无论电影中扮演超人的是哪个演员,或者画他的是哪个艺术家,只要他无坚不摧、穿同样的衣服、可以飞翔等,人们就能知道他是超人。

将超人作为“想象的英雄人物”所得到的阐释反而被称为“内涵”(connotation)。这样的定义具有特定“文化历史背景”的意义,只能在某种意指系统中理解。关于超人的一切在其形象中都能找到内涵。

外延特征	内涵阐释
超人有非凡之力,能够飞行、透视,拥有刀枪不入的身体……	因为不属于这个世界,所以他拥有这些力量
帮助有难的“好人”,打倒作恶的“坏人”	超级英雄从另一个世界前来帮助人类,将人类理想的美德具象化
碰到氪石会失去力量,不堪一击	一些古代英雄有悲剧色彩的弱点,承认世界上不存在终极完美之物,好人好事亦不例外
身着奇特服装	英雄的穿着与凡人区别明显。因此军人和官员等人物会穿不同类型的服装。英雄的穿着与仰赖他们的普通人相去甚远

内涵是诗歌、小说、音乐和艺术作品等创造性文本生产和破译的运作模式。内涵可以产生具有文化意义的含义，因此所有的大众传媒文本和流派都以内涵为基础。事实上，我们可以将人们所生活的整个媒介世界描述为巨大的内涵意指次序。人们收看天气频道不仅仅是为了了解当天的天气，因此电视或互联网上关于天气的直接、外延的含义少之又少。而且天气预报本身也算不上完全的外延性事件。节目主持人经常在预报中加入内涵性话语，如："今年冬天，大自然对我们可不太友好"，以及"太阳去哪了"等表述。

内涵之所以强大，是因为它能唤起人们对事物的感知。美国哲学家苏珊·兰格(Susanne Langer, 1948)认为，艺术形式之所以有效，是因为我们"感觉"到它们有很多话要说，这远远超出人们最初以为它们所要传达的内容。媒介讯息也很强大，这是因为我们给出的反应附带情感。超人充满神话内涵，在情感上吸引了很多人，尤其是儿童。他在故事中的行为与英雄人物惯常所做的事情一致，我们因此认为这些行为"有意义"。

1957 年，心理学家奥斯古德(Osgood)、苏奇(Suci)和坦南鲍姆(Tannenbaum)为了证明内涵能唤起情感和感知，发明了"语义差异法"。该方法的主要内容是向受试者提出一系列关于某特定概念的问题，如：这个概念是好是坏？程度是弱是强？并据此制作一份七分制量表，表中每道题两端都有互为反义的形容词。然后他对答案进行统计分析，从中筛选得出普遍的模式。假设受试者要对"理想的美国总统"这一概念进行评分，并回答以下量表中的题目："总统应该年轻还是年长？""总统应该实用主义还是理想主义？""总统应该与时俱进还是保持传统？"以此类推(见图 2.1)。

年轻	— 1	— 2	— 3	— 4	— 5	— 6	— 7	年长
实用主义	— 1	— 2	— 3	— 4	— 5	— 6	— 7	理想主义
与时俱进	— 1	— 2	— 3	— 4	— 5	— 6	— 7	保持传统
魅力四射	— 1	— 2	— 3	— 4	— 5	— 6	— 7	朴实无华
平易近人	— 1	— 2	— 3	— 4	— 5	— 6	— 7	正言厉色

图 2.1　概念量表

认为总统应该更“年轻”的受试者,会把分数打到年轻的一端;认为总统应该“朴实无华”的人,会在“魅力四射——朴实无华”那行把分打到右端,以此类推。如果我们让大量受试者以这种方式对总统形象评分,就会得到一份美国总统的“内涵概况”,反映出这一概念所唤起意义的海量变体。有趣的是,采用语义差异法的研究表明,意义变体的范围不纯粹受主观影响,而是形成了一种社会模式。换言之,许多抽象概念的内涵都受到文化限制,例如噪音一词对日本人来说是一个高度情绪化的概念,他们对噪音的评分一直分布于量表的两端,而对美国人而言,噪音是相当中性的概念,他们对噪音的评分在同一量表中平均分布于中部。因此,内涵并不是无限度的,它受到一系列因素的制约,如一些约定俗成的规矩会决定符号在特定情况中的含义。没有这些约束,我们的意指系统几乎无法使用。无论是外延还是内涵,所有的意指过程都是关联和联想过程,换言之,符号获得意义的过程不是孤立进行的,而是与其他符号以及它们所处的环境有关系。

符号学中还会使用对立(opposition)的方法来充实符号中的内涵意义。在许多文化中,黑白二分法的内涵差异就是这样的例子。白色表示“干净”“纯洁”“天真”等,黑色则表示“不洁”“不纯”“腐败”等。这种二分法在大众流行文化中俯拾皆是,但常人很少注意。与黑白二分法相关的一系列对立内涵在媒介景观中被不断循环使用。早期的牛仔电影中,英雄戴白帽,反派戴黑帽;当代广告中,“深色皮手套”等物品唤起人们对夜生活的想象。也可以将这种对立反转过来,把和黑暗相关的内涵与英雄联系起来,人们就会认为他们神秘而无畏,另辟蹊径与邪恶斗争。因此,著名的影视形象佐罗可以如以往好莱坞的牛仔角色一样身着黑衣。

严格来说,人们认为对立展示了范式结构,范式结构又从本质上表明,符号的意义在符号关系中产生。我们认识到超人拥有的品质独特且有意义,这是因为这些品质与他在多次冒险中遇到的“恶棍”或“对手”所拥有的品质形成范式对比。

另外,上述“范式特征”并非相互排斥。相反,它们组成超人的综合心理画像。

超人	对手
开朗友好,认真勤勉	恶意昭彰,潦草马虎
善良	邪恶
无私体贴	自私自利
体现“良善”	体现“邪恶”
诚挚、坦率、包容	狡猾、虚伪、欺骗
勇敢	怯懦

超人＝身体强壮、诚实守信、大公无私、思虑周到、勇敢无畏……

严格来说,这样的组合是一种“横组合关系”(syntagmatic),指符号以某种一致的方式组合在一起。以语言学的句法结构为例,pin、bin、fun、run、duck和luck这些词都是合乎规则的符号,因为它们的发音组合与英语的音节结构是一致的。而mpin、mbin、mfun、mrun、mduck和mluck在英语中不能作为符合规则言语符号,因为它们与英语的音节结构相违背。

从本质上讲,如果某物具有可辨识的形式,即可重复又可预测,并以可定义或模式化的方式构建,它就是一个符合规则的符号。符号就像拼图碎片。它们的“表面”有一些特征,彼此不同,“侧边”上有不同的形状,可以按照特定的方式拼接在一起,形成完整画面。

符号的类别

自亚里士多德和圣·奥古斯丁以来,人们对符号采取过各种分类方式。其中最全面的是皮尔斯制定的分类法。在他确定的66种类别中,有三种符号对媒介产品研究十分有用,即类象符(icon)、指示符(index)和抽象符(symbol)。

类象符是在某种程度上与其指称物相似的符号。艺术家为展示人们的真实面孔所作的肖像属于视觉类象符。嘀嗒、扑通、砰砰和吱呀等拟声词旨在复制或模仿某些事物、行动或运动的声音,属于听觉类象符。香水是模拟自然气味的嗅觉类象符。化学食品添加剂是近似于天然食品味道的味觉类象符。刻有字母的木块可以通过触摸来理解,是触觉类象符。超人也有明确的“英雄类象符式”特质,他有往日英雄人物般的外貌、行为和思维。他确实像普罗米修斯、赫拉克勒斯、阿喀琉斯和参孙一样,肌肉发达、身形高大、充满魅力、胆识过人……他是往昔英雄人物的一个再生类象符。

指示符代表或指出与其他事物有关的事物。指示符并不像类象符那样与它们的指称物相似,而是识别或指出指称物的位置。人类指示性最典型的表现是用食指指向事物,全世界的人都本能地用食指来指出和定位事物、人和事件。许多词语的指示符性质也隐约可见,如在谈论事物时,这里、那里、上面和下面等词语都可以指代事物的相对位置。指示性也是身份建构的一个特点。名字可以识别独立的个体,通常也可以识别人的种族或社会出身。超人不属于这个世界,但必须生活在这个世界,因此拥有人类的名字和另一个自我:克拉克·肯特。这个名字更能表明他是美国社会的一员,而不是其他社会的一员。

抽象符是以约定俗成的方式代表某种事物的符号。总体而言,词语和部分手势就是抽象符号,但物体、声音、图形、颜色、音乐等任何能指都有抽象符意义。用食指和中指做的"V"字手势可以象征性地代表"和平"的概念,白色可以代表"纯洁"和"天真",此类例子不胜枚举。需要注意的是,抽象符意义由历史和社会习俗确立,无法直接理解。下文列出一些颜色的内涵,在常见的表现手法中用来象征一系列指称物。

- 白色=纯洁、天真、贤惠、贞洁、善良、正直……
- 黑色=邪恶、不洁、有罪、恶习、罪恶、不雅、缺德……
- 红色=激情、性欲、生育、生殖、愤怒、性感……
- 绿色=希望、不安、无邪、诚挚、信任、生命、存在……
- 黄色=活力、阳光、幸福、安宁、和平……但也可以代表懦弱。
- 蓝色=希望、天空、天堂、安宁、平静、玄幻、神秘……
- 棕色=朴实、自然、原始、恒定……
- 灰色=暗淡、迷雾、晦涩、神秘、模糊……

超人装束的颜色具有抽象符意义。红色斗篷代表"高贵血统",蓝色紧身衣代表给人类带来"希望"。当然,红蓝组合是美国国旗的颜色,因此也点明了"美式爱国主义"。超人本身就是一个抽象符。我们曾多次提到,他代表人类渴望拥有,但因为弱小而无法拥有的诚实、无畏等所有英雄美德。

因此,超人的整体形象由类象符、指示符与抽象符的特征或意义组合而成。

类象符性	指示符性	抽象符性
他的外表与往日英雄相似：高大英俊，身形健美……	他取了人类的名字克拉克·肯特，因此可以调换另一个自我，融入美国人当中	他象征真诚、勇气、思虑周到……

代码

超人如何行动？如何表现？持何观点？有何作为？这些都无关乎讲故事的人，或者所使用的媒介，是“超人故事”的可预测方面。这些方面构成了“超人代码”，即一套基本的“成分”或“概念”，能够以漫画书、电视或电影的形式表征超人。超人代码包括以下特征，我们在前文已多次提及：

- 超人有英雄和记者克拉克·肯特的双重身份。
- 他被露易丝·莱恩爱慕。作为超人时，他无视露易丝的追求；作为克拉克·肯特时，则对她表现出浓厚兴趣。
- 扮演克拉克·肯特时，他的穿着打扮像一个典型的美国男性。只有在需要英雄登场时，他才会在远离公众视线的地方换上超人服装。
- 超人从不偏袒任何人。他总是直言不讳、一言九鼎。
- 由于自身的悲剧色彩弱点，超人可能会被拥有氪石的反派瞬间制服。
- 他拥有英雄的所有品质与美德。

代码是“组织系统或网格”，可以构成人工制品的重复元素和意义，包括仪式、景观和各种表征形式。代码可能规范性很强，如算术代码中，所有的数字结构与加减法等规则都是恒定不变的。代码也可能灵活度很高，如问候语代码会根据问候过程的参与者是谁而变化。

一个代码相当于一个食谱，由信息即一套烹饪食物或制作饮品的操作说明组成，而信息必须由某人转换成另一种形式，即实际的食物或饮料。值得注意的是，代码的最终结果会因食谱使用者而异。但是所有的结果仍然可以被识别为根据同一食谱制成。总体而言，对于某些特定表征需要，存在一个或一组最佳代码。歌剧艺术作曲家在创作歌剧文本时，至少需要用到三方面代码——音乐代码、语言代码和戏剧代码，而这些在创作时都会运用其中。无需多言，大多数代码的知识针对特定文化,而数学和科学等代码则为国际通用而构建,是全球教育系统的一部分。换言之,世界各地的人已经就某些符号达成一致,将其作为记录和回忆信息的速记系统。每个科学分支都有自己的系统:天文学使用一套古老的符号来识别太阳、月亮、行星和恒星;在数学中,希腊字母和其他符号构成一种简洁的语言。特定种类的符号出现在商业、工程、医药、包装和运输等领域。

大众营销的一个常见策略是将“代码的意义”建立在表征中,即在一些固有的或潜意识代码基础上塑造事物。此处可以用1986年问世的日本汽车名“Acura”为例。该名称遵循了一定的文化代码,它模仿了某些日语单词(如“tempura”)以及通常以元音结尾的意大利语单词结构。这种内在代码产生的内涵系统基于两套认知系统:①人们普遍认为日本技术和制造精密且先进;②人们普遍认为意大利文化“艺术且诗意”。

文本

“超人代码”能够以不同方式生成“超人故事”。实际的故事被称为叙事文本。对话、信件、演讲、诗歌、电视节目、绘画、科学理论和音乐作品也是文本。为了表达,一个文本可以构成一个或多个代码元素的具体“交织”产物。例如,一部小说就是用一组代码构建的言语文本,包括语言代码、叙事代码,以及许多其他代码和次代码。但是小说并非由其构成部分解释,而是作为单一意义结构来进行整体阐释。因此,当我们让某人回答一部小说的含义时,回答者并不会使用小说中按顺序实际出现的词语,而是提取整体含义,例如“小说《罪与罚》(*Crime and Punishment*)描绘了一幅人世间的苦难画卷”。

文本实际上是各种符号结构的混合物,这些结构组织起来产生讯息和一系列意义。超人冒险的有关故事是叙事文本,根据“超人代码”以特定的方式叙述其事迹。因此,在特定漫画故事中,我们可以预料到超人将投身对抗一些反派中,也可能在某个时刻以克拉克·肯特的身份同露易丝·莱恩谈情说爱,还可能遭遇危机,必须动用非凡的力量去破解等。

文本的意义由语境(context)决定。语境是文本被构建或提及的物理、心理和社会环境。在动作漫画书中,超人的文本会被解释为一个冒险故事。然而,如果一个讽刺家在电影中描写超人,那么这段电影文本就很难被理解为冒险叙事,而是对超人形象、其媒体表征或与“超人代码”有关的其他方面进行讽刺或嘲弄。被丢弃的烟头可以说明语境如何决定事物的意义：如果一个人在城市的人行道上看到烟头，会把它阐释为“垃圾”。但如果完全相同的烟头被陈列在艺廊的展柜里，这个人就会倾向于以一种完全不同的方式来解读其意义。显然，烟头在人行道上与在艺术馆中陈列的情况就是与之相关的社会环境，与事物存在的物理环境共同决定人们对其如何解释。语境决定代码影响大脑解释功能的运作方式。

符号学家和语言学家雅各布森(1896—1982)指出，语境是一切交流模式的关键组成部分，同样重要的还有说话者(addresser)、讯息(message)、受话者(addressee)、接触(contact)和代码(code)等概念，其观点令人信服。以超人为例，这些术语可以定义为：

- 说话者是某个超人故事的创造者。
- 讯息是这个故事所要传达的内容。
- 受话者是听众，即超人故事的目标受众。
- 语境是实际使用的媒介，使观众认识到这一情节是真实的，并给出进一步解释。如果这个故事出现在冒险漫画中，就是一个真正的超人故事；如果出现在讽刺电影中，就被理解为对“超人故事的戏仿”。
- 接触模式是指说话者和受话者通过媒介联系起来的实际方式。超人故事可以通过漫画、电视、广播、电影或网站等形式传递。每一种形式中说话者都能以某种特定的物理或心理方式与受话者接触。
- 代码是反复出现的故事元素系统，使听众将超人的文本解读为颂扬英雄主义的冒险故事。

雅各布森还认为每个传播行为都服务于或包含着一个特定的功能，超人故事就是一个例子。一个超人故事可以实现六种功能：①揭示作者对主题或情节的喜好；②对受众产生不同的影响；③提及超人故事的特定方面；④对受众产生不同的审美效果；⑤通过让受众接触超人故事的某个版本来保持对超人的兴趣；⑥思考与评价超人故事本身。雅各布森将这六个功能分别称为：①情感功能(emotive)；②意动功能(conative)；③指称功能(referential)；④诗性功能(poetic)；⑤寒暄功能(phatic)；⑥元语言功能(metalingual)。

意指次序

毋庸置疑,符号、文本和代码并非独立存在,而是相互关联的。因此,此处将它们分开讨论仅仅是为了方便而已。事实上,这些意指成分之间的关系创造了我们通常所说的文化,人类学家将文化定义为社会传播的行为模式、艺术、信仰、制度等人类工作与思想产物的总和。这些模式、特征和产品是某特定时期、某阶级、某社区或某人群的具体表现。在严格的符号学术语中,文化可以被定义为由不同类型符号组成的复杂系统,这些符号凝聚成代码,个人和群体可以利用这些代码构建文本,产生意义或交换讯息。如前文所述,这个系统可被称为意指次序。我们可以将其描述为一种宏代码,为社会或社会群体成员提供符号、各种代码以及文本。

在没有任何训练的情况下,婴儿凭直觉就能掌握符号的定义和用途,这确实令人惊讶,值得深思。这表明意指是大脑以符号学方法理解事物的一部分能力。大脑在很大程度上是一个符号学器官。婴儿听到构成“兔子”这个词的声音时,他们不会认为这些声音是随意的噪音,而是代表“一种长耳朵、短尾巴的软毛穴居哺乳动物”,而我们要做的就是给他们看兔子的图片。同样值得注意的是,儿童在两岁前就开始有目的、有意识地使用兔子这个词,不仅用他指真正的兔子,还指兔子的表征,如图画书中的兔子。实际上,每个孩子都经手大自然的“编程”,能够认识和使用符号,能在很短时间内毫不费力地掌握所处文化的符号和代码系统。

人们能够用意指次序编码和储存知识,但这种次序总是不全面的,只提供了世界上潜在可知的部分内容。伟大的英国儿童文学作家刘易斯·卡罗尔(Lewis Carroll, 1832—1898)发明了一种语言,称之为“贾巴瓦克”(*Jabberwocky*),以此表明英语语言的构成并没有向人们呈现出其全部真相。卡罗尔巧妙地论证道,他需要用 brillig、slithy、tove 和 wabe 这样的贾巴瓦克语词汇(Carroll, 1871:126—129)来指代那些普通的事物、概念或事件,否则,讲英语的人通常不会注意到它们。其中,“brillig”=“热腾腾的晚餐时间”;“slithy”=“光滑又活泼”;“tove”=“一种长着光滑白毛、长长后腿和短角的獾”;“wabe”=“山的一侧”。卡罗尔的论点也表明,即使意指次序中存在空缺,人类也有能力在任何时候填补这些空缺。填补空缺时,人们不仅像卡罗尔那样创造新符号,还通过改变既存符号以满足新需求,以及通过从其他意指次序中借用符号等许多手段来达成目标。

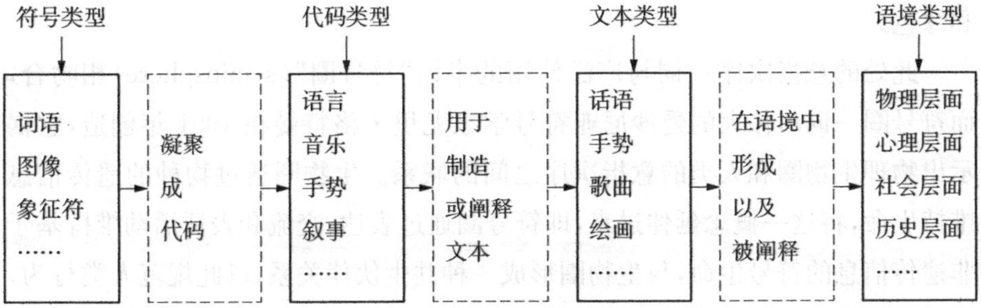

图 2.2 意指次序柱状图

意指次序是"组织模板",使人们可以使用和记住一套可管理的符号。以颜色术语为例,光谱由从一端到另一端的连续色调等级组成。人用肉眼能够分辨的色阶可能有数百万种。把手指放在光谱上的任何一点,紧挨着手指两边的色调仅有细微差别。但是讲英语的人在描述光谱时,会把这些色阶列在红、橙、黄、绿、蓝、靛和紫的标签下。这是因为英语语言为光谱的内容分类指定了词汇类别,说话者会受到这些词汇的限制。没有这套有限的分类,英语说话者就必须以某种方式来指称每个感知到的色阶,这需要数百万符号才能实现。

但是,英语套用在色谱上的组织套路本身并不是"与生俱来"的。相比之下,非洲本土语言修纳语①使用者将色谱分为 cipswuka、citema、cicena②,而利比里亚语言巴萨语使用者则将其分为 hui 和 ziza③。当讲英语的人把某物称为蓝色时,讲修纳语的人可能会把它称为 cipswuka 或 citema,而讲巴萨语的人则称其为 hui。巴萨语使用者会把紫色和绿色称为 hui,但这并不妨碍他们看到这两个英语词汇所编码的色阶差异。巴萨语中有许多语言资源可以做到这一点,就像所有其他语言一样。类比和比喻的方式也可用于扩展颜色术语。例如,在英语中,crimson(深红)、scarlet(绯红)和 vermilion(朱红)这些词可以指代红色的"深浅"甚至"类别",bright red(鲜红)和 dark red(暗红)等结构也是如

① 修纳语,津巴布韦的官方语言之一,在莫桑比克、赞比亚、马拉维、南非和博茨瓦纳等其他南部非洲国家也有很多人使用修纳语。

② 修纳语对光谱颜色的定义不同于汉语和英语的"红、橙、黄、绿、蓝、靛、紫",而是将色彩分为三类,其中"cipswuka"表示紫色与红色、"citema"表示蓝色与绿色、"cicena"表示黄色与橙色。

③ 巴萨语中将光谱颜色分为两类,"hui"表示绿色、蓝色与紫色,"ziza"表示红色、橙色与黄色,接近于冷暖色的切分。

此。修纳语和巴萨语中也有类似的语言资源可以用来区分英语中所说的紫色和绿色。

此处的意指次序一词与广泛使用的术语“符号圈”(semiosphere)相吻合,而符号圈一词由伟大的爱沙尼亚符号学家尤里·洛特曼在1991年创造,它揭示出物理生物圈和人类的意指次序之间的联系。生物圈通过物种的遗传信息维持生命,将这一概念延伸过来,即符号圈通过表达、交流和表征活动维持基于非遗传信息的符号生命,与生物圈形成一种共生伙伴关系,以此规范人类行为,推动人类进化。但这种伙伴关系并无决定性作用。人类有能力重新设计符号学生活的方方面面,从而完全重塑符号圈。

同源研究或互补研究

符号学作为一种跨学科分析方法,已经超越前文提及的符号学固有原则和概念,触及研究人类心灵及其表达产品的领域。不同学科领域的观点、发现与论述的交织与融合是符号学的一个突出特点。因此,在任何符号学分析行为中都可能有来自相关或同源学科的补充性思想和发现,特别是语言学、哲学、心理学和人类学,这很正常。但应该注意的是,这种“跨学科”的探究模式是双向的,因为许多在符号学内部发展起来的思想现在也散落在同源的其他领域中。实际上,开创当代符号学的跨学科方向的正是索绪尔,他指出符号论属于心理学,而语言学又属于符号论。

为了将这一讨论保持在合理的篇幅内,此处将介绍三种意义研究的主要同源研究法,即话语理论(discourse theory)、视觉修辞(visual rhetoric)和具身认知科学(embodied cognitive science)。

话语理论

几乎无人意识到潜意识思维机制,而这些机制表现在谈话或书面文本所用的词和短语中。语言学中的语用学(pragmatics)就对这种机制的本质进行研究,语用学是皮尔斯(1931)创造的术语,莫里斯(1938)将其应用于传播学研究。如今,语用学研究人们如何使用语言来建立、维持、定义和提示社会关系与角色,以及传达世界观。早在20世纪20年代,米哈伊尔巴赫金(Mikhail Bakhtin, 1981)就预见当前话语理论的许多关键概念,提出语用学的衍生分支话语理论(Discourse Theory, DT),研究语言形式是如何无意识地传达具体的观点或世界观。他也是第一个用话语理论来阐释语言的意识形态和特殊视角的学者。该术语的含义在“政治话语”或“体育话语”等表述中可见一斑。政治家、学者、体育解说员、哲学家、医生等人或团体使用被称为关键词(keywords)的各种语言线索,体现了该群体共同的价值观、世界观、信仰和偏见,展现了意识形态或社会体系的点点滴滴。

话语表现在家庭、学校、公司、大学、媒体等整个社会的言语行为中。每个环境都会有特定的话语风格,使其成员在群体内外的发言都能有意义。话语中一个特别关键的因素是互文性,即直接或间接影射对群体有特殊价值的思想和文本的功能。其策略包括直接引用和模仿、预设、批判和戏仿。例如,对《圣经》中的人物、事件和语录的引用或引喻在宗教话语中占有显著地位,对囚犯暴力行为的暗喻则是一般监狱话语的一部分。一些思想和文本对话语共同体来说尤为重要,被称为典范。例如,马丁·路德·金的精彩演讲被奉为激进主义政治话语圭臬,而对莎士比亚的引用则是英国文学话语的典范。互文性使群体中的说话者通过对话中提到特定的主题和话题,以及用于表达这些主题和话题的语言结构,认识到他们对某领域有着共同的理解。

总体而言,话语可以细分为专门话语、共同话语、仪式话语和批评话语。专门话语指医生、律师、技师等专门群体的话语类型,涉及专业术语的使用以及专业的互文性。共同话语是指共享或共居家庭等同一社会环境中出现的话语类型,被纳入该环境中人们的语言习惯。媒体话语、体育话语以及我们大多数人都能接触到的其他话语都属于这个范畴。仪式话语体现仪式和典礼的特点,涉及的场合包括宗教仪式、政治集会、辩论、正式的学术讲座等。话语行为在仪式中重温过去及其与现在的关系。在许多仪式性的典礼中,话语、叙述和典籍的引用都是为了给群体成员编织神奇的保护光环。1962 年,列维-斯特劳斯在其出版的《野性的思维》(*La pensée sauvage*)一书中使用“混搭”(bricolage)这一术语来描述部落仪式以及仪式中使用的话语。对行外人来说,公式化的语言可能看起来毫无意义,但对行内人而言,它是嵌入仪式的意义系统的一部分,能唤起神奇的情感。列维-斯特劳斯还认为,所有的社会都通过使用集体语言资源来寻求摆脱困境的办法。在仪式中使用语言不是为了创造新的意义,而是为了维护群体意义的建构,增强文化的凝聚力。人们通常喜欢在圣诞节、逾越节等特定时间聆听类似的演讲、歌曲和故事,以便与群体中的其他成员产生共鸣。

这些创造了一个“文字魔法”的光环,通过仪式中展现的文字力量,使人们相互联系。

最后,批判话语指的是反映权力关系和意识形态的话语类型,如“保守主义话语”“新自由主义话语”“马克思主义话语”等。与教育、法律、政府和其他权威机构有关的话语是占主导地位的批评话语。这些话语不断被复制和强化。批评性话语必须具有高度的互文性,暗喻经典文本,形成话语社区成员眼中对理解现实至关重要的文本链,才会有效力。该文本链因其与权威之间的共鸣而产生了对某种事业的信仰。此处的假设是社会结构、权力结构和话语相互交织。

许多语言学家认为莱奥·施皮策(Leo Spitzer)的《风格研究》(*Stilstudien*, 1928)是话语研究的起点,或者至少推动了话语研究的发展。施皮策在该书中研究了语言如何沿着几个社会轴线变化,其中包括那些现在属于批评话语实践的类别。他的研究重点是不同情况所用的特殊话语风格。20 世纪 70 年代,米歇尔·福柯(1972)揭示了机构和学术学科如何嵌入话语实践中,这些话语实践在很大程度上过滤了信息或对信息进行了意识形态加工。实际上,以权威群体为主的人们谈论某事会用到一种方式,这种方式使每个人都倾向于根据语言的呈现和处理方式来感知它。要改变机构和社会实践,意味着要改变谈论它们的语言。

显然,话语研究衍生出的概念与媒介研究有关,这是因为话语实践指导着媒介文本和媒介渠道,并赋予其特征。如今不难发现,有线电视新闻频道使用的话语类型从自由派到保守派再到极右派,差异很大。媒介新闻消费者与其制造者之间的关系,即受众(受话者)和远程记者(说话者)之间建立的联系,被植入了特定的话语实践。借助话语研究可以解码这些话语实践产生意义的过程。

视觉修辞

所谓的视觉修辞(Visual Rhetoric, VR)实际上是视觉符号学和形象化思维心理学的一个分支,与语言思维相对,指的是从视觉图像中提取意义的能力(Arnheim, 1969),旨在将各种视觉图像和文本作为修辞结构进行分析。1964 年罗兰·巴特的《图像修辞学》(*The Rhetoric of the Image*)公开发表,为了解开视觉图像中蕴含的内涵意义,首次提及视觉修辞的基本方法。视觉修辞的核心观点是,视觉媒介符号与文本锚定在修辞结构中,即隐喻、类比和影射等联想过程,这些联想过程不仅烙印在语言表达中,也烙印在视觉图像中。例如,男装标志设计中的狮子形象具有修辞内涵,并影响服装品牌在与狮子相关的历史内涵和词语方面的感知方式。这种方法同样适用于其他视觉表达产品的设计,如传统的视觉艺术作品、网页和漫画书等。视觉修辞表明,视觉对象是修辞对象,因此可以影响与说服人们,与修辞演讲异曲同工,甚至效果更胜一筹。

视觉修辞思维是一种以心理图像而非文字及其意义而形成思想的现象。菲利普·耶纳文(Phillip Yenawine, 1997:845)将其定义为"在图像中寻找意义的能力"。

> 视觉修辞思维需要运用一系列技能,例如了解所见事物名称,即简单的识别技能,以及解释复杂的背景、隐喻和哲学层面的能力。这一过程会调用认知的方方面面,如个人的联想、质疑、猜测、分析、事实调查和分类。客观理解是视觉修辞思维的基础,但主观和情感方面的认识也同样重要。

严格来说,视觉修辞的主要研究对象是视觉文本。所以,它的方法论涵盖所有视觉媒介,如视觉艺术、广告、网站、社交媒体、应用程序、博客、热门视频等。视觉修辞为修辞结构如何影响我们的情感和认知提供了重要见解。其研究方法总是大同小异,即视觉图像传递出的修辞力量使一系列的隐含意义相互联系,从而产生编码意义。这一内涵链颇具说服力。2011 年,罗伯特·哈里曼(Robert Hariman)和约翰·卢凯兹(John Lucaites)在《无需字幕》(*No Caption Needed*)中用这种方法证明了图片如何成为能够影响各种社会事务公众舆论的强大修辞文本,让人想起巴特对摄影的分析(Barthes, 1977,1981)。图片可以有多重含义,但它出现在报纸上的特定版面中,读者将在不知不觉中被有意引向锁定的讯息。

值得一提的是,1967 年成立的比利时"μ 小组"[①](Groupeμ)将口头话语与"视觉话语"联系起来,表明视觉素养与口头素养一样,对理解人类活动至关重要。他们对视觉修辞的发展功不可没。视觉读写能力的逻辑与言语论证的修辞逻辑一样必不可少。1970 年,"μ 小组"的著作《普通修辞学》(*A General Rhetoric*)出版,以符号学的方式重新阐述了古典修辞学,根据图像的不同类象

① 比利时"μ 小组"是 20 世纪由一群比利时符号学家组成的著名研究小组,他们对现代符号学做出了阐释。

模式对其进行分类。1992 年,在《视觉符号论》(*Traité du signe visuel*)中,他们详细阐述了图像的语法。他们的主要观点是,图像跨越了所有的系统与模态,视觉符号与语言中的言语感知对象并无二致。

具身认知科学

如今,具身认知是认知科学的一个新型研究领域,与符号学分析有关,主张精神和身体是产生意指结构的互动主体。据我所知,这一运动始于 1973 年,温贝托·马图拉纳(Humberto Maturana)和弗朗西斯科·瓦雷拉(Francisco Varela)出版的《自创生与认知》(*Autopoiesis and Cognition*)一书。具身认知理论的主要前提是,除了感知与认知,人类的思维在很大程度上是依赖身体的。埃莉诺·罗施(Eleanor Rosch)、伊万·汤普森(Evan Thompson)和瓦雷拉(1991:172-173)对“具身”一词的定义如下:

> 通过使用“具身”一词,我们意在强调两点:第一,认知取决于具有各种感觉运动能力的身体所带来的各种体验;第二,这些单独的感觉运动能力本身被嵌入更广泛的生理、心理和文化环境中。

此处无需深入探讨符号学和具身认知理论之间的具体联系,只需要说明,这两个学科在人类生活的基本原则上趋于一致,即符号与意指结构是人体的延伸,超越生物限制。与具身认知科学关系密切的是“自创生”概念,该概念认为有机体会参与自身的进化,这是因为它能够生产或塑造自身的各种生物化学介质与结构,从而确保其高效运作。在人类的思想领域,“自创生”似乎不受约束。它已经产生并将继续产生符号结构,而这些结构是认知的基础,同时也反映认知。

叙事结构

漫画书、电视节目、电影、畅销小说和其他媒介产品之所以趣味横生、广受欢迎,是因为它们一般都是在讲故事,这与印刷和电子技术出现之前村庄里口口相传的故事并无二致。没有故事就没有文化,无人不晓何为故事。事实上,人们认为生活即故事,并加以叙述。这就是为什么自传体故事赋予人们生活意义，并作为“叙事符号”代表某种有目的的存在。

叙事可以基于事实，如报纸上的故事；也可以虚构，如小说、漫画、电影中的故事等。叙事的事实和虚构之间的界限通常难以确定。事实上，即使是叙述生活故事，为了使故事更加连贯，事实往往掺杂着虚构。心理学家称其为“奥赛罗效应”。这是一种强调真理的谎言。

叙事是文本，即复合能指，有若干鲜明的特点。情节基本上是叙事的全部内容，即“叙事所指”，包含叙事所引人注意的一系列事件。角色是情节的实施者和/或参与者的表征。背景是指情节发生的时间和地点。故事的讲述者被称为叙述者，可以是叙事中的一个人物，也可以是叙事的作者，或其他人。每种类型的叙述者都为故事提供不同的视角。

叙事学

系统研究叙事的符号学分支被称为叙事学（narratology），该术语由阿尔吉达斯·格雷马斯（Algirdas Greimas, 1987）和茨维坦·托多罗夫（Tzvetan Todorov, 1977）等多名符号学家提出。叙事学的基本观点是，叙事文本被植入一个普遍的意义代码，产生的故事只有细节上的差异，而无实质上的不同。弗拉基米尔·普罗普（Vladimir Propp, 1928）对俄罗斯民间故事展开了分析，他是最早提出这一观点的符号学家之一。此外，普罗普还认为，普通话语是建立在构成叙事代码的相同单元之上的。简言之，叙事性同样支撑着虚构的文本和对话。格雷马斯进一步发展了普罗普的观点，展示了叙事通常通过一系列连续的步骤而展开，如图所示（见图 2.3）：

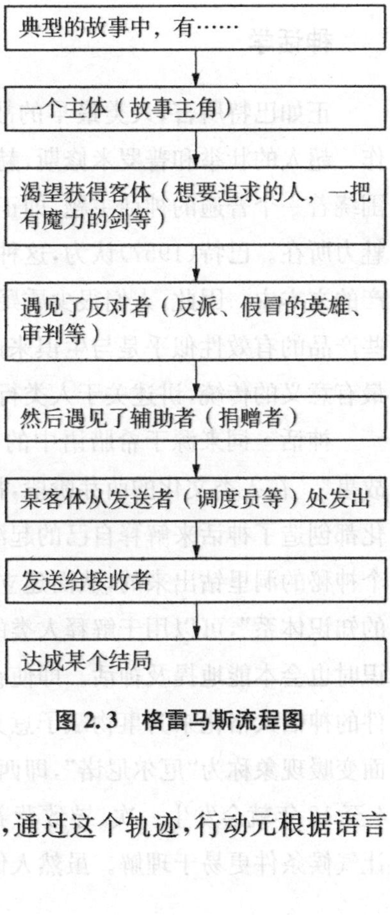
典型的故事中，有……
一个主体（故事主角）
渴望获得客体（想要追求的人，一把有魔力的剑等）
遇见了反对者（反派、假冒的英雄、审判等）
然后遇见了辅助者（捐赠者）
某客体从发送者（调度员等）处发出
发送给接收者
达成某个结局

图 2.3　格雷马斯流程图

格雷马斯将每个步骤命名为“行动元”（actant），而这个步骤序列本身则“生成轨迹”，通过这个轨迹，行动元根据语言和文化投射到实际的叙述中。一个行动元可以沿着其轨迹中一定数量的指定位置被转换成各种基本角色。实际叙述中,一个行动元可以由几个角色来表征,而几个行动元也可以由同一个角色来表征。例如,在一部悬疑小说中,主体(subject)即主角,可能有多个敌人,这些敌人都可以被视为反对者(opponent)。在爱情故事中,一个男性恋人可能既是客体(object)又是发送者(sender)。我们可以举一个简单例子,将行动元理论应用于居斯塔夫·福楼拜(Gustave Flaubert)(1821—1880)的《包法利夫人》(*Madame Bovary*)(1857)这样的小说中,可以得到以下信息:主体=艾玛,客体=幸福,发送者=浪漫文学,接收者(receiver)=艾玛,辅助者(helper)=莱昂和罗多尔夫,反对者=查尔斯、永维、罗多尔夫、霍迈和勒厄尔。仔细分析就会发现,它们涉及的行动元和对立面与古代神话中的行动元和对立面是一样的。因此,神话作为人类基本的叙事文本,持续提供构成叙事性的潜文本和互文文本。

神话学

正如巴特所言,人类最早的故事或神话主题仍然浸润影响着当代故事创作。超人的壮举和普罗米修斯、赫拉克勒斯及其他古代英雄的神话一样,始终围绕着一个普遍的神话主题,即正义与邪恶的斗争。这就是超人等动作英雄的魅力所在。巴特(1957)认为,这种隐性叙事经常嵌入媒介文化为大众消费而生产的文本中。因此,人们很少质疑广告、商业和其他"媒介化产品"的权威。这些产品的有效性似乎是与生俱来的。巴特认为,这是因为它们延续了最古老、最有意义的传统,讲述关于人类行为和动机的基本神话故事。

神话一词来源于希腊语中的 mythos 一词,意为"单词""演讲"和"众神的故事"。在人类文化的萌芽阶段,神话是真正的世界"叙事理论"。因此,所有文化都创造了神话来解释自己的起源。例如,美洲的祖尼人称自己是从地面上一个神秘的洞里钻出来的,从而建立与土地的亲缘关系。神话作为一个"形而上的知识体系",可以用于解释人类的起源和行为。如今,我们向儿童讲授世界知识时也会本能地提及神话。即使在当代的成人世界,我们仍然本能地以自然事件的神话人格化来为事物赋予意义。例如,气候学家将南美洲西海岸的海洋表面变暖现象称为"厄尔尼诺",即西班牙语中的"圣婴"(El Niño),这种现象每隔 4 至 12 年就会发生一次,导致营养丰富的寒流无法上升。人格化的命名方式让气候条件更易于理解。虽然人们不会将厄尔尼诺理解为一个人,但还是倾向于把某些反常气候归咎于它。这就是原始神话的认知作用,但在过去,拟人化的事物往往被认为是真正的神或神话人物。

尽管巴特在20世纪50年代末就给出明确警示,但是在媒介表征中使用神话主题和元素已经司空见惯,因而经常被忽视。有关为善而战、需要英雄来引领我们前进等主题的隐性神话构成了电视节目、电影大片、广告和商业广告以及几乎所有获得“媒体播放时间”的节目的叙事基础。下文将回到媒体分析的叙事学和神话学。

网络神话

当代符号学中的叙事研究包括从更广泛的角度审视叙事结构。与这一目的相关的领域之一是兴起的媒介化神话,例如都市传说和网络神话。这些神话会深入影响人们的认知,往往导向我们不愿看到的某些行为,因此需要认真研究。

所谓的“瘦长鬼影”(Slenderman)系列事件就是一个骇人的实例,其中包括一起由“屏幕偏执狂”形式诱发的谋杀未遂,这表明网络已经成为我们制造神话和叙事信仰的来源。在某种意义上,他已经成为神话故事的讲述者和传说的制造者。思想不再主要通过书面文字传递或口口相传,而是通过网络模因(meme)和热门视频传播。瘦长鬼影就是一个网络模因。不幸的是,他从屏幕跳到现实生活中,美国威斯康星州一个广为人知的案例便是其佐证。

2009年,瘦长鬼影这个虚构的传说人物在互联网上诞生,他是一个没有五官、身形纤瘦的高个男人,而后迅速成为一个“蠕动意面”[①](creepypasta)网络模因,在整个互联网上被疯狂地复制和粘贴。在网络中,瘦长鬼影通常以令人毛骨悚然的形象出现,跟踪并绑架儿童,就像传统的妖怪故事和其他儿童寓言文学中的邪恶人物一样。网上流传着各种与瘦长鬼影传说有关的叙述、描写和视频。美国威斯康星州沃基沙市(Waukesha)一名12岁女孩差点被杀害的事件就被归咎于瘦长鬼影模因。该案件中,女孩被两名12岁同学捅了19刀。这两名同学在审讯中声称自己已经成为瘦长鬼影的代理人,他们担心如果不听从他的命令谋杀同学,瘦长鬼影就会杀死他们的家人。这个案件说明,对今天的人们来说,网络世界比现实世界更真实,而且也许还更有意义。该名受害者最

① 蠕动意面(creepypasta)是一个网络流行语,指网络上流传的一些类似都市传说的令人不安的故事。

终幸存下来,而这两名罪犯被认定患有精神疾病。不过,人们不禁要问,这种疾病是否由瘦长鬼影这一模因触发或诱导?理查德·道金斯(Richard Dawkins, 1976)早在互联网出现之前就提出了模因一词,他认为模因和基因一样,可以转移给他人。瘦长鬼影等令人反感的模因很可能特别容易转移给易受影响的生物体,如青春期的孩子。他们的情感系统容易失调,需要的是平衡,而不是由模因引起的精神病般的妄想。

显然,网络空间及其模因结构可能正在改变人类的进化,或使其发生突变,让其回到神话时期的意识形式,即任何出现在网络空间的事物,无论真实或准确与否,都有可信度。

隐喻

我们在前文提到,超人的形象象征"神话中的英雄主义"。实际上,超人是对理想化的人类美德的隐喻,通过其个性及行动等具体的方式表征这些美德。瘦长鬼影则象征恐惧和妖怪般的恐怖。这两种表现形式从根本上说都具有隐喻性。隐喻充斥在媒介表征中,通过漫画书、电视节目、网站中的人物形象和人们熟知的场景,为心理或社会主题提供具体表征。例如,神奇女侠这个漫画书和电影中的人物就是对女性力量的隐喻。阐释本质上就是隐喻,因为它基于联想和类比,旨在具体说明某事物的意义或含义。

语言学、哲学和心理学中的隐喻研究无疑与传媒符号学密切相关。隐喻研究现在已经成为符号学分析中诸多领域的内在组成部分,并表明隐喻认知能够指导我们将各种形式联系在一起并从中提取意义。隐喻结构并不像某些理论家所说的那样等同于句法结构。在句子中,动词的句法选择受特定类型主语的共同存在所限制但隐喻结构在结构上却不受限制。相反,它是一种通过推断看似不同的概念之间意义的共同性而建立的联系。

作为符号的隐喻

作家苏珊·桑塔格(Susan Sontag)1978 年的作品《作为隐喻的疾病》(*Illness as Metaphor*)十分引人注目。书中,她以雄辩的论据证明,尽管疾病不是隐喻,但人们总是倾向于以隐喻的方式思考它们。桑塔格以癌症为例,指出在不远的过去,"癌症"这个词本身可能已经杀死了一些病人,而这些病人本来并不一定会死于所患的恶性肿瘤。“只要某种特定的疾病被当成邪恶而不可战胜的侵略者,而不仅仅是一种疾病,大多数癌症患者确实会因为得知自己得了什么病而萎靡不振”(Sontag, 1978:7)。桑塔格认为,人们因对疾病进行概念化的隐喻而遭受的痛苦比疾病本身带来的更多,这的确是一个有启发性的观点。

亚里士多德创造了 metapherein(隐喻)一词,而该词本身就是一个隐喻,其中的“meta”指“超越”,“pherein”指“携带”。他认为,理解抽象事物通常涉及隐喻推理。然而他也承认,尽管隐喻能产生知识,但最常见的功能是为书面文字增光添彩。奇怪的是,这种观点成了整个西方社会的主流。1977 年,一项开创性的研究(Pollio et al., 1977)表明,英语使用者平均每周说出 3000 个新的口头隐喻和 7000 个谚语。自此,人们已经清楚地看到,隐喻很难仅作为文字语言的一个选项;相反,它似乎构成了日常话语的核心。

对隐喻进行符号学上的定义则带来了一个令人深思的难题。例如,“教授是一条蛇”这个隐喻句有两个指称物,而不是一个,它们通过具体的联想相互联系在一起:

- 主要指称物,即教授,被称为隐喻的本体(topic);
- 参照物,即蛇,被称为隐喻的喻体(vehicle);
- 这两个指称的关联创造了新的意义,称为“喻底”(ground),但喻底不是两个指称意义的简单相加。

此外,被转移到本体的不是喻体的外延意义,而是它所唤起的内涵意义。因此,上述隐喻所暗示的不是蛇作为一种真实爬行动物的意义,而是这种爬行动物代表的特征,如“诡秘”“危险”和“狡猾”等。正是这种复杂的文化内涵构成了隐喻的基础。隐喻实际上是一个复杂的符号,它将抽象的指称与具体的东西联系起来,从而代表一个抽象的指称。

隐喻揭示了人类思维的一种基本倾向,即用指称来思考指称。现在的问题是:这是否存在任何心理动机?在“教授是一条蛇”的例子中,将两个看似不相关的指代物联系起来的可能源自我们内心根深蒂固的观念,即在自然界中人类和动物是相互联系的。换言之,如果我们觉得指称物在某种程度上是相关或相互联系的,我们就会创造隐喻。

概念隐喻

1980 年,语言学家乔治·莱考夫(George Lakoff)和哲学家马克·约翰逊(Mark Johnson)在开创性著作《我们赖以生存的隐喻》(*Metaphors We Live By*)中细致展示了隐喻论证如何超出诗人和演说家之手,成为日常思维和话语的基石。这两位学者的主要观点是大多数抽象概念都有其隐喻起源。为了将"隐喻建构"的概念与其他类型的概念区分开,莱考夫和约翰逊引入概念隐喻(conceptual metaphors)这个术语。例如,上文"教授是一条蛇"实际上是概念隐喻,换言之,对于较为宽泛的事物,其隐喻的基本表达形式是:"人是动物。"事实上,这样的心理公式可以被看作是任何其他结构的基础,在这些结构中动物喻体可以描述人类:

- 约翰是头大猩猩。
- 玛丽是只小狗。
- 我的朋友是头猪。
- 贪婪的人是虫子。

因此,每个具体的隐喻,如"约翰是大猩猩""玛丽是蛇"等都不是充满诗意却互不相干的例子,而是一般隐喻思想(人是动物)的一种表现。这就是莱考夫和约翰逊所说的概念隐喻。

人	是	动物
↓		↓
约翰		一头大猩猩
玛丽		一只小狗
我的朋友		一头猪
贪心之人		虫子
↑		↑
特定本体		特定喻体

这种概念隐喻两部分中的每一部分都被称为一个域(domain)。①人是目标域,因为它是抽象的本体,即概念隐喻的"目标";②动物是源域,因为它是可

以用来创造特定隐喻的一类喻体，即隐喻概念的"源"。莱考夫和约翰逊随后指出，文化上的群体思维在很大程度上基于长期使用概念隐喻所产生的联系，这种联系被称为理想化的认知模型。例如，在英语文化中有几个常用的概念隐喻来表达想法这个主题：

想法是几何图形：
- 这些想法是循环的。
- 我不明白你想法的点在哪里。
- 她的想法是讨论的中心。
- 他们的想法是相反的。

想法是要被照亮的东西：
- 那位发言人让我眼前一亮。
- 你的想法非常明晰。
- 她的例子点明了几个问题。
- 那次讲座散发着启迪的光芒。

想法是建筑物：
- 她的理论结构完整。
- 你的想法有坚实的基础。
- 我的理论需要更多的支撑。
- 他们的理论在批评声中崩塌了。
- 她想出来一个非常有趣的理论框架。

想法是植物：
- 她的想法终于开花结果。
- 那是一个处于萌芽阶段的新理论。
- 索绪尔的理念有当代的枝派。
- 欧拉对网络的观点已经成为数学的一个分支。

想法是商品：

- 那个人当然知道如何包装他的想法。
- 她的想法就是推销不出去。
- 这个想法没人买账。
- 那是一个毫无价值的想法。

这种概念公式在常见话语中不断并列,累积产生一种理想化的观念认知模式,具有联想性的概念结构。

在媒介研究领域,概念隐喻理论已经开始产生许多令人深思的见解。例如,20 世纪 50 年代的《奥兹和哈里特的冒险》(*The Adventures of Ozzie and Harriet*)和《老爸大过天》(*Father Knows Best*)等电视情景喜剧的叙事内容实际上由家庭的隐喻模型构成,在这个模型中,角色被固定分配。父亲被描绘成“无所不知”的人,是家庭的“负责人”,是可靠的“顶梁柱”等。这些情景喜剧以此作为源域,从而在概念上找到立足点。然而,20 世纪 50 年代的情景喜剧《蜜月期》(*Honeymooners*)和 20 世纪 80 年代至 90 年代的情景喜剧《拖家带口》叙事内容的家庭隐喻模型则与上文所述相反。在这些剧集中,男性角色被描绘成“自私的粗人”“无能的青少年”“懒惰的顶梁柱”等。这种家庭隐喻模型实际上也成了此类情景喜剧赖以为基础的源域。20 世纪 90 年代的《宋飞正传》和 2007 年开播至今的《生活大爆炸》(*Big Bang Theory*)表明,完全不同的概念隐喻支撑着不同情景喜剧。《宋飞正传》的隐喻结构与之前基于固有的家庭叙事的结构相互对立,是基于一种虚无主义隐喻,其观点是生活在被视为存在于以家庭为中心的叙事之外时,“就是一系列随机事件”。《生活大爆炸》的隐喻结构基于一个实用的隐喻概念:“生活是一个持续的问题,要通过友谊来解答。”

在莱考夫和约翰逊确定学科大方向之前,隐喻研究隶属于修辞学,被看作是各种修辞手法的一种。但自 20 世纪 80 年代初以来,人们开始使用隐喻一词来指代对所有比喻性语言的研究,并将其他修辞手法视为隐喻的特殊类型。然而,其中有两种类型的隐喻经常被拿来单独分析,分别是转喻(metonymy)和反讽(irony)。转喻是指使用一个实体来指代与之相关的另一个实体。转喻与隐喻不同,包括使用一个领域的一部分来代表整个领域,例如,“今天白宫就这个问题进行了发言”这一表述中,美国政府的一部分被用来代表它的整体。有了概念隐喻,也可以提出与之平行的概念转喻。概念转喻在我们的文化中有一个较大的成果——“脸就是人”。这不仅体现在话语中,例如“他不过有张漂亮的脸蛋罢了”“让我们面对面交谈”“你今天扮的是什么脸”也体现在非语言的表征领域,因此绘画和摄影中肖像画都以脸为重点。反讽是一种表征策略,可以讽刺或嘲弄某些事物,从而间接理解或反思它们。大多数电视情景喜剧都是讽刺性的,因为它们通常以讽刺、戏仿或挖苦的方式表现常见的情况。

扩展阅读

符号学领域优秀的导论类著述颇多。其中最全面的论述仍然是前一章中所提的 Nöth(1990)的书。其他书籍如下:

Barthes, Roland. 1994. *Elements of Semiology*. New York: Hill and Wang.

该书是巴特对符号学的经典阐述,他在其中进一步阐释了外延(符号的初始指称领域)和内涵(附加在符号上的扩展含义)之间的区别。巴特将内涵解释为一个潜意识二级系统的产物,该系统在产生意义时不断地发挥作用。尽管这种二分法此前就已为大众所知,但巴特却将其巧妙地融入符号学。

Cobley, Paul (ed.). 2010. *The Routledge Companion to Semiotics*. London: Routledge.

从符号理论到大众传媒,该选集每一章都涉及符号学分析的一个具体方面或主题,并有一份包含技术术语和主要人物的词汇表,从而成为这一领域的总论和参考书。

Lotman, Juri. 1991. *Universe of the Mind: A Semiotic Theory of Culture*. Bloomington: Indiana University Press.

洛特曼将符号的起源追溯到希腊语“energeia”,将其定义为一种“创造性的力量”,可以加强我们与世界的关系。他还将其编码为构成文化的意义形式,描述为符号圈的一部分。

Trifonas, Peter Pericles (ed.). 2015. *International Handbook of Semiotics*. New York: Springer.

本选集从文学研究和视觉艺术到当代媒体,对符号学及其应用进行了广泛研究。各章节由各领域的专家撰写,但写作风格通俗易懂,因此任何对符号学感兴趣的人都可以轻松阅读。

第三章 印刷媒介

> 看到名字印在书上确实令人愉悦。书就是书,尽管内无一物。
>
> ——拜伦勋爵(Lord Byron, 1788—1824)

“书构成生命的一部分,同树木、马匹、繁星一样,是生命的一种表现形式。无论是小说、戏剧,还是日记,都遵循着自己的节奏和规律。书中总有着深邃而隐秘的生命节奏,那是脉搏的跳动、心脏的起伏。”美国作家亨利·米勒(Henry Miller, 1891—1980)的名言生动地表达出大多数人阅读时的直观感受,也清楚说明书籍为何对人类影响如此之大。即使我们出于某种原因不读书,但假如没有书籍,如今的人类生活将会完全不同。书籍中蕴藏着构成人类文明“印刷记忆系统”的大量书面文字,这些文字保存着各个时代的人类思想。若是懂得正确的语言代码,我们就能阅读这些文字。如果世界上所有书籍毁于一旦,人类文明也将危在旦夕。世界各地的作家、科学家、哲学家、教育家、立法者等都不得不从头开始,以某种文字“重写”知识。

然而,存储知识并非印刷品的唯一用途。自中世纪晚期以来,世界各地的人们都通过阅读小说来消遣娱乐并获取知识。即便在数字星系时代,气势磅礴的历史小说仍然吸引着各类读者。当代看似庸俗的“畅销书”也是流行文化中最受欢迎的商品之一。在这个兼收并蓄的时代,一切皆有可能,尽管书籍正越来越多地转向数字媒介,纸质图书仍在继续蓬勃发展。

在媒介景观之旅这一站中,印刷品是我们的关注点。然而本章并非旨在揭示《罪与罚》(*Crime and Punishment*)等书籍或《泰晤士报》(*Times of London*)等报纸的具体含义,因为它们是文学批评和新闻研究的目的。本章聚焦印刷品编码的意义类型，及其在当代文化中产生的“符号学效应”。为了对印刷品展开符号学分析，无疑需要在讨论过程中考虑各类印刷品及其流派的历史与发展。

印刷媒介发展史

许多文化历史学家认为，印刷技术和印刷文化是产生先进文明的必要条件，这不无道理。但不要忘记，早在印刷术出现之前，口述能力就已发挥出许多与读写能力相同的认知和社会功能，这一点第一章也有提及。此外，即使是口语文化时期，人们也利用象形文字来表达并记录思想、情感及知识。迄今为止发现的最早的象形文字文物已有 3 万多年的历史。

古代口语文化基本上通过语言交流和传播故事、歌曲及谚语，以保存文化历史和传统。人们将自己所知道并认为具有永恒价值的东西口口相传给子孙后代。尽管由于讲述者不同，每次讲述的故事并非完全一致，但这种文化的基本“知识体系”恒久不变，原因在于人们传递思想、价值观和基本技能的方式与如今父母通过口述教育尚未识字的儿童的方式基本相同。此外，尽管现在已出现儿童故事书籍，但同一故事也因作者和时期而异。例如，灰姑娘的故事就有许多不同版本，关于仙女、传奇英雄和神话动物角色的故事也是如此。不同版本的内容完全取决于故事讲述者的身份以及讲述的时间和地点。

口述神话

最早的口述故事的基本叙事结构本质上属于神话。神话叙事普遍存在，因此可以说它反映人类大部分认知结构。这可以解释为什么尽管版本不同、媒介不同，早期文化中的儿童故事如今仍然在以童话书、卡通片和动画电影等形式讲述着。如前所述，最早口头传播的神话是“世界理论”。这些神话被称为宇宙创生论(cosmogonic)，其功能是解释世界形成的方式，以及在宇宙万物的体系中，诸神赋予人类何种角色。例如，为了解释生命的起源，有些神话将世界的创造描绘为从无到有的过程；还有些则将其描绘成某种超自然的过程。为了解释死亡和世界末日，早期文化还讲述了末世论神话，这些神话通常预言世界将被某位神明毁灭，神将根据人类不同的生活方式，把他们分别送入天堂或地狱。在传统末世论中，末世诸神的最后之战也是常见主题。为了对抗世界末日，许多文化还讲述了关于转世轮回的神话,这些神话告诉人们生命如何得以重生,或者告诉人们理想社会或救世主的到来。

所有神话中都隐含一种观念:死亡之后生命仍在延续。这也许就是为什么早期的人们认为故事讲述者有预言天赋,他们直接从超自然的存在中获得故事。因此,人们认为他们拥有神奇的力量,能够治愈疾病,影响世事的发展。早期的祭祀活动也总是由故事讲述者组织监督。

早期神话和宗教中存在对人类起源和命运的描述,即使现代人早已忽略其存在,但它们仍然是现代世俗社会意指系统的一部分。加拿大文学评论家诺思罗普·弗赖伊(Northrop Frye, 1912—1991)在其著作《伟大的代码》(*The Great Code*)(1981)中指出,早期神话的主题潜藏在艺术实践和日常话语模式中,即使在那些极度世俗化的社会中也是如此。弗赖伊论述了《圣经》如何成为支撑和影响西方文学、艺术和社会制度的隐性代码。弗赖伊认为,任何从未接触过这一代码的人,都无法理解西方世界。但即使大多数人从未读过《圣经》,亚当和夏娃、巴别塔、失乐园和复乐园、洪水和诺亚方舟等许多故事不仅为西方文明的伟大艺术和文学作品提供了主题,还塑造了西方人日常思维和话语模式的符号。同样,人类学家克洛德·莱维-斯特劳斯(Claude Lévi-Strauss)认为,神话思想一直以来潜移默化地控制着人类,因为它们实际上已经成为语言的一部分。例如,莱维-斯特劳斯(1978)认为,神话中的某些关系簇与句子中的系统词序相匹配。神话中最早的"主语"是神明,他们对人类及陆地上的其他"宾语"进行物理上和"语言上"的支配。依据神话的这种主谓宾结构,第一个句子出现了。这种结构后来被扩展到涵盖非形而上学的指称。尽管这种对语法的神话式阐释看似激进,但它确实可以解释为何语言似乎与所指事物有直观的自然联系。

奥地利精神分析学家西格蒙德·弗洛伊德(Sigmund Freud, 1856—1939)将神话故事视为"心理理论",认为它们的出现本质上是为了表达无意识的欲望和冲动。在希腊神话中,俄狄浦斯一出生就遭到抛弃,他在不知情的情况下杀父娶母,使得预言应验。瑞士精神分析学家卡尔·荣格(Carl Jung, 1875—1961)认为,神话是一种无意识的语言形式,表达了他称之为"原型"(archetypes)的普遍思想。这些思想构成人类的"集体无意识",并继续在现代符号、虚构人物等方面表现出来。例如,"骗子"原型可以在儿童故事中找到,也可以在小丑和喜剧人物等角色中找到。遇事之际,我们本能地联想到这个原型，不需要解释何为骗子，因为其含义深埋于我们的精神世界中。

无论弗赖伊、莱维-斯特劳斯、弗洛伊德和荣格的观点实际上正确与否，有一点毋庸置疑——早期神话中表达的思想几乎未曾从现代文化中消失。例如，我们从中继承日期和月份的名称：星期二（Tuesday）以日耳曼战神蒂尔（Tir）命名，星期三（Wednesday）以主神奥丁（Wotan）命名，星期四（Thursday）以索尔（Thor）命名，星期五（Friday）以美神弗里加（Frigga）命名，星期六（Saturday）以农神萨图恩（Saturn）命名，一月（January）以罗马神雅努斯（Janus）命名。行星也有类似的神话命名模式：火星以罗马战神的名字命名，金星以希腊美神的名字命名，诸如此类。我们研究占星术，祈求众神庇佑，大声疾呼对抗命运，并延续数字迷信，比如避免在高层建筑的第十三层标明数字 13。正如巴特所言，神话主题被大众传媒不断循环使用。从迪士尼的《白雪公主》（*Snow White*），到摔跤竞技的壮观场面，再到瘦长鬼影等都市传说，媒介中充斥有关英雄和恶棍、传奇和磨难的故事。正如美国神话学家约瑟夫·坎贝尔（Joseph Campbell，1904—1987）所言，无论文化程度或技术水平如何，第一代神话以人人都能直观理解的方式解释世界。

书写文字

书写文字起源于象形文字。最早的象形文字系统的功能之一为表现神话故事、人物和符号。象形文字是代表整个概念的视觉符号，用符号学术语来说，它们是直接形象地表征所指的视觉能指。迄今为止发现的最早的象形文字可追溯到西亚的新石器时代，这些刻在软泥板上的基本图形可能是制作图像的铸模（施曼特-贝塞特 Schmandt-Besserat，1978）。

如前所述，最早惯用于各种实际社会功能的象形文字系统之一是公元前3500年左右的古苏美尔象形文字系统。由于包含表示抽象概念的图像符号，这个系统用途广泛。例如，一个人仰卧的图像表示“睡眠”。因此，这个系统被用于记载农产品交易、记录天文观测、教育儿童、编写法律和保存知识等。更准确地说，代表抽象意义的象形文字被称为“表意文字”（ideographs）。上文提到过，苏美尔人的表意文字被称为楔形文字，意为“楔形的”。这种形状更便于用尖笔在泥板上刻画出来。为了加快书写速度，苏美尔人最终将楔形文字符号简化成抽象的字符，代表各种不同的单词发音，而非单词本身。楔形文字系统随后被亚述-巴比伦语，即阿卡德语采用，阿卡德语成为古代中东地区大众交流的语言。

大约公元前 3000 年,埃及人也开始使用象形文字——圣书体(hieroglyphic),记录赞美诗和祈祷词、个人和神灵的姓名头衔,以及各种社区活动等。该词源自希腊语的“神圣”(hieros)和“铭刻”(glyphein)。埃及象形文字既是表意文字又是表音文字,它们既可以代表某个概念,也可以代表某个概念中单词的辅音。某个特定的圣书体符号可能在一个词中作为表意文字,而在另一个词中作为表音文字。大多数单词都是由这两类符号组合而成。公元前 2700 年左右,埃及人用一种被称为僧侣体(hieratic)的形式取代圣书体。这种文字不是刻在石板或墙壁上的,而是用钝芦苇笔和墨水在莎草纸上书写的。此后不久,世俗体(demotic)出现,这是一种更加潦草的连笔字体。尽管掌握读写技能的主要群体仍是祭司、贵族、商人等埃及社会的特权阶层,但由于莎草纸更易获得也更廉价,读写能力开始受到普通民众的高度重视。

象形文字在古代文明中一经广泛应用,就逐渐演变成一个更具程式化的系统,由于具有“压缩”的图形特征,其书写效率更高。在这一发展过程中,第一个字母系统诞生了。字母表(alphabet)是一种抽象的符号系统,这些符号被称为字母或字符,它们代表的不是整个概念,而是组成单词的语音。从象形文字系统向字母系统过渡最有可能的情况可以进行如此解释:为了提高书写效率,象形文字的书写方式日益简化,加之古代市集对简化文字日益熟悉,一种更简洁的象形文字应运而生,交易效率也随之提高。因此,举例来说,人们某些时候不用再画完整的牛头,只画出轮廓即可。最后,这个轮廓开始代表“牛”一词(闪族语为 aleph),并在某一时刻开始仅代表这个词的第一个音(aleph 中的 *a*)。最后一个阶段发生在公元前 1000 年左右。古代腓尼基人编制了一套抽象符号系统,用于记录构成单词的辅音。此后不久,希腊人采用腓尼基字母,并为每个字符命名——alpha、beta、gamma,等等。这些都是对腓尼基词汇的仿写——aleph 意为“牛”,beth 意为“房子”,gimel 意为“骆驼”,等等。希腊人随后引入表示元音的字符,从而产生了第一个现代意义上的真正字母表。但是,正如这种假设所暗示的那样,在我们用来记录思想的每一个字母字符背后,都有一个象形文字的故事,这个故事早已变得模糊或不为人知,因为我们的眼睛已经不再习惯于从中提取图像内容。

字母表确实是卓越非凡的成就。它推动了以书面形式有效记录、保存和传播知识。无论文字是呈现在羊皮纸、莎草纸、纸张上还是电脑屏幕上,无论使用何种字母系统，书籍都是维持先进文明的基础。正如第一批大众传播系统一样，第一批面向大众的学校也是高效印刷技术发明的产物。

正如麦克卢汉（1964）所言，读书识字也是客观性概念的来源。与口口相传时期不同，有文字的社会倾向于将知识和思想与其传播者区分开来，因此，知识系统是客观数据的独立集合。麦克卢汉认为，在听别人说话时，我们不可避免会有意无意地受到声音中情绪的影响，因此，我们倾向于认为说话者所言（客体）和说话者身份（主体）之间存在直接联系。但当我们阅读时，就不会受到人声的影响。阅读时看到的是书页，有着边缘、页边距，以及轮廓鲜明的、整齐排列的字符。这让我们认为书的内容（客体）与作者（主体）是可分离的，也认为作者并不参与阅读过程。麦克卢汉总结称，这引发了一种被称为客观性的心理状态，这种状态倾向于将主体（表征的创造者）和客体（表征的内容）视为独立的实体。

古腾堡星系

最早的书籍由泥板制成，难以生产和流通。但随着莎草纸制造技术的出现，书籍制作更加容易，流通也更广泛。莎草纸是一种由纸莎草的茎制成的类纸材料，被切成条状的材料连续排列，然后卷在棍子上供人们使用。用芦苇笔将文字写在窄条的一面，阅读时就将卷轴展开。不久后，这种卷轴又发展成若干个储存在同一容器里的较短卷轴。1 世纪，这种书籍制作方法被蜡版书所取代。蜡版书是一种小型的抄本书籍，由两块更多覆盖着蜡的木板串联并卷起来，可以用尖笔划字，磨平后还可多次重复使用。中世纪时，抄本主要用来记录与基督教礼拜仪式有关的文本，仍然只有少数特权阶层才能读书识字。但随着 15 世纪造纸术[①]和印刷机的广泛传播和出现，这一切都改变了。由于书籍可以快速生产，且价格低廉，越来越多的人能够接受教育，读书识字。

印刷机的出现也引发了文化演进过程中的一个重大“范式转向”。正如第一章所述，麦克卢汉以德国印刷商、现代印刷机发明者约翰内斯·古腾堡的名字命名了印刷技术所建立的新世界秩序——古腾堡星系。15 世纪以后，通过书籍、报纸、手册等印刷品，文字成为传播和储存知识思想的主要手段。印刷机本身就是一种技术创新，引领一种基于印刷文化的世界秩序或元文化的建立，

① 造纸术是中国四大发明之一，最早出现于西汉时期。此处应指 15 世纪造纸术在欧洲普及。

因为思想由此开始通过印刷媒介广泛传播,跨越政治界限。时至今日,传播新知识的主要载体仍是印刷品。颇具矛盾的是,正如麦克卢汉(1962)所言,全球印刷文化的出现并没有消除口语文化,也就是说,除了口头交流之外,口语还用于各种社会功能。我们仍然以口头方式向儿童传达基本思想。在我们的主流印刷文化中,各种群体形成了帮派等"新部落亚文化[①]",这些亚文化本质上通过口头传播。

印刷时代

麦克卢汉将知识创造过程中书面文字比口头文字传播更广泛的时期称为印刷时代。印刷术发展后不久,人类就设计出各种书写材料,并送往世界各地,从而形成大众传播网络。例如,书信成为一种新型远距离通信的大众媒介。信使们步行、骑马或乘船送信,也由此产生了一些其他技术。

例如,古希腊人发明了一种在城市之间快速传递讯息的方法,他们建造了许多砖墙,这些砖墙之间的距离足够近,相邻的墙之间都可以互相交流。墙顶的凹痕代表希腊字母,要想传递信息,就沿墙在墙顶处相应位置点火,邻墙的接收者看到火光,再将信息转达给其他接收者。这个过程就像多米诺骨牌效应一样持续下去,称得上是一种巧妙的大众传播方式。古罗马人还设计了一种非常有创意的方法,叫作《每日纪事》(*Acta Diurna*)。这是一种手写文件,里面包含日常事件的信息。这也许是人类历史上第一次可以通过"手手相传"的方式在广阔的地域范围内传递信息。许多人将《每日纪事》称为第一份真正的报纸。官员们每天都会复印几份,张贴在公共场所,奴隶们誊抄这些报纸,将副本分发给罗马帝国各地的人们。信使们利用帝国四通八达的广阔道路网络,每天都在这片地域传递新闻和信件。

当然,与今天的技术相比,用"大众媒介"和"大众传播"来描述古代的通信技术不够准确。但重点是,为了扩大传播范围,我们一直以来都在竭力提高沟通能力。古代世界通信的广度受限,原因很简单,识字的人很少,书写材料也很昂贵。

在文字出现之前的口头交流社会中,信息处理的主要感官是听觉和触觉。

① 亚文化又称集体文化或副文化,是在主文化或综合文化的背景下,属于某一区域或某个集体所特有的观念和生活方式。

人们依靠听觉和触觉了解世界。随着字母系统的出现和读写能力的普及,人们生活和思考的感官变得高度视觉化和抽象化。印刷时代倾向于后一种认知方式,重视书写符号而非声音符号。现代世界通常被称为"后文本世界",在这个世界中,人们重新获得文字出现前的感官模式,并与文字世界的视觉相融合。麦克卢汉(1995:273)调侃道:"今天我们反过来体验到了文字出现之前的人类所面临的情况。"

总之,在印刷时代,由于强调线性发展,人类构建了线性叙事的历史模型,认为未来无限遥远,在寻找通往未来道路的过程中伴随着个人和社会的进化;而在网络空间中,不存在这种认知线性,只有连接性,这让我们感觉被困在某种网络结构中,没有任何个体能动性可言。这与生活在原生口语文化中的人所经历的意识模式相同。不同之处在于,原生口语文化所在的空间和环境受到限制,这种限制帮助人们确定自己在世界上的位置。而次生口语环境中,没有空间和时间感,也没有令人安心的界限。人们感觉自己无处存在,却又无处不在。下文将会对此展开讨论。

书籍

书籍是实物,可以保存在被称为图书馆的"图书博物馆"中。图书馆起源于公元前 3000 年至公元前 2000 年的中东地区,大约在同一时期,书写在古代社会中的作用日益重要。古代最大的图书馆之一是 3 世纪希腊人于亚历山大城建造的。2 世纪,许多地方都建立了公共和私人图书馆。几个世纪后,穆斯林学者将科学和数学文献复制并保存在图书馆中,推动了学术的兴起,并最终促成 12 世纪大学的兴起。

随着识字率的提高,整理书本知识的需求也随之而来。因此人类发明了百科全书,该词最初指记录各类知识的工具书。现存最古老的百科全书是罗马作家老普林尼(Pliny the Elder, 23—79)编撰的《自然史》(*Natural History*)(79)。现代的百科全书在很大程度上受到 18 世纪启蒙运动[①]的影响。启蒙运动确立了知识作为信息的观点,认为它可以根据关键词、名称或专题进行逻辑

---

① 启蒙运动,指发生在 17 至 18 世纪的一场反封建、反教会的思想文化运动,其核心思想是"理性崇拜",用理性之光驱散愚昧的黑暗。

排列。显然,这种知识本质观只有在印刷时代才能确立。

但保存知识并不是书籍的唯一功能。至少5个世纪以来,书籍还成为文艺形式和娱乐方式。自中世纪以来流传下来的无数小说作品已经数以百万计的人传阅,现代人为了娱乐消遣仍在继续阅读。

书籍出版

苏美尔人和埃及人采用许多沿用至今的制作书籍惯例,比如带有标题和作者姓名的封面。专业抄书吏负责图书的复制,要么抄写文本,要么根据口述记录下来。古希腊人以及后来的罗马人开始意识到书籍的大众传播潜力,但他们生产的书籍价格昂贵,因此主要为神庙、统治者和少数富人所有。此后几个世纪里,大多数教育仍然是通过口头重复和背诵的形式进行的,读书识字主要仍是富人和权贵的特权。

在中世纪早期的欧洲,书籍主要由神职人员为其他神职人员和统治者制作,由在修道院的抄写室(拉丁文 scriptoria)工作的僧侣用羽毛笔撰写。这些书带有木制封面,有些由绳结固定,有些用皮革包裹,通常以宝石装饰。这类书是艺术品,由极少数有能力购买并有阅读能力的人定制。

如前所述,在15世纪,两项技术的发展彻底改变了书籍的生产和出版——造纸术和印刷术。这些技术简化了书籍出版程序,降低了成本,使其易于获取。因此,公众识字率大大提高。16世纪意大利印刷商采用的一些惯例一直延续至今,例如使用纸质封面、规范化版面设计、罗马字体和斜体字、标题页和前言。学术书籍中逐步增加目录、插图列表、注释、参考书目和索引等内容。书籍体裁的概念也大致在同一时期出现,因为书籍写作不再仅出于宗教或科学目的,而且越来越多地服务于陶冶公众和消遣娱乐。

工业革命时期,由于印刷术和造纸术已十分完善,大量书籍能以相对较低的成本出版,书籍已成为一种大众消费品。尽管到21世纪,其他媒介挑战了纸质书籍的地位,但书籍显示出非凡的持久力。时至今日,它们仍然是保存和传播知识的主要工具,也是艺术表达和大众娱乐的重要来源。

小说

第一类吸引大众阅读的书籍出现在中世纪,被称为小说(fiction novel,源自拉丁文 fingere,意为“形成、制造、组合”)。不知为何,自其出现后的几个世纪,小说逐步成为最受欢迎的文学艺术形式之一。小说也是20世纪初新兴流行文化中第一个真正的大众消遣品,这一时期"通俗小说"致力于吸引大众,因此,这类小说大量涌现。时至今日,侦探、犯罪、科幻、浪漫、惊悚、冒险等各类通俗小说充斥书店的书架,依然是最受广大读者青睐的读物。在更广阔的当代媒介背景下,这些小说通过电影、广播、电视和互联网的传播而经久不衰。

小说属于叙事文本,讲述虚构的或戏剧化的故事,内容要么反映真实生活,要么能够激发想象力。在叙述过程中,小说常常直接或间接引用其他文本,与范围更广的意指次序相互关联,小说正是在这种次序中得以构思。在近期的符号学理论中,叙述的这一方面被称为互文性,前文已论述过。从本质上讲,互文本(intertext)是指主文本之外的文本。小说可能也包含一个潜文本(subtext),它隐含在小说中的故事之中,推动着表层叙事。例如,电影《银翼杀手》(*Blade Runner*)(见第五章)的主文本是一个科幻侦探故事,但其潜文本可以说是一个寻找造物者和永生的故事,电影中对《圣经》主题和符号的许多互文影射也证明了这一点。

上文说到,第一部真正的小说创作于中世纪。当时,人们开始创造虚构的故事,并写下来供他人阅读。在中世纪之前,人们可能讲过类似的虚构故事,如寓言、故事和传说,但这些故事与中世纪小说的功能截然不同,中世纪的小说纯粹为了讲故事而讲故事。与之相反,古代故事则是富有想象力地描绘或讽刺神话主题和传奇英雄,或承担某种教化功能,如向儿童和成人灌输伦理道德。从埃及第四王朝的莎草纸文献中就可以看出,法老基奥普斯(King Cheops,公元前2590—前2567)非常喜欢听儿子们讲述神话英雄的故事。希腊政治家阿里斯提得斯将军(Aristides,约公元前530—前468)创作了一本现在称之为短篇小说的故事集,故事内容围绕他的家乡米利都(Miletus),庆祝希腊在萨拉米斯(Salamis)战胜波斯人。古罗马作家阿普列乌斯(Apuleius,约125—200)创作的故事集《金驴记》(*Golden Ass*)则针砭时弊。

许多文学学者认为,严格意义上而言,日本女官紫式部(Murasaki Shikibu,约978—1026)于11世纪所著的《源氏物语》(*Tale of Genji*)是第一部真正的小说,讲述虚构人物皇子源氏的风流韵事及其后代循规蹈矩的生活。这部小说完整再现了平安时期日本宫廷生活的瑰丽图景。其亮点在于刻画了源氏一生中遇到的意志坚强、独立自主的女性。作品接近尾声时,基调变得成熟而阴郁,明显带有佛教顿悟的色彩,认为尘世快乐转瞬即逝。

然而,直到乔瓦尼·薄伽丘(Giovanni Boccacio, 1313—1375)于1353年出版《十日谈》(*Decameron*),小说才成为一种普遍的叙事形式。这本小说以14世纪席卷欧洲的鼠疫——黑死病为背景,收录100个虚构故事。《十日谈》是第一部现代意义上真正的小说。为了躲避瘟疫的爆发,10个朋友决定到佛罗伦萨郊外的一座乡村别墅里避难,在那10天中他们轮流讲编造的故事,以此取乐。每天的故事都以一首短抒情诗坎佐纳[①](*canzone*)结束。16世纪,西班牙出现流浪汉小说,这类小说中的主人公通常是流浪汉,他们会经历一系列刺激的冒险。随着这类小说的出现,小说逐渐在欧洲社会成为主流。流浪汉小说的典型代表是西班牙作家米格尔·德·塞万提斯·萨韦德拉(Miguel de Cervantes Saavedra, 1547—1616)的神秘小说《堂吉诃德》(*Don Quixote de la Mancha*),于1605年和1615年分两部出版,许多人认为这是西方世界的第一部小说杰作。

从那时起,小说写作就被认为是探索人类行为和人性的标尺。这可能是因为我们直觉地认为,叙事结构反映我们所经历的现实生活事件的结构。也就是说,我们认为这种结构已经隐含在现实生活中的行为和事件中。我们甚至认为,尽管人们阅读小说纯粹是为了娱乐或消遣,但畅销小说、言情小说、侦探小说等也能反映某些人类自身的重要信息。

随着越来越多的作家投身于小说创作,小说在18至19世纪成为一种主流艺术媒介。小说反映社会生活和道德规范,常常讽刺社会现实,直击读者心灵。同一时期,出现了许多新的小说体裁,包括批判性审视教育和政治理论的说教小说,以及通过描绘超自然事件唤起恐怖情绪的哥特小说。第一部哥特小说是霍勒斯·沃波尔(Horace Walpole, 1717—1797)的《奥特兰多城堡》(*The Castle of Otranto*)(1764),但最著名的也许是玛丽·沃斯通克拉夫特·雪莱(Mary Wollstonecraft Shelley, 1797—1851)的《弗兰肯斯坦》(*Frankenstein*)(1818)。这一时期,一种经久不衰的小说体裁是风俗喜剧,聚焦不同社会背景的人物之间的冲突。简·奥斯汀(Jane Austen, 1775—1817)的小说被许多人认为是这一类型的典范。

整个19世纪初以及20世纪的大部分时间里,小说都是探索人性和人类社会的有力媒介。当时的小说家和如今的公众人物一样家喻户晓。他们对社会

① 坎佐纳是起源于中世纪意大利和法国南部普罗旺斯民间的一种抒情短诗。

的批判引领社会变革；他们对人类行为的描述为早期心理学家研究人性提供借鉴。例如，法国作家马塞尔·普鲁斯特(Marcel Proust, 1871—1922)探寻记忆的本质；德国作家托马斯·曼(Thomas Mann, 1875—1955)从社会系统中寻找心理焦虑的根源；英国作家弗吉尼亚·伍尔夫(Virginia Woolf, 1882—1941)和詹姆斯·乔伊斯(James Joyce, 1882—1941)探究人类思想和动机的情感来源。奥古斯特·斯特林堡(August Strindberg, 1849—1912)和弗兰克·韦德金德(Frank Wedekind, 1864—1918)等一些作家甚至认为小说的意义就在于以物质形式表达人类的概念和情感。自二战结束以来，越来越多发展中国家或社会动荡国家的作家所著的小说进入人们的视野。其中许多作品以生动的现实主义和感人至深的语言描绘阶级间和种族间的冲突，在物质主义至上的世界里寻找意义，表达变革世界的愿望。

小说中的叙事技巧五花八门，有简单的第一人称叙事，也有复杂的意识流叙事。意识流叙事旨在揭示角色隐藏的情感、思想和意图。与内心独白不同，意识流写作试图描写在大脑将感觉组织成意识思维之前存在的遥远的前意识状态。这一流派的主要代表作家有美国小说家威廉·福克纳(William Faulkner, 1897—1962)、英国作家弗吉尼亚·伍尔夫和爱尔兰作家詹姆斯·乔伊斯。詹姆斯·乔伊斯更是通过1922年出版的《尤利西斯》(*Ulysses*)和1939年出版的《芬尼根的守灵夜》(*Finnegans Wake*)两部作品将这一流派推向顶峰。意识流小说将人类记忆中难以触及的角落和心灵中隐藏的情感展现在读者面前。乔伊斯笔下角色的冲突、幻想和白日梦都是普通人生活的写照。法国哲学家、作家让-保罗·萨特(Jean-Paul Sartre, 1905—1980)将这种写作视为一种摆脱内心动荡的"逃生舱门"，他认为这可以消除人们常有的罪恶感，为真正的情感自由开辟道路。

如上一章所述，符号学领域对小说的正式研究可以追溯到弗拉基米尔·普罗普(1928)的作品。根据普罗普的说法，相对较少的叙事单元或情节主题构成情节语法，让读者能够立即识别正在阅读的文本体裁。有时用术语叙述素(narreme)来代指这些单元。例如，童话之所以是童话，是因为有以下反复出现的叙述素：

- 故事发生时间不确定，通常以"很久很久以前……"开头。
- 虚构的生物与人类生活在一起。

- 善良的人与邪恶的人斗争。
- 故事背景包含现实世界和超自然世界。
- 主角要经受考验,必须遭受迫害,历经磨难,最终获胜。
- 经历考验后,故事以"从此幸福地生活在一起"结尾。

普罗普实际上罗列了31种叙述素。普罗普的理论解释了为什么叙事是儿童了解世界的媒介,虚构的人物和情节通过可理解的形式,调动儿童从环境中学习的自然能力,使他们能够理解现实世界。心理学家杰尔姆·布鲁纳(Jerome Bruner, 1986)对儿童早期学习进行了重要研究,他指出,叙事思维是儿童理解自身与所处社会环境之间关系的基础。叙事让儿童持续不断地了解事物的原始感知和体验模式,传达给儿童一系列感觉,即生活是有情节的,其中的人物都有各自的存在意义,他们生活的背景是人类境况的一部分。

继普罗普之后,对符号学叙事研究影响最大的学者是阿尔吉尔达斯·朱利恩·格雷马斯(Algirdas Julien Greimas)。格雷马斯认为,不同文化背景下的故事都由几乎相同的行动和角色组成,即行动元。这与普罗普的叙述素非常相似。这两种理论比符号学更有趣,因为它们暗示人们内心深处隐藏着叙事结构。这或许可以解释为什么小说会对读者产生如此深远的影响。有时人们以小说中的人物来给孩子取名,用小说中的地点命名真实的地点等。此外,小说的一般意义经常被用来解释一些现实生活中的事件或行为。这就是为什么我们会把人与小说中的虚构人物进行比较。本质上是谎言的虚构文本却被用来获取关于人类、生命和宇宙的真相,这确实令人惊讶。

已故法国哲学家雅克·德里达(Jacques Derrida, 1930—2004)反对将虚构叙事视为作者创造的生活镜像这一观点。德里达表示,叙事文本从本质上来说有无数种合理解释,因此试图弄清楚作者意图徒劳无功。但是,与德里达的观点相反,常识告诉我们,文本的意义并非任意的,没有中心思想。具体来说,如今不太可能有人将约翰·班扬(John Bunyan, 1628—1688)的小说《天路历程》(*Pilgrim's Progress*)解读为色情故事。尽管有些人用现代眼光读这本书时,无法领会17世纪读者在书中体会到的那种基督教意义,但人们仍然不会用截然不同的话语进行解读。

20世纪初,侦探小说及其衍生的间谍、惊悚小说等许多子类型开始流行,这类小说进入大众文化领域。这类小说的吸引力在于将主角行动元重新塑造成私家侦探或警察，故事以第一人称或第三人称叙述展开。侦探审问嫌犯，找出线索，追踪罪犯，与读者分享所有线索，但直到最后才作出解释。侦探是现代的英雄，他们不是普罗米修斯或赫拉克勒斯那样的超自然存在，而是具有非凡逻辑和洞察力的普通人。侦探小说具有广泛的吸引力，因为它重新编排了主角与反派、善良与邪恶等叙事的基本现实特征，以迎合对犯罪和邪恶心理感兴趣的读者。

这一题材的创始人是美国短篇小说作家埃德加·爱伦·坡(Edgar Allan Poe, 1809—1849)，他创造了世界上第一位小说界侦探C.奥古斯特·迪潘(C. Auguste Dupin)。神探迪潘于1841年在爱伦·坡的《莫尔格街凶杀案》(*The Murders in the Rue Morgue*)中登场。英国小说家威尔基·柯林斯(Wilkie Collins, 1824—1889)在《月亮宝石》(*The Moonstone*)(1868)中塑造了卡夫探长(Sergeant Cuff)一角。此后不久，由于热度日益高涨，犯罪、间谍、神秘等题材的小说在书店供不应求。一些文化史学家甚至认为这种叙事类型开创了流行文化时代。从英国作家阿瑟·柯南·道尔爵士(Arthur Conan Doyle, 1859—1930)笔下的夏洛克·福尔摩斯(Sherlock Holmes)和阿加莎·克里斯蒂(Agatha Christie, 1891—1976)笔下的埃居尔·普瓦罗(Hercule Poirot)，到美国作家厄尔·斯坦利·加德纳(Erle Stanley Gardner, 1889—1970)笔下的律师侦探佩里·梅森(Perry Mason)，侦探主人公是现代社会的"再现体"。侦探智慧超凡，他们运用人类严谨科学的法医学方法解决问题，而非通过任何超自然的力量。与浪漫小说和科幻小说一样，侦探小说及其子类型惊悚小说、间谍故事等仍然是当今流行文化中最经久不衰的叙事消遣手段之一。第五章也会提到，小说仍然是电影和其他媒体叙事的来源。事实上，在当今的媒介文化中，电影和电视很大程度上已取代小说叙事，但纸质小说行业仍然欣欣向荣。在这个媒介融合的时代，畅销小说往往是电影剧本的灵感来源。在很多方面，电影可以被定义为"可视化小说"，叙述者的角色由摄像机代替，叙事视角则由摄像机的角度决定。

正如文学理论家和符号学家米哈伊尔·巴赫金所言，小说不仅是早期的阅读娱乐形式，也是一种社会意识形态工具。陀思妥耶夫斯基(Dostoevsky)的小说对巴赫金来说意义重大，因为它们具有"复调"的性质，是"多种独立的、未融合的声音和意识，是完全有效声音的真正复调"(Bakhtin, 1993:6)。我们可以在陀思妥耶夫斯基的小说中听到不同的声音，与独白式的演讲、法律、讲演等形成鲜明对比。在法国讽刺作家拉伯雷(Rabelais)的早期作品中,独白和对话之间的斗争达到高潮(Bakhtin, 1993)。小说中,喧嚣而直白的语言迎来现代世界,标志着僵化的道德主义的崩溃。16 世纪,拉伯雷的小说《巨人传》(*Gargantua and Pantagruel*)描绘了普通民众的日常文化,这"在很大程度上是一种在公开场合、街头和市场上大声表达的文化"(Bakhtin, 1993:182)。因此,拉伯雷的作品既是一种社会政治声明,也是一种讽刺。它抨击自诩捍卫秩序与体面的道德卫士的傲慢态度,给已经奄奄一息的中世纪制度迎面一击。

电子书

自 20 世纪 70 年代末以来,数字星系时代的出版技术已对传统的图书文化产生影响。基于计算机的图书制作在很大程度上取代了纸质图书出版领域的传统排版,同时,直接在计算机上创作并在网络空间出版的电子书也日益增多。

电子书基本上可以看作传统书籍的电子版。但二者的本质区别在于,电子书属于超文本,是 20 世纪 80 至 90 年代间只读光盘(CD-ROM)的衍生物。只读光盘首次允许读者在主文本中链接不同的文本和图像。例如,浏览只读光盘形式的百科全书时,用户在一页文本中只需点击即可切换主题。但是,如果读者想查看传统书籍中某一页上某个单词的意思,就必须亲自查阅字典等其他资料。超文本性使这类任务变得更加切实高效。

超文本性重新定义了文本作者和读者角色。超文本小说允许在一个故事中加入多种情节转折,还允许读者从不同角色的角度展开故事。读者也可以根据自己的喜好,通过超文本的导航来改变故事,以满足个人幻想。在这类小说中,作者设定出叙事框架,真正的叙述则由读者来实现。

电子书的存储量相当于海量纸质书籍。为了存储新的数字格式,网络图书馆已如雨后春笋般涌现,最终可能取代传统图书馆。任何人都可以直接从网上下载新书,购买电子书也非常便捷,因此,许多文化理论家预测电子书将逐渐取代传统的纸质书籍,但目前为止纸质书籍仍然很受欢迎。一方面,它被许多人视为艺术品,人们在家中和办公室里展示书籍,就像展示雕塑或摄影作品一样。同时,携带纸质书籍也相对方便。因此,只要纸张成本低廉,易于获得,传统书籍就会继续保有市场价值。然而,通过研究媒介技术发展,我们可以认识到,一旦一项创新进入人类生活,增强了媒体的多样性和功能性,就永远不可能"时光逆转"。但就目前而言,传统书籍的读者将继续存在,因为人们似乎在阅读和购买书籍中获得享受。此外，如今在书店购书本身就是一种消遣，连锁书店已经意识到这一点，他们与咖啡连锁店的合作就是明证。啜饮一杯香浓咖啡，与书为伴，已成为一种风雅时尚。

报纸

顾名思义，报纸的主要功能是报道新闻。不过，现代报纸提供的不仅仅是新闻报道，也会评论时事，通过社论栏目表达见解，向读者传递特别信息和建议，通常还设有漫画、益智版、体育版和连载小说等专栏。

报纸业曾经风靡一时。以美国为例，截至2010年，大约有1700份日报印刷出版，总发行量达7000万份，而且几乎每份报纸都不止一人阅读。尽管自网络报纸出现以来，报纸发行量已大幅下降，但许多周报仍在出版。统计数据显示，近80%的美国成年人每天都要阅读纸质或网络报纸，世界上各个工业化国家阅读报纸人数的比例都与之相近。纵观其发展历程，纸质报纸媒体一直是大众文化的固有组成部分，既作为提供各种娱乐性阅读的消遣工具，又作为社会意识的来源。例如，《纽约时报》(*The New York Times*)和《泰晤士报》这类报纸始终努力保持着新闻自由，提高了大众对社会普遍问题的关注度。

报纸是一种特殊的文本，可以称其为综合文本(syntext)，这种文本通过简单地将零散随机的内容综合在“新闻”或“有新闻价值”的标题下，赋予各部分连通性。因此，报纸将犯罪故事、事故报告、影评书评、广告等与日常生活体验相关的内容汇集在一起，让人们确信万事皆有因果。通过将这些内容整齐地排列形成“类目”，报纸综合文本赋予其逻辑结构，创造出一种模式。报纸出版商对此心知肚明，这就是为什么他们为新闻报道提供评论时，强调某些犯罪的“人类心理”，以及风暴和灾难等某些事件的“超自然性质”。

报纸出版

人们认为，古代张贴在公共场所的手写新闻纸是报纸的前身。已知最早的日报之一是《每日纪事》，公元前59年于罗马广泛发行。但是，世界上最早的新闻文本媒介是700年左右中国的《邸报》，其新闻内容刻在木片上。欧洲第一份定期出版的纸质报纸是1609年德国出版的《艾维苏事务报》(*Avisa Relation oder Zeitung*)。到了19世纪末，报纸开始风靡欧洲，各类报纸争相报道犯罪、灾难和丑闻,以及其他政治和社会相关新闻,但鲜少报道国际新闻。1690 年,美国历史上第一份报纸《国内外公共事件》(*Publick Occurrences, Both Foreign and Domestick*)在波士顿出版,共 3 页。由于内容真实性存疑,该报纸发行第一期后遭到政府查封。这是官方的说辞,但最有可能的原因是政府担心印刷品的力量会激起公民的对抗情绪。1704 年,《波士顿新闻通讯》(*Boston News-Letter*)诞生,报道国内外新闻,涵盖社会公告、社会事件等内容。1721 年,詹姆斯·富兰克林(James Franklin)在波士顿创办《新英格兰报》(*New England Courant*)。1723 年,其弟本杰明·富兰克林(Benjamin Franklin)创办《宾夕法尼亚日报》(*Pennsylvania Gazette*)和《大众杂志》(*General Magazine*)。纽约市第一份报纸《公报》(*Gazette*)于 1725 年开始印刷。新闻界已成为持不同政见者的强大论坛,推动了现代新闻业作为民主社会批判实践的发展。

南北战争期间,报纸因其对前线战事的详尽报道而流行开来。1783 年,第一份定期出版的日报在费城创刊,名为《宾夕法尼亚晚邮报》(*Pennsylvania Evening Post and Daily Advertiser*),这份报纸既有新闻又有广告,成为普通报纸的代表。广告已成为报业不可或缺的一部分,其经济支持力度超过读者订阅或个人订购。1833 年,本杰明·亨利·戴(Benjamin Henry Day)创办《纽约太阳报》(*New York Sun*),在报纸出版领域掀起一股"便士报"热潮。《太阳报》主要刊登犯罪和娱乐等领域的夸大性报道,定价仅为一便士。1844 年第一条电报线路建成后,新闻得以在全国范围内迅速传播,因此,1848 年各家报社合并,组成美国联合通讯社,简称美联社(Associated Press,缩写 AP)。美联社的成立是因为便士报和其他廉价报纸形式的出现,这些报纸通过跌宕起伏的故事和引人入胜的语言迎合大众猎奇的口味,丝毫不顾及新闻的准确性和真实性。成立美联社正是为了恢复报纸报道的客观严肃性,如今的新闻界仍然奉行这一准则。随着报业出版发行量的竞争越来越激烈,由约瑟夫·普利策(Joseph Pulitzer)和威廉·伦道夫·赫斯特(William Randolph Hearst)发起的一种新型新闻形式面世,这种形式侧重骇人听闻的报道、博人眼球的艺术设计,并开设《黄孩子》(*The Yellow Kid*)等漫画栏目来娱乐大众。原指这些栏目的"黄色新闻"一词应运而生,用以描述这种新的新闻形式。

"黄色新闻"随后很快催生出通俗小报这类新型报纸,在 20 世纪 20 年代广受欢迎。通俗小报版面较小,内容更为浓缩,也更吸引大众,大多刊登外星生物、神奇疗法等神秘离奇的故事和媒体名人的轶事。时至今日,通俗小报仍然具有这些特点，被归为娱乐文化的一部分，而非严肃的新闻形式。通俗小报通常只有普通报纸的一半大，有许多图片和耸人听闻的短篇新闻故事。通俗小报与八卦和神秘故事功能相同，具有狂欢色彩。它们用夸张、虚构和荒唐的描写来粉饰叙述和报道，以此取悦读者。它们叙述的不是事实，而是伪事实，即假设或推测，这些假设或推测被频繁报道和重复，以致最终可能被认为是事实。通俗小报报道的话题包括不明飞行物、外星人造访、宗教幽灵等不寻常的事物，以及对名人恋情、性丑闻等的夸大披露。

报纸历来是舆论的有力塑造者。《华盛顿邮报》(*Washington Post*)对水门事件[①]的披露迫使理查德·尼克松(Richard Nixon)总统于1974年辞职。报纸始终为披露争议性问题和批判公众人物提供平台，但也属于娱乐、广告和信息文本。其中的漫画、益智版、体育版、分类广告、娱乐新闻、书评影评构成了所谓的"拼贴文本"，读起来不太像叙事，而更像大杂烩，将各种内容整合在一起，形成综合文本。一些报纸模糊了通俗小报和严肃新闻之间的风格和内容界限，有意将两类元素混为一谈。1982年创刊的《今日美国》(*USA Today*)受到电视的直观信息启发，迅速掀起风潮，其网络版本更是颇受欢迎。

报纸发行盈利靠的是广告收入，而非发行量。这就是为什么通常大多数报纸会将一半版面用于刊登广告。300多年前的《伦敦宪报》(*London Gazette*)是第一份专门编排广告版面的报纸。到17世纪末，各种各样制作报纸广告的机构相继成立。可以说，报纸催生了现代广告。广告一般采用加大字号和独特字体的版面设计，单词和短语的语言形式使广告文本更具说服力。战略性地重复产品名称，以垂直、水平、对角线等醒目的形式设置标语，绘制插图，编制口号，这些都是报纸广告制作者的一些惯用技巧。

如今有人声称报纸阅读量正在下降，人们现在更倾向于阅读网页新闻。正如哈金(Harkin, 2009:181)所言：

> 许多行业都是提出一种现成的替代方案，取代许多基于信息和专业知识的层次体系，并尽可能将一切都置于一种基于大量普通专家意见的新型同行评议制度之下。例如，年轻人读报习惯急剧退减，报纸网站的吸引力

① 水门事件指在1972年的美国总统大选中，共和党尼克松竞选班子中的5人潜入位于华盛顿水门大厦的民主党全国委员会办公室，在安装窃听器并偷拍有关文件时当场被捕。

至今还无法弥补。

为了弥补下降的利润,报纸普遍采用数字化技术来发行,如计算机文字处理和排版系统。现在,记者们通常用电脑写文章,然后以附件的形式发送给编辑部。制版和印刷过程也发生了变化。例如,某些报纸在计算机处理阶段就将故事、照片和广告等插入版面。

1980 年,俄亥俄州报纸《哥伦布电讯报》[*Columbus* (*Ohio*) *Dispatch*]成为美国第一份电子报纸。除了印刷常规版本外,该报开始将其部分编辑内容发送到少数订购者的家庭、企业和图书馆的计算机上。如今,大多数报纸也纷纷效仿,提供网络版报纸甚至整期报纸的线上版本。但与书籍一样,这并没有取代纸质报纸。人们似乎仍然希望在乘坐公交车时、在办公室待命时、在咖啡馆或家中等地喝咖啡时都能随时阅读报纸。只要价格合理,人们仍会继续购买报纸。但这些报纸受众群年龄要大得多,这无疑标志着纸质报纸在下个时代终将消亡。

博客圈

上文提到,报纸最大的影响也许是在引发社会关注的问题上影响政治局势和公众舆论。社论、调查报告等确实改变了世界,这证明好文笔能够左右人们的思想。随着报纸的网络化,或在线出版形式的出现,社论功能也越来越多地转向博客。

"博客"(blog,全称 weblog)一词始于 1997 年到 1999 年间。从那时起,传统的纸质文章越来越多地被博客媒体取代。第一批博客发源于早期互联网的聊天组,其中一些可以追溯到 20 世纪 70 年代的电子公告板系统等在线服务。博客类似于报纸文章或社论,但得益于网络媒介技术,通常是多模态的,有图形、照片、视听内容等。如今的博客覆盖从政治到漫画等所有人类感兴趣的领域。

与纸质文章相比,博客有几个优势。第一,博客能即时、低成本地接触到广大读者甚至潜在的国际读者,而发布纸质文章耗时更长,出版成本更高。第二,博客可以通过在线编辑持续更新,而纸质文章需要经过一段时间才能修改并重新发布。第三,博客可以在网站上永久保存,并按人们的意愿,按照写作顺序、主题等索引。第四,博客易于发布视觉和听觉素材。第五,博客上反馈迅速,覆盖范围广,因为大多数博客允许读者在网站上回复并留下评论,博主也可回复读者。这促使博客社区的形成,构成所谓的博客圈(blogosphere)。本地博客的集合有时被称为博客群(bloghood)。评论是引用通知功能的基础,该功能向以前评论过的人发送提示信息。此外,永久链接(permalinks)允许用户针对特定帖子发表评论,而不需评论整个博客,这反过来又允许博客创建过去文章的存档。

博客对新闻业发展和写作传统产生了重大影响,因为它们使出版过程开放化。互联网允许任何人建立博客网站,自由地发表个人观点。博客的价值由博客圈用户来评估,而不是由某个筛选者或相关机构来决定是否可以发表。在某种程度上,作者有责任确保内容真实准确,因为他们的观点和事件的真相在互联网上很容易就能查到,引起整个博客圈热议。根据内容分类,主要的博客类型包括:

- 个人博客:内容涉及个人评论,基本上是个人日记,博客的概念就从这类内容演变而来。尽管多数阅读量较低,但其中一些已声名鹊起,尤其是在政治竞选期间更是如此。
- 企业博客:用于企业或商业目的的博客,如产品推广和服务营销。
- 问答博客:可以提交问题的网站,通常由医生等专业人士运营。
- 技术博客:由研究人员、科学家等运营,通常由大学等机构或学术期刊等出版商赞助。
- 领域博客:包括此前杂志、期刊等印刷出版物涵盖的所有主题的文章。这些博客包括政治博客、旅游博客、教育博客、音乐博客、法律博客等。
- 报纸博客:是传统文章、社论等的线上版本,通常也以纸质形式出版。

毫无疑问,博客扩大了目的性写作的范围和可及性。现在,许多纸媒记者都有自己的博客,既可以重新发布他们的原始纸媒文本,又可以更新并即时获取读者评论。新世纪的各种事件证明了政治博客的社会重要性,比如它在几次总统选举中左右人们的思想。面对推特和推特世界,如 2016 年唐纳德·特朗普(Donald Trump)当选总统表明的那样,博客的影响力正在消退。这表明,如果书面文本的长度能保持在最低限度将会更有效。这一认知发展将在后文讨论。

书籍作者现在也使用博客与读者交流写作的各个方面。例如,小说家可能会创立博客,向读者介绍小说背景,并回答读者的问题。有些人甚至用博客的形式出版书籍,而不通过传统的出版社。如今也出现了最佳博客书籍奖。总而言之,博客圈正在迅速取代古腾堡星系,古腾堡星系曾使写作成为社会和文化发展的基础,而与写作相关的进化推动力现在正实实在在地转向数字星系。

影响

一直以来,人们都将纸质报纸当作有意义的综合文本来阅读,因此,纸质报纸是古腾堡星系中的一股强大力量,这或许可以解释为什么新闻界总是能够影响大众的意见。"新闻力量"最有力的例证之一是1974年理查德·尼克松总统在水门事件曝光后引咎辞职,该事件由《华盛顿邮报》首次披露。这也难怪水门事件使得调查性报道开始流行,成为报纸媒体的一种新类型。

但是,在当今充斥着大众传播的世界中,报纸最普遍的功能或许不是作为自由交流思想的平台,而是提供实用信息和娱乐消遣。事实上,为了应对广播和电视即时新闻报道的竞争,报纸变得更加多样化,意在娱乐读者。现在,报纸不仅为新闻报道提供广泛的背景信息,刊登文采斐然的书评、影评等,而且还试图用视觉图像、引人入胜或耸人听闻的标题等类似电视节目的方式润饰这些新闻。有的人购买报纸是为了看广告而不是新闻;有的人则为了看漫画;还有的人迫不及待地想解开许多报纸每天刊登的字谜。同样,体育、生活风尚、分类广告、娱乐新闻、人物专栏等内容也让报纸在娱乐性上与电视旗鼓相当。

不同类型的报纸吸引不同类型的受众。因此,它们在能指层面上有明显的差异,即在实质上和概念上的组合方式、在标题风格和故事实际写作中使用的语言,以及在字体类型、字体大小、配图类型等方面如何呈现书面文本上都存在差异。通俗小报等类型的报纸意在更加"平民化";《纽约时报》等报纸的设计则更具文学性,语言更加精炼严谨。二者间的一些显著差异如下:

通俗小报 (平民化综合文本)	《纽约时报》类报纸 (严谨型综合文本)
大字号、非正式标题	小字号、正式标题
写作风格口语化,有俚语特征	写作风格精炼严谨
报道耸人听闻、形象生动	报道中规中矩、理性中立
包含许多通俗主题和专题	谨慎对待通俗内容和广告

一般而言,报纸几乎有一半的版面用于刊登广告。许多成年人阅读日报专门为了查看广告,以了解产品、服务或特卖信息。前文提到,300 多年前的《伦敦宪报》是第一份专门编排广告版面的报纸。这项事业大获成功,到 17 世纪末,出现了几家专门为商人和工匠制作报纸广告的机构。一般来说,他们按照现代分类广告的风格设计广告文本,不配插图。但是,这些广告仍然和当代广告一样使用有说服力的修辞。那个时代的广告制作者迎合购买和阅读报纸的富有客户,销售茶叶、咖啡、假发、书籍、剧院门票等商品。以下是一则刊登于 1660 年《伦敦宪报》上的牙膏广告,其吸引力在于修辞风格,与今天用于推广这类产品的修辞风格几乎别无二致(Dyer, 1982:16—17)。

> 口腔护理专家,直达牙缝深层清洁,牙齿洁白如象牙,免受牙疼困扰;长期使用,永远不受牙齿问题困扰。用后牙齿坚固,口气清新,有效解决牙龈出血和口腔溃疡问题……仅文具商托马斯·鲁克斯处有售。

18 世纪,平面广告在欧美地区迅速传播,作家、词典编纂者塞缪尔·约翰逊(Samuel Johnson, 1709—1784)因此在《闲人》(*The Idler*)杂志中发表如下声明:"如今广告太多了,人们并不会仔细阅读,因此有必要通过博人眼球的承诺、或阳春白雪或楚楚动人的言辞吸引读者。"(Panati, 1984:168)

平面广告成为工业化世界社会景观的一部分,广告创作者开始更多地关注报纸广告文本的设计和布局。随着 19 世纪报纸的流行,表现形式在提高报纸广告宣传力度方面变得日益重要。20 世纪的广告句法繁琐、形式枯燥,逐步被块式排版、句式紧凑和字体对比鲜明的布局取代。为满足广告商的需要,新的语言形式不断应运而生。因此,随着越来越多的人在报纸甚至杂志上接触到广告,报纸广告正悄然改变着语言和口头交流的结构和方式。从服装到饮料,各种各样的商品都在通过巧妙的新型叙述策略进行宣传,比如:

- 广告文本战略性地重复公司或产品名称;
- 使用垂直、水平、对角线等醒目方式排布的简洁短语;
- 使用对比鲜明的字体样式和格式以及相应插图;
- 创造旨在突出产品质量的标语和新词。

随着19世纪步入尾声,正如戴尔(1982:32)所言,报纸广告商使用"更口语化、个性化、非正式的语言来称呼顾客",同时也采用有效修辞手段,如"使用幽默的语言吸引人们对产品的注意"。这种新的广告形式很有说服力,到20世纪早期,已成为影响人们交流方式的主要来源之一。

19世纪末,报纸成为大众文化的一部分,报纸文章作家和广告商也成为社会的新语言大师,读报成为了解世界的一个先决条件。总体而言,这意味着报纸综合文本本身就是一种"信息通"。如今人们普遍认为,要了解世界上正在发生的事情,就必须阅读报纸。然而,报纸的"可信度"千差万别,既有《纽约时报》和《伦敦时报》这种试图用客观的术语解释事件的高端报纸,又有英美国家的通俗小报等更具群众吸引力的报纸,后者以更夸张、通俗的语言报道相同事件。

报纸中所指的多样性通常会导致读者对其整体内容感知模糊。但矛盾的是,这种模糊在我们看完报纸后会变得聚焦,因为在阅读过程中,尽管几乎无法记起所读内容的任何细节,我们仍然可以感觉到自己知道正在发生什么。在这种情况下,文本的能指(报纸本身及其版面和外观)比它的所指(我们从中获取的信息)更为重要。这是符号系统中比较异常的情况,正是报纸的这种结构特征将其与书籍区分开来,尤其是具有叙事结构的书籍。

杂志

杂志具有直接而强大的视觉吸引力。从迎合服装时尚爱好者的杂志,到明星或运动等领域的粉丝专辑,杂志是将读者与特定兴趣或爱好联系起来的媒介。

杂志是定期出版的文章或故事的集合。多数杂志都有插图,提供各种各样的信息、观点和/或娱乐资讯。例如,杂志可能会报道时事和时尚,讨论外交事务,讲解如何修理电器或料理食物。有些杂志只通过小说、诗歌、摄影、漫画或关于电视节目或电影明星的文章来吸引读者;还有些则为汽修、医疗等领域的工作者提供专业信息和建议。

杂志和报纸一样,并非某一作家的专著,而是涵盖不同作家的作品。但杂志的设计意在比报纸存留更长时间。因此,多数杂志版面较小,纸张也更高级。在内容上,杂志通常不像报纸那样关注每日瞬息变化的事件。多数杂志的封面都是照片或图画,而不是新闻标题。写作风格迥异是杂志综合文本的特点,如时政新闻类、个人情感类等。一些顶尖作家偶尔或定期向杂志投稿。许多著名的作家也曾在杂志中发表早期作品。

杂志出版

欧洲最早出版的杂志包括德国的《每月评论启示》(*Erbuliche Monaths-Unterredungen*)(1663—1668),法国的《学者杂志》(*Journal des Sçavans*)(1665),以及英国皇家学会出版的会刊《哲学汇刊》(*Philosophical Transactions*)(1665)。这些基本上属于艺术、文学、哲学和科学相关动态的文集。17世纪阅读量最大的散文期刊包括英国著名散文家理查德·斯梯尔(Richard Steele, 1672—1729)和约瑟夫·艾迪生(Joseph Addison, 1672—1719)合办的《闲谈者》(*The Tatler*)(1709—1711)和《旁观者》(*The Spectator*)(1711—1714),以及塞缪尔·约翰逊(1709—1784)创办的《漫步者》(*The Rambler*)(1750—1752)和《闲人》(1758—1760)。18世纪后半叶,这类期刊发展成为讨论社会、政治和其他广受关注问题的通用出版物。随着英国《绅士杂志》(*The Gentleman's Magazine*)(1731—1907)的出版,杂志(magazine)一词首次出现,意为娱乐性阅读的平台,其中包含政治辩论、散文、故事和诗歌。

到19世纪中叶,面向普通读者的杂志出版量大幅增长。例如,《歌迪女士》(*Godey's Lady's Book*)(1830—1898)以其丰富多彩的时尚插图对女性服装、礼仪和品位等产生了巨大影响。英国的《伦敦新闻画报》(*Illustrated London News*)(1842)、《双周评论》(*Fortnightly Review*)(1865—1954)、《潘趣》(*Punch*)(1841),法国的《画报》(*L'Illustration*)(1843—1944),德国的《星期周刊》(*Die Woche*)(1899—1940),以及美国的《莱斯利新闻画报》(*Leslie's Illustrated Newspaper*)(1855—1922)和《哈泼斯周刊》(*Harper's Weekly*)(1857—1916)成为新兴富裕中产阶级读者的主要选择。《青年之友》(*Youth's Companion*)(1827—1929)和后来的《圣尼古拉斯》(*St. Nicholas*)(1873—1940)属于同时期出版的儿童杂志,因向儿童传授识字技能而广受欢迎。如今的儿童杂志出版也是出于类似原因,但增加了娱乐功能。《周六晚邮报》(*Saturday Evening Post*)(1821—)等家庭杂志也广受大众欢迎。

随着美国杂志《大都会》(*Cosmopolitan*)(1886—)的出版,主要面向女性读者的杂志开始盛行。1902年至1912年间这类杂志的流行,或许反映出当时女性既是杂志的主要读者,又多为家庭主妇这一事实。除了《大都会》杂志,女性读者还可以选择《女士家庭良友》(*Ladies' Home Companion*)[后更名为《妇女家庭良友》(*Woman's Home Companion*)](1873—1957)、《麦考尔杂志》(*McCall's Magazine*)(1876—2002)、《女人家庭杂志》(*Ladies' Home Journal*)(1883—)、《好管家》(*Good Housekeeping*)(1885—)和《时尚》(*Vogue*)(1892—),这进一步证明杂志受众多为女性。此后不久,口袋大小的《读者文摘》(*Reader's Digest*)(1922—)开始出版,这表明在快节奏的城市社会中,人们越来越缺乏时间阅读整本书。有了《读者文摘》定期刊登的摘要,读者可以了解书中介绍或讨论的观点,满足自己的好奇心,也可以决定是否购买并阅读某本书。自20世纪50年代以来,这本期刊一直是畅销书,这反映出一些或很多人由于缺乏时间或兴趣阅读长篇书籍,而倾向于快速轻松的阅读方式。20世纪20至30年代的另外两个重大发展是出现了《时代周刊》(*Time*)(1923—)和《新闻周刊》(*Newsweek*)(1933—)等每周出版的新闻杂志,以及《生活》(*Life*)(1936—1972,1978年改为月刊)、《看客》(*Look*)(1937—1971)和《乌木》(*Ebony*)(1946—)等关注非裔美国人问题的杂志。

如今,世界各国杂志出版业都已确立稳固地位。例如,日本定期出版数千种不同类型的杂志;非洲国家定期出版非洲语言以及英语和法语期刊。如今也有许多特定受众的杂志,如《消费者报告》(*Consumer Reports*)(1936—)等比较评估消费品的杂志;《电视指南》(*TV Guide*)(1953—)等在互联网时代提供电视节目列表的杂志;《智族》(*GQ*)(1957—)等男性杂志;《滚石》(*Rolling Stone*)(1967—)等聚焦流行音乐趋势,同时也关注政治和社会问题的杂志;《女士》(*Ms.*)(1970—)等探讨女性关注的话题,从政治、社会、哲学角度讨论性别问题的杂志;《人物》(*People*)(1974—)等介绍当代名人生平和观点的杂志;《国家地理》(*National Geographic*)(1888—)等涵盖科学、历史和旅游领域最新信息的杂志;《发现》(*Discover*)(1980—)等关注科学的大众杂志;《连线》(*Wired*)(1993—)等研究数字文化相关问题的杂志;以及《预防》(*Prevention Magazine*)(1950)等提供营养、运动和疾病等健康主题信息和文章的杂志。

可以预见的是,在如今的数字星系中,杂志已经与其他媒体融合,并已转向网络媒介。在互联网平台发行的电子杂志大量涌现,纸质杂志也出现了网络版。与报纸一样,电子杂志比纸质杂志更有优势。一方面,电子杂志发行更快,可以定期更新,读者能够随时了解时事。此外,鉴于电子杂志的超文本能力,它们可以与其他信息源链接。互联网还催生了杂志聊天室,比如脸书社区就允许读者讨论杂志相关问题。2000年初，《时尚》和《W》杂志创建了最早的杂志聊天网站之一"Style.com"，人们可以点击网址获取关于时尚行业的最新资讯。这些现在已不足为奇。

文本融合

尽管当今市场上有无数杂志，但几乎所有杂志都有一个显著特点，可称之为文本融合(textual blending)，即将广告内容和杂志内容很大程度上融合在一起，在广告产品和杂志文章之间创造一种衔接。例如，计算机杂志吸引对数字技术和电子产品感兴趣的读者，而这类读者无疑会发现杂志中的广告可帮助自己选择某些数字设备。因此，此类设备的广告商可以通过将广告文本与杂志内容融合，借助杂志接触许多潜在客户。这种产品广告与杂志内容的融合不仅存在于专业杂志中，也存在于那些为不同类型产品做广告的杂志中：

- 化妆品广告与《时尚》等杂志读者的兴趣相关，因此占文本融合的主体；
- 服装和鞋履广告与生活方式杂志读者的兴趣相关；
- 豪车广告与阅读《时尚先生》(*Esquire*)等杂志的高档汽车客户的兴趣相关；
- 中档"运动型多用途汽车"(SUV)等同类汽车广告与阅读《看客》等杂志的中产阶级消费者的兴趣相关。

其中，时尚杂志的文本融合最为明显。这类杂志的文章、插图、广告和专栏主要关注外在形象、时尚生活方式以及无论男女都普遍持有的"时尚达人"世界观。例如，昙花一现的《MH-18》杂志为年轻男性提供建议，比如如何漂发或染发，以及在特定场合搭配何种古龙水和珠宝。这反映出男性对外形的关注，而过去，人们认为这仅仅是女性关注的领域。

通俗小说杂志

与知名作家写的小说相比，杂志的特点之一就是"一次性"，人们阅读一两次后就扔到回收站，或送给其他人，除非读者是收藏家，或该杂志是针对某种职业或爱好的期刊。尽管为便于追溯历史，图书馆可能会保存杂志，但大多数杂志都是看过即扔。

19世纪,随着十美分小说(dime novel)的出现,小说写作领域也出现一次性文本,这种小说的内容多为情节夸张的冒险、犯罪、恐怖或浪漫故事。之所以叫十美分小说,是因为这种小说最初定价都为10美分。这类小说可以追溯到德国的陶赫尼茨出版社(Tauchnitz),该公司出版经典作品的廉价平装本。此类小说于1831年出现在美国,1870年之后开始风靡。到1885年,有三分之一出版书籍都是这些廉价小说。这些小说用廉价纸张印刷,过不了多久就会发黄、破碎,装订也很粗糙,常常脱胶。这些书籍仅仅是通俗快消读物,不必像文学巨著那样经久不衰。

十美分小说反映出印刷媒介在阅读领域成为现代大众文化发展的内在组成部分。它们是统称为通俗小说(pulp fiction,又称廉价小说、纸浆小说)的低成本杂志的前身。这些也是情节夸张的连载小说杂志,在20世纪20至50年代非常受欢迎。这些杂志用类似的廉价纸张批量印刷,构成一种有趣且刺激的快速阅读体验。事实上,"pulp"一词是指低成本木浆纸,类似十美分小说的杂志就是用这种纸制作的。第一本通俗小说杂志是弗兰克·芒西(Frank Munsey)于1896年出版的《阿尔戈西》(*Argosy Magazine*)。

为吸引广大读者,这些杂志的内容夸张且露骨。故事中的虚构人物广受欢迎,盛极一时,其中包括侦探和打击犯罪的斗士,如萨维奇博士(Doc Savage)、暗影(Shadow)和幻影侠(Phantom)。早期通俗小说杂志的刊名都与其刊登的故事类型一致,例如《一角侦探》(*Dime Detective*)、《星球故事》(*Planet Stories*)、《冒险》(*Adventure*)、《黑面具》(*Black Mask*)、《惊人故事》(*Startling Stories*)、《飞行王牌》(*Flying Aces*)、《惊奇故事》(*Amazing Stories*)、《热辣警探》(*Spicy Detective*)、《恐怖故事》(*Horror Stories*)、《诡丽幻谭》(*Unknown and Weird Tales*)、《奇迹故事》(*Marvel Tales*)、《东方故事》(*Oriental Stories*)和《惊悚奇妙故事》(*Thrilling Wonder Stories*)。这些杂志的封面设计效仿马戏团和歌舞剧院用来吸引观众的海报,因而更加受欢迎,内容包括恐怖的黑暗场景、衣着暴露的"落难少女",以及与恶棍打斗的帅气英雄。这些小说很早就被电台和影业改编,以连载的形式播放,比如20世纪30至40年代共和影业(Republic Pictures)制作的连映电影。这些作品通常会在男主角或女主角陷入某种不可能生还的危险境地时戛然而止,吊足了观众的胃口。下周播出时,观众为了知道主角如何摆脱困境就会继续收看。惊险小说(cliff-hanger)常被视为通俗小说的同义词。

20 世纪 50 年代末电视出现，电视节目沿用通俗小说的风格和类型，通俗小说的人气开始下滑。1957 年，主要杂志发行商美国新闻公司(American News Company)宣布破产，标志着通俗小说时代的结束。不过，这类读物的风格仍然篆刻在流行文化的基因之中，这一点在如今的电影中尤为明显，比如詹姆斯·邦德系列电影、《夺宝奇兵》(*Raiders of the Lost Ark*)系列电影、仍未完结的《星球大战》(*Star Wars*)系列电影等。通俗小说也吸引了一批 20 世纪最优秀的作家，包括艾萨克·阿西莫夫(Isaac Asimov)、雷·布雷德伯里(Ray Bradbury)、埃德加·赖斯·伯勒斯(Edgar Rice Burroughs)、阿瑟·C. 克拉克(Arthur C. Clarke)、H. P. 洛夫克拉夫特(H. P. Lovecraft)和厄普顿·辛克莱(Upton Sinclair)。尽管最初的通俗小说可能已经消失，但其风格和精神会继续影响流行文化。世界各地每年都会举行通俗小说大会。21 世纪初，诸如《血与雷霆》(*Blood N' Thunder*)、《高度冒险》(*High Adventure*)、《亚马逊女王的秘密》(*Secret of the Amazon Queen*)和新版《幻影侠》(*The Phantom*)、《佐罗》(*Zorro*)、《蜘蛛》(*The Spider*)、《多米诺夫人》(*Domino Lady*)和《复仇者》(*The Avenger*)等杂志都试图复兴通俗小说。虽然不像预期的那样成功，但也激发了人们的兴趣，尤其是在网络上，通俗小说现在有了许多拥趸。

漫画

漫画在当今世界仍然是流行和大众文化中一种无可替代的象征符号，因此本章的尾声将简要评论。漫画的前身是 17 世纪流行于意大利的名人讽刺肖像画。此后不久，这种艺术迅速传遍整个欧洲。19 世纪初，漫画中出现了对话气泡，从而催生出现代漫画形式，并在 1938 年至 1945 年之间迎来“黄金时代”。

漫画是一种通过一系列图画来表现的叙事方式，以水平、条状或矩形排列，这些图画被称为“格”，漫画和文字文本一样，要从左到右阅读，配以代表人物、动作和情节的图画。连环漫画和漫画书都遵循这种布局。漫画通常描述一个或多个角色在一段时间内的冒险经历。人物对话由气泡框这种气球状线框中的文字表示，通常代表人物的想法或语言。

美国最早的连环漫画之一是由理查德·费尔顿·奥特考特(Richard Felton Outcault)创作的《霍根小巷》(*Hogan's Alley*)系列，1895 年 5 月 5 日首发于《纽约星期日世界报》(*New York Sunday World*)。漫画背景是肮脏的城市公寓和贫民窟小巷，到处都是野猫野狗，还有很多长相凶恶、衣衫褴褛的角色。其中一个角色是耷拉着耳朵、长着一张东方面孔的秃顶顽童,他脸上带着古怪而又精明的微笑。他穿着一件又长又脏的睡衣,奥特考特经常以此宣传这部漫画。另外两部早期的漫画是詹姆斯·吉尔福德·斯温纳顿(James Guilford Swinnerton)1892 年发表在《旧金山观察家报》(*San Francisco Examiner*)上的《小熊》(*Little Bears*),以及鲁道夫·德克斯(Rudolph Dirks)1897 年发表在《美国幽默家》(*The American Humorist*)上的《吵嚷的孩子》(*The Katzenjammer Kids*)。1914 年成立的国王影像(King Features)等新报业集团为连环漫画的大规模发表提供平台。报业集团雇佣大量的视觉艺术家创作连环漫画模板,供各大报纸转载。最终,美国连环漫画风靡全球。奇克·扬(Chic Young)的《金发女郎》(*Blondie*)成为 20 世纪中期最受欢迎的此类连环漫画。

漫画《马特和杰夫》(*Mutt and Jeff*)原名《A. 马特先生》(*Mr. A. Mutt*),1907 年 11 月首次刊登在《旧金山纪事报》(*San Francisco Chronicle*)上。该漫画随后由报业集团推广给广大读者,成为美国第一部成功的日更漫画。为了满足读者需求,报社出版了连环漫画集,1911 年的《马特和杰夫》是首批出版的漫画书之一。不过,第一本专门的漫画刊物是《滑稽集》(*The Funnies*),在 1929 年共出版了 13 期。自 1933 年起,《乔·帕鲁卡》(*Joe Palooka*)和《康妮》(*Connie*)等人气颇高的报纸连环漫画被重印,成为某些商品的赠品。1934 年,《驰名连环画》(*Famous Funnies*)成为第一本在报刊亭出售的漫画刊物。

周日出版的漫画主要面向儿童读者,日更漫画则吸引成年读者。1914 年,哈里·赫什菲尔德(Harry Hershfield)的《特工阿比》(*Abie the Agent*)首次面世,因其侦探和神秘题材红极一时,被誉为美国第一部成人漫画。罗伊·克兰(Roy Crane)是这类漫画最早、最具影响力的贡献者之一,他于 1924 年创作了《瓦什·塔布斯》(*Wash Tubbs*)。1929 年,由作家埃德加·赖斯·伯勒斯(1875—1950)小说改编的《泰山》(*Tarzan*),以及《巴克·罗杰斯》(*Buck Rogers*)出版,从此冒险类成人漫画面世。漫画角色往往青春永驻,而弗兰克·O. 金(Frank O. King)的《汽油巷》(*Gasoline Alley*)则标志着对这一传统的背离,漫画中的角色会日渐年长。

1938 年,《动作漫画》(*Action Comics*)大获成功,极大地推动了漫画出版业。《动作漫画》主要刊登超人的故事,后来《超人》(*Superman*)漫画单行本出版。正如漫画史学家布拉德福德·W. 赖特(Bradford W. Wright, 2000)所说,这是漫画业的“创世大爆炸”。事实上，仅仅一年后，超人不仅在杂志中出现，也成为广播节目中的常客。20世纪40年代初，超人的流行催生了一系列类似的超级英雄漫画，蝙蝠侠、闪电侠、绿灯侠、神奇女侠和美国队长都在这10年中首次亮相。自那时起，无数的漫画书面世，有些是著名的连环漫画集，有些则采用新题材，有些涉及当代生活，有些致敬文学经典，还有些讲述冒险故事。

甚至在电视出现之前，漫画就影响着服装、发型、食物、礼仪和社会习俗的风格，激发了戏剧、音乐剧、芭蕾舞、电影、广播剧、电视剧、流行歌曲、书籍和玩具的创作灵感。现代话语中不乏为漫画创作的习语和词汇。例如，盟军将作战日暗号定为“米老鼠”，挪威地下组织的代号是“幻影侠”。许多当代画家和雕塑家将漫画人物融入艺术作品，电影导演也在影片中运用漫画技巧。

许多知识分子也是连环漫画的忠实粉丝。例如，《疯狂猫》(*Krazy Kat*)被许多人视为美国有史以来最有趣、最富有想象力的叙事艺术作品之一。已故的查尔斯·舒尔茨(Charles Schultz, 1922—2000)的艺术也属于这一类别。他的连环漫画《花生漫画》(*Peanuts*)原名为《小家伙》(*Li'l Folks*)，于1950年首次亮相，成为历史上最受欢迎的连环漫画之一，刊登在许多报纸上，并被翻译成多种语言。舒尔茨笔下的查理·布朗(Charlie Brown)、他的妹妹莎莉(Sally)、他的狗史努比(Snoopy)、他的朋友露茜(Lucy)、莱纳斯(Linus)、史洛德(Schroeder)、薄荷·派蒂(Peppermint Patty)和玛茜(Marcie)，以及小鸟糊涂塌客(Woodstock)已经成为现代世界的标志性角色。

无需多言，漫画也已走向数字化。许多所谓的电子漫画效仿各种传统纸质漫画，但本质上是动画漫画。例如，2003年6月至12月播出的短篇电子卡通《老鼠加里》(*Gary the Rat*)讲述了一名冷血的纽约律师变成大老鼠的故事，这显然是效仿弗朗茨·卡夫卡(Franz Kafka, 1883—1924)的恐怖杰作《变形记》(*Metamorphosis*)。漫画中，房东非常憎恨这只老鼠，想要驱逐他，一名灭鼠员也在追捕它，不过，由于广受客户好评，老鼠加里的老板十分欣赏它。动画《酷儿鸭》(*Queer Duck*)(2002—2004)讲述了一只同性恋鸭子和他的动物伙伴们经常给一位著名的“广播心理学家”打骚扰电话的故事，借此讽刺听“电台心理医生”节目之人的轻信行为。《上帝与魔鬼秀》(*God and Devil Show*)(1999—2001)是一档卡通脱口秀节目，主持人是天堂的大胡子统治者和地狱的性感领袖。这些在线制作的漫画都是短篇，属于第一代万维网的一部分，预示着第二代万维网世界最终将如何从印刷文化向数字阅读文化迈进。

总而言之,印刷媒介在人类社会演进过程中一直至关重要。正如上文所述,印刷品可以跨越国界,嵌入各种意识形态,甚至有时能从根本上改变它们,因此印刷媒介是奠定世界文明基础的关键所在。印刷时代确实在许多层面上改变了人类,它延长了知识的存续时间,从而创造出神话之外的历史,同时极大扩展了人类远距离交流的能力。但正如本章所述,在所有人类事物中,印刷媒介也给阅读带来"亵渎性"的狂欢色彩。早在1732年,本杰明·富兰克林就指责书商导致"真正书籍"的消亡,因为他们贩售的是"垃圾"。近日,社会批评家对阅读材料的"弱智化"大加挞伐,导致出现读写能力消亡的预测(Epstein, 2000)。

假如传统印刷品终有一日会消失,那一定不是因为文字本身质量差或是缺乏写作之人,而是因为技术带来的不可避免的"范式转向"。这确实很讽刺,因为古代从口述到文字的转变起初被柏拉图等哲学家们谴责为对理性、记忆和灵魂的威胁。正如埃里克·雅格(Eric Jager, 2000:15)所言,令人唏嘘的是,读写能力消亡的迹象可能与20世纪90年代末一场扫盲运动的媒体口号"在书中找寻自我"不谋而合,这意味着"不仅书籍作为理解自我和世界的媒介在逐步消亡,而且其作为人类集体想象力的象征意义也在逐渐消失"。

扩展阅读

如前所述,本节所列书籍均与符号学相关。更多关于印刷媒介的通俗读物见英文原著书末参考书目。

Eco, Umberto. 1979. *The Role of the Reader: Explorations in the Semiotics of Texts* (Bloomington: Indiana University Press).

已故的著名符号学家翁贝托·埃科探究文本与其阐释之间的关系。书中提道:文本的意义何在?取决于作者还是读者?抑或是存在于引导阅读过程的文化密码中?

Eco, Umberto. 1989. *The Open Work*. Cambridge, MA: Harvard University Press.

在本书中,埃科提出他著名的对开放性文本和封闭性文本的区分标准。封闭性文本仅能唤起单一意义或极有限范围意义;开放性文本则允许读者有自己不同的解读。

Propp, Vladimir. 1928. *Morphology of the Folktale*. Austin: University of Texas Press.

正如本书所述，普罗普发现存在相对较少的叙事单元，或称情节主题，它们构成通用的情节语法，形成英雄与反派等明显的对立关系。

Scholes, Robert. 1982. *Semiotics and Interpretation*. New Haven: Yale University Press.

本书是一部经典的文学符号学导论，书中认为通过分析作者意图来确定文学文本的意义几乎不可能实现。但是，真正的文学分析恰恰力图通过符号学分析来确定文本的构建方式。

第四章 声音媒介

> 我酷爱音乐，大概是因为音乐无关道德。其他事物都有道德标准，而我不想按常理出牌。我一直都无法忍受道德说教。
>
> ——赫尔曼·黑塞(Hermann Hesse, 1877—1962)

20世纪30年代，人们跳着摇摆舞①，到了90年代，“狂舞区”②(mosh pit)中的青少年从舞台跃入人群，被台下的人用手托起来传来传去。无论人们的背景知识或审美品位如何，流行音乐的本质是一种吸引每个人的物质形式。20世纪初，录音和无线电广播技术问世，音乐从此作为一种大众艺术兴起。电子星系也由此诞生。在该星系中，唱片和广播把音乐带给广大听众，音乐本质上不再是精英艺术或民间传统文化的固有仪式，也不再局限于艺术性或民俗性，转变为服务所有人的商品。录音和广播对音乐的作用，如同印刷技术对文字的作用一样，音乐不再是少数人的特权，人人都享受得起。

虽然流行音乐明显缺乏“古典优雅的品位”，但无论它在某些人看来多么有争议或粗俗，却总有人喜欢。归根结底，大多数流行音乐自创作起就是昙花一现，因此新歌和新音乐风格几乎可以一夜成名。除了少数例外，流行歌曲和风格与电视节目、电影大片、畅销小说、时装秀以及大多数商品一样，来得快去得也快。本章目的之一是讨论其中缘由。与前文章节类似，传媒符号学的重点是研究音乐流派的意义，尤其是这些意义所带来的更大的符号次序含义。音乐本

① 摇摆舞，指20世纪20至40年代随着爵士乐的摇摆风格而发展起来的一组舞蹈类型的统称。

② “狂舞区”，指摇滚音乐会舞台前的那一片听众区域，可以进行以互相推挤为主的狂舞活动(mosh)。

身就是一种媒介，大幅增强了人类能力，扩大了其用途和范围，从而延伸了情感能力，使人们能够直接通过组织有序的旋律与和声等乐音表达自己。

唱片音乐

1877 年，托马斯·爱迪生(Thomas Edison, 1847—1931)发明了留声机。10 年后，德裔美国发明家埃米尔·贝利纳(Emile Berliner, 1851—1929)改进了爱迪生的模型，研制了圆盘留声机，此后不久就用于录制音乐。1920 年左右，贝利纳的机械技术开始被电子录音和复制取代，留声机唱针的振幅由电磁装置放大。

到了 20 世纪 20 年代，大规模生产的黑胶唱片价格低廉、易于获得，音乐艺术从而真正实现了"范式转向"，流行音乐作为主流音乐的地位得到巩固。新的音乐风格，例如爵士乐、摇摆乐[①]、乡村和西部音乐、灵魂乐以及摇滚乐，都得益于录音技术，自成体系，广为传播，成为最知名的流派。事实上，自 20 世纪 20 年代以来，音乐就是大众广泛参与的娱乐形式之一，而不仅仅是音乐家的专享。不可避免的是，随着流行音乐风格不断渗透到整个社会景观中，受众细分的趋势也随之出现。如今，音乐选择繁多，音乐艺术家与制作人很清楚，他们创作的音乐主要吸引特定的受众。第三章曾讨论过现代印刷媒体的情况，此处与之类似，音乐受众细分是我们所处的数字媒介景观的显著特征。

流行音乐的萌生

流行音乐价格低廉、供大众消费，其起源可以追溯到 18 世纪末的美国，当时音乐家特意创作朗朗上口的音乐，常常在周日下午公园的大型集会上演出。到 19 世纪初，意大利歌剧也开始流行起来，柔美抒情的"低吟唱法"(crooning)就在这样的背景下产生，并在美国流行起来。录音技术问世之前，传播这种音乐的主要媒介是印刷乐谱。20 世纪初，"低吟唱法"日益流行，在美国纽约市曼哈顿下城区一个被称为"锡盘巷"(Tin Pan Alley)的地方，繁荣的曲谱出版业诞生了。锡盘巷第一首销量破百万份的金曲，是查尔斯·K. 哈里斯(Charles K.

---

① 摇摆乐(Swing)发源于 1930 年代早期的美国，曲风起源于 20 年代的爵士乐，在 1935—1946 年间达到巅峰。

Harris)1892 年的歌曲《舞会之后》(*After the Ball*),此后曲谱市场迅速发展。早期的流行歌曲简单、易记、情感丰富,吸引了大量听众。同时,杂耍表演(vaudeville)是美国大众最喜闻乐见的休闲娱乐之一,原因很简单,表演中不可缺少的唱歌环节,观众可以跟着一起合唱。也是在同一时间,由斯科特·乔普林(Scott Joplin, 1868—1917)等专业作曲家创作的拉格泰姆音乐①(ragtime)也开始流行,引入了一种全新的、情感强烈的创造性音乐媒介,影响了后来主流音乐的发展,即美国黑人音乐艺术。

前文提到,创作出 20 世纪初最著名歌曲的是美国纽约市一小批作曲家和作词家。许多作曲家和作词家搭档进行创作,例如乔治·格什温(George Gershwin)与艾拉·格什温(Ira Gershwin)、理查德·罗杰斯(Richard Rodgers)与奥斯卡·汉默斯坦(Oscar Hammerstein)、理查德·罗杰斯与洛伦兹·哈特(Lorenz Hart),等等。他们的歌曲在百老汇(Broadway)的演出中广为流传,由知名歌手在舞蹈管弦乐队的伴奏下到处巡演。随着黑胶唱片日益普及,这样的音乐迅速传播开来。物美价廉的唱片比印刷乐谱更受青睐。曾经名不见经传的歌手,例如宾·克罗斯比(Bing Crosby)和后来的弗兰克·西纳特拉(Frank Sinatra),都通过唱片和广播媒介名噪一时。

非裔美国人对主流流行音乐的影响主要体现在 20 世纪 30 年代经济大萧条之前的爵士时代②(Jazz Age)。1935 年,白人爵士乐手本尼·古德曼(Benny Goodman)的乐队录制了爵士乐作品,推动了这种音乐风格的普及。1935 年至 1945 年期间,大乐团摇摆乐风行美国,这是一种以非裔美国人爵士乐团的创新为模式的风格。"大乐团时代"在二战后结束,但在 20 世纪 40 年代所谓的大乐团节奏蓝调和舞厅音乐中仍然可以感受到它对摇摆乐的影响。

二战后,社会和技术快速发展,流行音乐也随之转变。南方的音乐家和观众大规模迁往城市,以及电吉他的使用,都对美国流行音乐模式的转变产生了尤为重要的影响,为穆迪·沃特斯(Muddy Waters)最具代表性的芝加哥蓝调、汉克·威廉姆斯(Hank Williams)的杭基汤克音乐③(Honky-tonk)或"硬式"乡

---

① 拉格泰姆,美国流行音乐形式之一,为美国历史上第一个真正意义上的黑人音乐,发源于圣路易斯与新奥尔良,而后美国的南方和中西部开始流行,它影响了新奥尔良传统爵士乐的独奏与即兴演奏风格。

② 爵士时代,指第一次大战后至经济大萧条之前的时期,也称"咆哮的 20 年代"(Roaring Twenties)。

③ 杭基汤克音乐,指乡村酒吧放的音乐。

村音乐，以及20世纪50年代中期的摇滚乐的兴起奠定了基础。

摇滚乐是从几种战后流行音乐风格演变发展起来的，包括节奏蓝调、蓝调演绎者"胖子"乔·特纳(Big Joe Turner)等人的录音、福音声乐风格、布吉伍吉[①](boogie-woogie)钢琴乐以及杭基汤克音乐等。艾伦·弗里德(Alan Freed)通过无线电节目将摇滚(*rock and roll*)作为一种振奋人心的新音乐趋势广泛传播，有了这样的企业家推动，再加上小型独立厂牌的录制，摇滚取得了意想不到的成功，并于20世纪50年代中期吸引了一批新近富裕起来的青少年听众。摇滚乐的先驱们来自不同的背景。1955年，《昼夜摇滚》(*Rock Around the Clock*)成为第一首经由唱片、广播和音乐会表演等媒介传播而风靡全美的摇滚歌曲，该曲的演唱者比尔·哈雷与彗星乐队(Bill Haley and the Comets)是乡村音乐领域的佼佼者；法茨·多米诺(Fats Domino)是一位节奏蓝调艺术家；查克·贝里(Chuck Berry)曾是一位理发师；猫王(Elvis Presley)曾是一位卡车司机。1954年至1959年是摇滚乐的黄金时代，这一时代以海利、贝里、多米诺、猫王、小理查德(Little Richard)、杰里·李·刘易斯(Jerry Lee Lewis)和巴迪·霍利(Buddy Holly)热情洋溢的唱片为代表，下文将予以详述。最成功的艺术家们创作并演唱的歌曲有关爱情、性、身份危机、个人自由以及青少年一直关注的其他问题。

到20世纪60年代初，音乐界所推崇的摇滚乐大多是对最初那些歌曲和风格的模仿。这一时期不同的区域风格兴起，例如美国南加州的沙滩男孩(Beach Boys)，以及纽约格林威治村(Greenwich Village)城市民谣运动，其中包括鲍勃·迪伦(Bob Dylan)、金斯敦三重奏(the Kingston Trio)和彼得、保罗和玛丽三人组(Peter, Paul, and Mary)的作品，以及西北部索尼克斯(the Sonics)等摇滚乐队的粗犷之声。整个社会中越来越多的人爱上了摇滚乐。短短10年间，它已经成为音乐舞台的中心。1964年，披头士乐队(the Beatles)来到纽约，所谓的"英国入侵"[②]拉开序幕，"摇滚乐队"作为一种艺术力量开始出现，人们对摇滚乐的热爱尤为明显。英国乐队在节奏蓝调以及早期摇滚乐的影响下成长起来，他们重新诠释了美国摇滚乐的早期经典，为主流音乐注入了活力。每

① 布吉伍吉，是在蓝调基础上建立的钢琴音乐风格，盛行于20世纪20至30年代，二战后式微。

② 英国入侵，指20世纪60年代中期几次英国摇滚乐队纷纷登陆美国的狂潮，并且彻底改变流行乐和摇滚乐历史的事件。

个乐队都形成了独特的风格。披头士乐队将查克·贝里的吉他摇滚融入一种复杂的新风格中;“动物”乐队(the Animals)将各种节奏蓝调风格结合起来,产生了一种激荡人心的音乐流派;滚石乐队(the Rolling Stones)则延续芝加哥城市蓝调传统,音色独特且有冲击力。

20 世纪 60 年代末是唱片企业的扩张时期,这时的唱片风格多样。流行音乐日益成为年轻人的音乐。其风格不仅包括披头士乐队有影响力的实验音乐,还包括旧金山的迷幻摇滚、吉米·亨德里克斯(Jimi Hendrix)和埃里克·克莱普顿(Eric Clapton)的吉他摇滚、南方摇滚、硬摇滚、爵士摇滚和民谣摇滚等。灵魂音乐沿袭节奏蓝调的传统,涵盖了多元混合风格,包括艾瑞莎·富兰克林(Aretha Franklin)的福音音乐,詹姆斯·布朗(James Brown)的放克音乐(funk),以及马文·盖伊(Marvin Gaye)的深情吟唱。乡村音乐的中心位于田纳西州的纳什维尔市,这里也产生了一代新星,他们将古老的乡村与西部音乐的标准元素与摇滚乐的色彩和细微差别相结合。约翰尼·卡什(Johnny Cash)、韦伦·詹宁斯(Waylon Jennings)和多莉·帕顿(Dolly Parton)都推动了这种音乐的流行。

20 世纪 70 年代,魅力四射的超级巨星在体育场馆中为歌迷表演,开启了一种新趋势。迪斯科、华丽摇滚、朋克摇滚、新浪潮(new wave)、雷鬼(reggae)和放克等大量独特的新流派由独立厂牌和富有创造力的音乐家创立起来。因此,到了 70 年代末,流行音乐下分野无数,唱片公司向大量同质化的听众销售的利润大大降低。1978 年至 1982 年期间,唱片销售额下降了近 10 亿美元,现场音乐会收入也同样急剧下降,音乐产业日渐落寞。

20 世纪 80 年代中期,流行音乐经济复苏,其中有许多原因。1981 年,全球音乐电视台(MTV)首次亮相,出现了 24 小时播放音乐视频的频道,1983 年数字录制光盘推出,这些刺激了对新音乐的需求。1982 年,迈克尔·杰克逊(Michael Jackson)的视频专辑《颤栗》(*Thriller*)成为当时流行音乐史上最畅销的专辑,为唱片公司创立了依靠几首热门单曲来创造利润的模式。这一时期的流行音乐家有被称为工人阶级的音乐英雄的布鲁斯·斯普林斯汀(Bruce Springsteen),以及已故歌手兼作曲家普林斯(Prince),其 1984 年的单曲《当鸽子哭泣》(*When Doves Cry*)是 20 多年来第一首在主流流行音乐排行榜和非裔美国人音乐排行榜上夺冠的歌曲。还有麦当娜(Madonna)这位有着工人阶级背景的偶像,凭借挑逗的音乐视频风格,将自己转变为一个颇有争议的“性感小猫”式流行偶像。

20世纪90年代，流行音乐的听众细分程度更高。模糊（Blur）、绿洲（Oasis）、珍珠果酱（Pearl Jam）、快转眼球（R. E. M.）和电台司令（Radiohead）等乐队延续了摇滚乐的传统。但占主导地位的是说唱（rap）和嘻哈（hip-hop），以及对爵士乐和其他以往音乐风格的复古。如今，每一种新的流行音乐风格和热潮来得快、去得也快，这是越来越明显的趋势。与古典作曲家的音乐以及路易斯·阿姆斯特朗（Louis Armstrong，1901—1971）等爵士乐大师的音乐不同，流行音乐所谓的“音乐电池寿命”非常短暂。这并非代表许多类型的流行音乐没有强大影响力，也不是说流行音乐不是重要的艺术形式，而是这种形式的商业化要求它们有很短的寿命，以便音乐唱片的经济性可以与底线利润联系起来。简而言之，大多数流行音乐自创作之时就注定是转瞬即逝的。

正因如此，20世纪90年代爵士乐甚至古典音乐的意外回归，便显得不足为奇了。大量的唱片公司纷纷成立，重新发行古典音乐光盘，盛况空前。这一成功在很大程度上得益于电影和广告对古典音乐的借用。例如，纳克索斯（Naxos）和钱多斯（Chandos）等品牌开始扭亏为盈。2001年初，由导演肯·伯恩斯（Ken Burns）拍摄的10集精彩纪录片在美国公共广播公司（PBS）播出，突显了对爵士乐的再度关注。该节目的主要观点是，爵士乐现象不仅决定了后来所有的流行音乐趋势，而且也是20世纪音乐艺术的一面镜子。该电视节目播出后，又相继出版了大开本精装画册、DVD套盒、五碟片光盘套装，以及由22位爵士乐艺术家作品精选而成的特辑。

推广流行音乐的唱片、广播、电视等传统媒介都已向数字媒体让步，现在的音乐明星都在数字媒体上诞生，而且“花期短暂”。例如，加拿大流行歌手贾斯汀·比伯（Justin Bieber）就体现出互联网产生流行巨星的力量。尽管流行文化评论家在音乐界没有很大的话语权，但他们指出，在互联网时代，只要条件适宜，任何人都可以成为巨星。2007年，比伯的经纪人斯库特·布劳恩（Scooter Braun）发现他在油管上发布的视频，随后将他引荐给流行明星亚瑟小子（Usher），签订了重要的唱片合约，接着便是一场声势浩大的造星活动。现在，许多音乐表演者渴望通过类似的方式被发掘，在油管或社交媒体上吸引观众。这对今天流行音乐的发展产生了重大影响，这些将在下文中讨论。

流行音乐流派

虽然音乐流派、唱片明星和热门歌曲不断更替，但在流行音乐中可以发现明显的连续性。大多数流行音乐流派都借鉴了：①锡盘巷流畅、浪漫的声乐风格；②非裔美国人的爵士、福音和蓝调音乐的强烈节奏和情感；③低吟与摇摆乐的浪漫主题和民谣形式。这些都是通用的流行音乐代码元素，大多数音乐家在制作音乐文本时，通常都以不同方式在不同程度上融入这些元素。

从20世纪20年代到50年代，爵士乐、蓝调、摇摆乐、音乐剧和锡盘巷流行乐的推广主要得益于广播媒介。广播向广大听众播放音乐，可以让新歌和表演者一夜成名。其中最有影响力的莫过于"热榜前40"(Top 40)节目，这档节目只播放顶级单曲，即唱片销量榜前40名的歌曲。这成为20世纪50年代至70年代的主要广播形式，主要推广摇滚乐，同化了听众的音乐品味。如前所述，到了80年代，听众高度细分。因此，"热榜前40"广播让位于特定音乐口味的小众听众。今天的音乐有几十个流派，每个流派都有自己的听众，每个流派都由唱片公司或通过上传网络进行推广。以下是几个例子：

- 成人当代电台：混合老歌和柔和的摇滚热门歌曲。
- 当代流行电台：主要是当前的热门歌曲，通常混合着流行和摇滚。
- 乡村音乐电台：又分为传统乡村、城市乡村和摇滚乡村。
- 现代摇滚电台：目前的摇滚音乐有不同的分支，例如硬摇滚、工业摇滚、另类摇滚、独立摇滚等。
- 说唱与嘻哈电台：说唱和嘻哈明星的作品。
- 怀旧金曲电台：以前时代的歌曲。
- 经典摇滚电台：20世纪60年代、70年代、80年代、90年代各自的摇滚乐。
- 节奏蓝调电台：经典和当代表演者的节奏和蓝调音乐。
- 实验音乐电台：主要由学院和大学广播站推广的摇滚和民谣。
- 拉丁音乐电台：由西班牙裔艺术家创作但由其他众人演唱的音乐。
- 古典音乐电台：为伟大作曲家的爱好者准备的音乐。
- 歌剧电台：为古典和现代歌剧的爱好者提供的音乐。
- 爵士与蓝调电台：爵士和蓝调音乐，旨在吸引当前和传统爵士和蓝调艺术家的爱好者。

- 福音电台：旨在吸引当前和传统福音表演者的爱好者的福音音乐。
- 独立音乐电台：一个通用的类别，现在几乎包括任何由音乐家自己独立制作的新音乐。

除了上述的美国主要音乐流派，其他国家的音乐风格也已经开始通过唱片、广播、电视和互联网传播，广受青睐。20 世纪 10 年代，阿根廷探戈(tango)就已经风靡全球，在巴黎、伦敦和纽约掀起了拉丁舞的热潮。同样，古巴的伦巴(rumba)在 20 世纪 30 年代主要通过唱片和广播在全世界流行。在"热榜前40"节目之后，这些音乐风格强势回归，为世界各地新的听众所喜爱。另一个新兴的流行音乐流派是印度电影音乐，在新德里和孟买的录音室里制作完成。虽然这种音乐很少受到英美主流音乐媒体关注，但仍坐拥广大受众。非洲音乐在今天这个多元化的社会中也很受欢迎，有许多类型的听众。这种音乐包含一些独特的地区风格，如尼日利亚一位乐队指挥金·桑尼·阿德(King Sunny Adé)的"祖祖"(Jùjú)音乐[①]，中非地区融合本土歌曲和舞蹈节奏的非洲—古巴音乐索卡斯(soukous)，以及南非的"依西卡塔米亚"(isicathamiya)——一种由雷村黑斧合唱团(Ladysmith Black Mambazo)表演的祖鲁合唱音乐。

针对特定听众的新音乐风格不胜枚举。只要你想，就能听到各种类型的音乐，这在以前是不可想象的。从古典音乐和爵士乐到最新的音乐热潮，数字世界真真切切地把音乐带给了人们。流行音乐所采用的表达方式和阐述的主题很快就转变为公共话语，而流行音乐家的着装打扮也很快掀起广泛的时尚潮流。由于大众传媒的存在，音乐已经成为现代符号次序的一个内在组成部分。例如，18 世纪的歌剧作曲家乔阿基诺·罗西尼(Gioacchino Rossini, 1792—1868)创作的《威廉·退尔[②]》(*William Tell*)序曲中的奔腾乐章已经与 20 世纪 50 年代的《孤胆骑警》(*The Lone Ranger*)电视剧融为一体，那个时代长大的人几乎都将两者混为一谈；同样，罗西尼的另一首序曲，即他为歌剧《塞维利亚的理发师》(*The Barber of Seville*)创作的歌，已经与著名的《兔八哥》(*Bugs*

---

① "祖祖"音乐，是尼日利亚约鲁巴民族流行音乐的一种风格，源自传统的约鲁巴打击乐。Jùjú 这个名字来自约鲁巴语，意思是"扔"或"被扔的东西"。

② 威廉·退尔，是瑞士民间传说中的英雄，瑞士国父。席勒的剧本《威廉·退尔》(1804)和罗西尼的同名歌剧(1829)使这一名字闻名世界。

Bunny)动画不分彼此,现在这两者在许多人的头脑中是密不可分的一体。

与流行乐史息息相关的是所谓的独立运动,指的是在电影和音乐制作中,不受大型联合媒体行业资助和干扰的作品。该词起初是指那些抵制受美国电影专利公司,或称爱迪生信托(Edison Trust)控制的电影制作人。但是这个词的含义已经发生了变化,现在一般是指与好莱坞奢华的电影制作风格相反,且更有吸引力的电影制作风格。当然,它也指与传统流派格格不入的音乐。独立音乐起初是"地下音乐",有一批忠实拥趸者,而现在互联网已经将独立音乐推向了主流。独立音乐人通常是没有签约的艺术家,他们通过油管等网站向大众展示自己的音乐。独立音乐界甚至产生了自己的流派,其中以英国独立流行音乐(Britpop)和女权主义朋克摇滚运动(Riot Grrrl)最为著名。在独立音乐领域,潮流似乎来得快,去得也快。在网上走红的独立音乐人一般都倾向于向主流靠近,与传统唱片公司签约。

电子音频媒介

数字技术已经改变了音乐的生产和消费方式。MP3 技术是其中之一,这是一个数字音频编码系统,由可以通过流媒体收听的文件组成。该技术是一种压缩技术,数据存储量大于唱片或光盘。MP3 文件可以在互联网上传播,易于下载,体积小巧,保真度高,使唱片和光盘几乎消亡。随着移动设备与软件技术的问世,音乐可以在各种设备上保存与播放,而且便捷实惠。

另一个重要的突破是互联网音乐商店,其中的典型代表是由苹果公司在 2003 年开发的苹果多媒体商店(iTunes),这是一个可以播放、下载和处理数字多媒体文件的网站,包括由音乐 MP3 制作的文件。苹果多媒体商店和谷歌应用商店(Google Play)等类似商店已经从真正意义上淘汰了大多数以前的音乐制作和传播媒介,其中包括唱片和光盘。这些传统音乐制作媒介生机不再,已经成为怀旧和纪念品文化的一部分。任何人都可以用苹果多媒体商店上传他们的文件,因此传统的质量过滤器几乎变得毫无意义。一些社会评论家将其描述为一种自己动手的 DIY 文化(Do-It-Yourself 的缩写),音乐家可以通过互联网向潜在的听众展示自己,而没有经纪人、制片人、星探和唱片公司等传统的质控过滤器。互联网使音乐人有可能绕过这些中间环节,自己把作品推出去。这些作品可能会通过社交媒体讨论和其他形式的"病毒式传播"而获得知名度。一些评论家认为 DIY 文化是真正的流行文化,因为作品的质量由每个人决定。

不过，本书的潜在文本意义是，一旦有技术革新到来，使媒介变得更便宜、更容易、更迅速，那么历史就不会倒退。

新技术还带来播放列表和个性化的专辑，传统的专辑几乎过时。播放列表是一个音频或视频文件列表，可以从苹果多媒体商店或声田（Spotify）等类似的网站中下载。在声田软件上，用户可以选择歌曲，并使这些歌曲像专辑一样进行排序和播放。这种技术优势是，歌曲可以按顺序或随机播放。

声音媒介领域的另一个重大变化来源是油管，油管包罗万象，人们可以各取所需，观看不同版本的贝多芬交响曲视频或歌星的最新演出。然而，油管的本质决定了几乎任何人所获得的名气都可能是短暂的。

以韩国艺人朴载相（Psy）为例，“Psy”取自“psycho”（精神病患者）一词，可以形容他在油管上引爆的《江南 Style》[①]（*Gangnam Style*）热潮。他是一名韩国歌手和作曲家，在韩国以其喜剧视频和音乐会闻名。2012 年 12 月 21 日，他的音乐视频《江南 Style》在油管上的播放量突破 10 亿次，一举成名，他也是有史以来第一位达成这个成绩的人。随后他被誉为油管之王。这股热潮将他推上 2012 年和 2013 年上半年全球流行文化舞台的中心。他在各电视节目中频繁现身，如《今日秀》（*the Today Show*）、《周六夜现场》（*Saturday Night Live*）和时代广场 2012 年跨年庆典等音乐会。凯蒂·佩里（Katy Perry）和布兰妮·斯皮尔斯（Britney Spears）等流行音乐人开始在推特上关注和宣传朴载相。他还加盟学童唱片（School Boy records）。吉尼斯世界纪录将《江南 Style》列为在线观看点赞次数最多的视频，以及第一个观看量超过 20 亿次的视频。朴载相甚至被任命为联合国儿童基金会的亲善大使。此后，他还与包括麦当娜在内的其他流行音乐名人同台演出。

在韩国，人们对他的成功则褒贬不一，有些人甚至称他是韩国流行文化的“反面教材”。但到了 2014 年初，《江南 Style》已然退热，朴载相退居幕后，成为互联网上的又一个“纳米名人”（即昙花一现的名人）。因此，虽然数字媒介让音乐家赢得了观众，但最终可能不如传统媒介那样有效，使他们成为路易斯·阿姆斯特朗、弗兰克·辛纳屈或猫王那样的真正名人，而这些人物都是唱片、广播和电视等媒体时代的产物。

---

① 《江南 Style》，是韩国音乐人朴载相的一首单曲，成为一种全球流行文化，并引发大量的二次创作。

作为社会代码的音乐

1935年至1945年,摇摆乐风靡一时,吸引大量的年轻人,大萧条后经济萎靡不振,二战后道德沦丧,摇摆乐成为他们的精神支柱。1942年,弗兰克·辛纳屈在纽约派拉蒙剧院(Paramount)激起了"波比短袜派"(bobby-soxers)[①]时髦少女的热情,这让美国人预感到青少年的狂热就在眼前,音乐年轻化趋势愈加明显。10余年后,流行音乐与青少年的融合正式完成,摇滚乐则作为一种专门吸引青少年的音乐出现,这一术语本身就昭示着与青春期有关的荷尔蒙冲动。

20世纪20年代初,音乐开始作为一种社会代码出现,既能迎合社会需求,同时也塑造社会发展。流行音乐的初次尝试是爵士乐,因此需要在这里进行简单讨论。摇滚乐和嘻哈也是如此,作为社会代码的结晶,反映了不同时代的典型特征。

爵士乐

讨论爵士乐作为一种大众音乐艺术形式的传播,要从路易斯·阿姆斯特朗出发。阿姆斯特朗绰号"书包嘴",是爵士乐历史上最著名和最有影响力的灵魂人物之一。20世纪20年代,他开始担任小号手和歌手,有一口独特的沙哑嗓音。1923年,他的第一支独奏曲出现在《钟声蓝调》(*Chimes Blues*)中。1925年,阿姆斯特朗录制了唱片,成为爵士乐的代表作,包括《杂碎短号曲》(*Cornet Chop Suey*)(1926)、《薯头蓝调》(*Potato Head Blues*)(1927)、《大摇大摆吃烤肉》(*Struttin' with Some Barbecue*)(1927)与《更加热烈》(*Hotter than That*)(1927)、《紧致如此》(*Tight Like This*)(1928)、《西区蓝调》(*West End Blues*)(1928),以及与钢琴家厄尔·海恩斯(Earl Hines)合作的二重奏《候鸟》(*Weather Bird*)(1928)。在1926年的作品《神经过敏》(*Heebie Jeebies*)中,他引入拟声唱法(scat),而后演变为一种非常流行的爵士乐唱法。到20世纪30年代中期,阿姆斯特朗声名远扬。他去世前发行了几张热门唱片,包括《你好,多莉!》(*Hello, Dolly!*)(1963)与《多美好的世界啊》(*What a Wonderful*

---

① "波比短袜派"少女,指20世纪40年代穿波比短袜的少女。

World)(1967)。阿姆斯特朗现在拥有新一代歌迷,他们已经认识到他的音乐力量。在阿姆斯特朗粗犷而真挚的演绎中,人们的确可以听到深藏表面之下的悲伤和哀愁。这种呼喊的形式微妙而深刻,也是对非裔美国人悲惨困境的一种潜意识的音乐颂歌,听众通过声音和音乐可以感觉到这种困境,从而产生共鸣。

前文多次提到,爵士乐出现于 20 世纪 20 年代,是第一个真正的流行音乐热潮。爵士乐的具体起源不详。它是几种音乐风格的结合,于 20 世纪初发轫于新奥尔良。大多数爵士乐由小型行进乐队或独奏钢琴家演奏。1917 年,一群新奥尔良音乐家以"原始迪克西兰爵士乐队"(The Original Dixieland Jass Band)的名义录制了一张爵士乐唱片,轰动一时。"迪克西兰爵士乐"一词也随即流行。1922 年,新奥尔良节奏之王大乐团(New Orleans Rhythm Kings),以及 1923 年由小号手金·奥利弗(King Oliver)领衔的克里奥尔爵士乐队(the Creole Jazz Band)开始在美国各地名声大噪。1948 年,次中音萨克斯手斯坦·盖茨(Stan Getz)与伍迪·赫尔曼乐队(the Woody Herman)为拉尔夫·伯恩斯(Ralph Burns)的作品《早秋》(*Early Autumn*)录制了缓慢而浪漫的独奏,"酷派爵士乐"(cool jazz)一词开始出现。一群年轻的音乐家采用了这种风格,其中包括迈尔斯·戴维斯(Miles Davis)、李·克尼茨(Lee Konitz)、格里·马利根(Gerry Mulligan)与编曲家吉尔·埃文斯(Gil Evans)。他们所作唱片的特点是节拍滞后、器乐柔和,管弦乐与众不同,其中包括法国号与大号。以戴维斯为首的这些作品后来编入《酷派爵士的诞生》(*Birth of the Cool*)发行。

爵士乐在流行文化的诞生和传播中起着举足轻重的作用。爵士乐是电影《芝加哥》(*Chicago*)(2002)的主题,电影以《爵士春秋》(*All That Jazz*)这首歌拉开序幕,这首标志性的曲调也是一种时代的箴言。曾几何时,爵士乐是新奥尔良和堪萨斯城红灯区的背景音乐,因广受年轻人的青睐,从而成为一种大众音乐艺术,广泛传播,日益繁荣。爵士乐趣味横生,象征着一种更自由的全新生活方式,与之前维多利亚时代呆板的生活方式形成鲜明对比。到 20 世纪 20 年代末,量产的唱片物美价廉,广播作为流行音乐推广者也同时出现,爵士乐及其衍生品开始引领早期流行文化。时至今日,一批新的"复古"爵士乐艺术家重新演绎,爵士乐的唱片销量仍以百万计。

摇滚乐

如上所述,"商业摇滚"的诞生通常要追溯到 1955 年,彼时比尔·海利与彗星乐队发行了热门歌曲《昼夜摇滚》,但按照我们现在对摇滚一词的理解,实际上第一首真正的摇滚歌曲是猫王的《美妙摇滚之夜》(*Good Rockin' Tonight*),他于1954年录制了这首歌曲,是对怀诺尼·哈里斯(Wynonie Harris)1947年同名歌曲的翻唱。值得一提的是,海利的歌是电影《黑板丛林》(*The Blackboard Jungle*)的主题曲,这部电影有关青少年及成长过程中的诸多问题。这部电影让人们清楚意识到,青少年已经成为一种不可忽视的社会力量。电影上映之初甚至在伦敦南部引发了骚乱,其标志性曲调也掀起了类似风波。

摇滚乐混合了被称为"嘟·喔普"[①](Doo-Wop)的重唱风格、基于布吉伍吉钢琴节奏的爵士乐风格,以及杭基汤克乡村音乐风格,迅速形成了独树一帜、青少年专属的流派。除了唱片和广播之外,20世纪50年代中期电视的不断普及也推动了摇滚歌曲和音乐家们一夜成名。通过电视这个强大的新媒介,音乐家们引入服装和发型时尚,并掀起了舞蹈热潮。1956年,猫王成为摇滚乐"国王",在《埃德·沙利文秀》(*The Ed Sullivan Show*)中现身,在全国观众面前扭动臀部,沉醉自我,象征着新一代年轻人的叛逆精神。

从符号学角度分析,摇滚乐的风格确实有别于低吟等音乐风格,两者对比鲜明,风格迥异,具体差别如下表所示。

低　吟	摇　滚
轻缓,柔和	大声,粗犷
节奏朴素	节奏硬朗
旋律流畅	旋律刺耳
歌词温婉浪漫	歌词轻佻露骨

真正将摇滚乐与此前所有流行音乐区别开来的乐器是电吉他。查克·贝里把吉他变成时代变化的象征,独创了一种表演风格,在今天的摇滚音乐中仍能见其身影。吉他独奏和连复段[②](riffs)强而有力,声效密集,音量大。从20世纪60年代末开始,吉米·亨德里克斯、埃里克·克拉普顿和卡洛斯·桑塔纳(Carlos Santana)等新一代的摇滚吉他手尝试放大声音振幅和使用各种电子装

① 嘟·喔普,流行于20世纪40至60年代的重唱形式,受到19世纪末美国的"理发店四重唱"(Barbershop Quartet)的影响。

② 连复段,是一短小、独立的音乐乐句,节奏、旋律和和弦均可以来源于连复段。

置，拓展了乐器的潜力。早期摇滚乐中常用的其他乐器还包括电贝斯吉他、键盘乐器和架子鼓。

20 世纪 50 年代中期摇滚乐“黄金时代”的典范是查克·贝里、猫王、小理查德和巴迪·霍利的唱片。这些艺术家赋予音乐以情感或性感的力量。猫王的《猎狗》(*Hound Dog*)(1956)和《震撼》(*All Shook Up*)(1956)、小理查德的《水果锦囊》(*Tutti Frutti*)(1955)和《露西尔》(*Lucille*)(1957)、以及贝里的《梅贝琳》(*Maybellene*)(1955)和《强尼·B.古德》(*Johnny B. Goode*)(1958)实际上确立了摇滚风格声音响亮、节奏硬朗的主要特征，以及对情色主题的隐喻，如果予以明示，这些内容当时则会被封禁。

1959 年冬天，一场事故让人们见识了摇滚乐手对青少年情感的撼动。这一年，3 位非常受欢迎的歌手巴迪·霍利、里奇·瓦伦斯(Ritchie Valens)和大波普(the Big Bopper)在前往摇滚音乐会的途中因飞机失事而遇难。媒体将他们的死描绘成一个神话般的悲剧。他们的歌曲本应马上消逝，成为“老歌”，却因此成为传奇的经典。青少年听闻这一悲剧而痛哭的画面在电视新闻节目播出，3 人瞬间成为令人崇拜的偶像，人们纷纷将他们的海报和杂志照片张贴在卧室的墙上。

但好景不长，到 20 世纪 60 年代初，猫王这个“国王”走下神坛。披头士乐队出现并取代了他的地位。披头士乐队同时发行数支热门歌曲，而不是像 50 年代那样只有一首热歌，这反映了音乐品味的多样化趋势日益成熟。摇滚乐成为表达革命性社会和政治思想的媒介，不再只是“跳舞”或“谈恋爱”的音乐。事实上，20 世纪 60 年代中期的激进嬉皮士运动是由摇滚乐推动的。摇滚乐通过艺术之声谴责了人情冷漠、战争贩子、种族主义、社会成见等社会弊端。在 60 年代结束时，整个社会都清楚地看到，“第二代”摇滚乐青少年与前一代截然不同，他们高度关注社会和政治问题。

20 世纪 60 年代，摇滚乐实际上已经进入第二个关键时期，现在被称为“经典”时代。摩城(Motown)音乐在那个时代出现，同时涌现的还有独特的地区风格，例如由沙滩男孩，以及包括鲍勃·迪伦的音乐在内的格林威治村城市民谣运动所带动的加州风格。1964 年，披头士乐队来到纽约市，“英国入侵”阶段开始。披头士专辑《佩珀军士的孤独之心俱乐部乐队》(*Sgt. Pepper's Lonely Hearts Club Band*)(1967)为录音室作品设立了新标准，延续了摇滚音乐家作为创造性艺术家的长发形象。迷幻摇滚出现后，这一形象被媒体进一步奉为圭臬。迷幻摇滚提倡使用迷幻艺术、灯光表演,并强调自发性和集体主义价值观。杰里·加西亚(Jerry Garcia)和他的“感恩而死”乐队(the Grateful Dead)、吉姆·莫里森(Jim Morrison)和他的“大门”乐队(The Doors)、地下丝绒乐队(the Velvet Underground)和弗兰克·扎帕(Frank Zappa)等音乐家开创了一种独特的复杂摇滚流派和风格,将摇滚乐提升到新的音乐艺术形式领域,与古典音乐和歌剧并举。事实上,一些摇滚音乐家受过古典音乐训练,如普洛柯哈伦乐队(Procol Harum)的钢琴家加里·布鲁克(Gary Brooker)。吉米·亨德里克斯在美国的第一个大型摇滚音乐节——蒙特雷流行音乐节(1967),还有伍德斯托克音乐节(1969)上的表演引人瞩目,成为一代传奇。灵魂音乐也成为多分支摇滚乐代码的一部分,像艾瑞莎·富兰克林、詹姆斯·布朗和马文·盖伊这样的非裔美国艺术家吸引了人们的广泛注意。矛盾的是,尽管这种音乐表现出“反体制走向”,反对传统资产阶级目标,但是艺术家们还是与主流唱片公司签订了合同,获利颇丰。

经典时代的音乐即使在该时代结束后仍然吸引着观众。2001 年,VH1(Video Hits One)电视台发布的一项民意调查证实了这一点。由 500 名记者、音乐主管和艺术家选出的 100 张摇滚历史上最有影响力和最重要的专辑中,大多数是在 20 世纪 60 年代和 70 年代录制的。名列榜首的是《左轮手枪》(Revolver)(1966 年),这张专辑开启了披头士将早期摇滚的简单硬驱形式转变为“严肃音乐”的实验。大多数入选专辑都在经典时代录制,其中有少数例外,如涅槃乐队(Nirvana)的《没关系》(*Nevermind*)(1991 年)排名第 2,劳伦·希尔(Lauryn Hill)的《失学的劳伦·希尔》(*The Miseducation of Lauryn Hill*)(1998 年)排名第 37,U2 乐队《阿什堂宝贝》(*Achtung Baby*)(1991 年)排名第 65。除了猫王在 1954 至 1955 年录制的《太阳时段》(*Sun Sessions*)被评为第 21 名以外,没有一张黄金时代的唱片入选,而且这张专辑直到 1976 年才发行。占据榜单的是披头士乐队、滚石乐队、鲍勃·迪伦、齐柏林飞艇(Led Zeppelin)、“谁人”乐队(the Who)、艾瑞莎·富兰克林、戴维·鲍伊(David Bowie)和其他经典时代的明星。距今更近的一次民意调查显示,经典摇滚乐的范式有了变化,朋克、新朋克、说唱、另类,甚至古典音乐都榜上有名。其中一份基于何也网[①](Quora)调查的名单,列出了平克·弗洛伊德(Pink Floyd)的《月之暗面》

① 何也网,是一个问答型社交网络服务网站,类似于中国的知乎。

(*Dark Side of the Moon*)、迈尔斯·戴维斯的《泛蓝调调》(*Kind of Blue*)、绿洲乐队的《绝对可能》(*Definitely Maybe*)、枪炮与玫瑰乐队(Guns N' Roses)的《毁灭的欲望》(*Appetite for Destruction*)、迈克尔·杰克逊的《颤栗》等专辑,还包括诺拉·琼斯(Norah Jones)、艾米·怀恩豪斯(Amy Winehouse)、碧昂斯(Beyoncé)、黑眼豆豆(Black-Eyed Peas)和艾丽西亚·基斯(Alicia Keys)的作品。实际上,这样的榜单揭示了流行音乐世界已经变得兼收并蓄,风格迥异,以前和现在音乐吸引着各种品味的观众。

20世纪70年代中期,随着迪斯科和朋克作为青少年音乐品味的对比风格出现,古典摇滚的转变也随之而来。迪斯科最初与纽约市的同性恋亚文化有关,很快吸引了大量青少年。尽管迪斯科被许多其他青少年"鄙视",但其对摇滚乐产生了实质性的影响,1977年上映的电影《周六夜狂热》(*Saturday Night Fever*)以及比吉斯兄弟(the Bee Gees)演唱的迪斯科原声带发行并大获成功后,这一点尤为明显。迪斯科的生活方式充满振奋人心的快乐舞蹈和耀眼夺目的时尚风采。

朋克音乐文化起源于1976年左右的纽约和伦敦,与迪斯科的商业性以及20世纪60年代摇滚的"艺术自命不凡"理念南辕北辙,60年代的"冲浪"摇滚乐队和"车库"摇滚乐队这两种类型是朋克音乐的先驱,其中包括斯坦德尔斯乐队(the Standells)和种子乐队(the Seeds)。朋克摇滚乐是原始、粗糙且粗鲁的。早期的朋克乐队包括性手枪乐队(the Sex Pistols)、碰撞乐队(the Clash)和雷蒙斯乐队(the Ramones)。朋克文化的一个变种则不那么粗糙,即后来出现的新浪潮音乐,代表人物是埃尔维斯·科斯特洛(Elvis Costello)和果酱乐队(the Jam)。朋克音乐的拥趸者明显与主流文化疏远,比起嬉皮士前辈,他们对社会秩序的威胁更加汹涌。朋克音乐人的舞台表演会故意表现暴力和对抗。他们向观众吐口水,用刀自残,破坏舞台上和大厅里的道具,随着基本的节奏律动随意喊叫、打嗝、排泄、怒吼,并煽动他们的粉丝效仿。他们引入的时尚潮流,如链子、狗项圈、黑衣服、军靴,以及从光头到五颜六色的狂野"莫霍克"(Mohawk)发型,着重表现出堕落、嘲弄、社会讽刺和叛逆形象。朋克青少年用"迪斯科烂透了"的说法来反对迪斯科文化,认为它过于肤浅,太容易被成人世界接受。

到了20世纪70年代末,迪斯科和朋克都退出主流音乐,但是它们引入的音乐形式片段一直影响至今。在新潮流中,最受欢迎的潮流之一是化妆、变装以及模糊的性别界限。硬摇滚乐队"亲吻"乐队(Kiss)的舞台表演以博人眼球为目的,完美代表了这种新趋势。每个音乐家都扮演成漫画角色,如魅力四射的男孩、来自外太空的外星人、一只小猫,以及欲望疯狂的歌舞伎怪人等。乐队成员带妆上台,他们的舞台表演包括吞火、烟雾弹、液压升降机、打砸乐器等。迈克尔·杰克逊与麦当娜两位表演者影响了人们对性别的态度,他们的影响甚至大过20世纪80年代的"亲吻"乐队。麦当娜的歌曲《宛若处女》(*Like a Virgin*)、《拜金女孩》(*Material Girl*)和《为你梳妆》(*Dress You Up*)中的女权之声不再隐晦,明确反对社会对女性身体和性的伪善态度。这些歌曲在热门排行榜上名列前茅,令当时道貌岸然的政治家们感到懊恼沮丧。麦当娜公开藐视政治正确,采用玛丽莲·梦露(Marilyn Monroe)"性感小猫"脱衣舞表演作为她的表演标志。迈克尔·杰克逊在舞台上扮演了男性和女性的角色,他通过大量的整容手术实现了这一点。在某种程度上,两人都是打破性别边界的先驱者,使多样化的性向逐渐被整个社会接受。

20世纪80年代,全球音乐电视台和音乐视频的出现凸显了电视在摇滚乐作为主流音乐的传播中所扮演的角色。实际上,20世纪50年代中期《埃德·沙利文秀》在周日晚上邀请猫王以及其他早期摇滚明星登场就引发了整个摇滚乐的热潮。1964年,该节目也使披头士乐队一举成名。据估计,约7300万人观看了该场节目。这些将电视与流行音乐的传播和推广联系起来的时刻现在已经成为历史的一部分。除了猫王和披头士的电视首秀,电视与摇滚音乐合作还有以下高光时刻:

- 1957年,迪克·克拉克(Dick Clark)的《美国舞台》(*American Bandstand*)每天在电视上播出,传播了青少年的音乐、时尚和舞蹈潮流。
- 1967年,"谁人"乐队在《斯摩瑟斯兄弟喜剧时刻》(*Smothers Brothers Comedy Hour*)的音乐表演中使用了火药,完成了令人叹为观止的摇滚演出。
- 1968年,美国全国广播公司(NBC)播出猫王个人回归秀,奠定了"猫王亚文化",1977年猫王去世。
- 1975年,《周六夜现场》引入摇滚乐表演,摇滚乐逐步成为主流音乐。
- 1981年,全球音乐电视台推出巴格斯乐队(Buggles)制作的音乐视频《录像杀死电台明星》(*Video Killed the Radio Star*),音乐视频成为摇滚音乐制作的主要内容。
- 1983年,在摩城唱片25周年演唱会(*Motown 25*)特别节目中,迈克尔·

杰克逊首秀"太空步",这是他舞蹈风格的标志性动作,将摇滚音乐进一步带入娱乐文化领域。

● 1984 年,麦当娜在全球音乐电视台颁奖典礼上身着婚纱表演《宛若处女》,震惊了世界,强调摇滚音乐和不断变化的文化习俗是相互交织的。

● 1985 年,美国广播公司(ABC)和全球音乐电视台播出"拯救生命"慈善演唱会(*the Live Aid*),人们再次将摇滚乐作为政治和社会评论载体。

● 20 世纪 90 年代初,全球音乐电视台真人秀节目开播,取名《真实世界》(*Real World*)。该节目再现了当时的年轻人所面临的生活、爱情等其他个人问题。

● 21 世纪,音乐特别频道仍然存在,但鉴于流媒体技术的出现,以及油管成为音乐推广的主要媒介,这种频道的影响力已经大不如前了。

如今,摇滚音乐已经更加兼收并蓄,风格迥异。歌迷也因不同的艺术家和歌手而更加细分。此外,流行音乐面临着新的竞争对手,即人们对古典音乐和歌剧的再度关注,主要原因是现在的电影以及整个亚洲的音乐表演者会采用古典音乐和歌剧元素。

嘻哈音乐

20 世纪 90 年代的所有音乐潮流中,最受青少年观众青睐的莫过于说唱音乐,而说唱音乐可以追溯到 20 世纪 70 年代中期的雷鬼音乐风格。雷鬼音乐风格的超级巨星鲍勃・马利(Bob Marley)是世界上最受欢迎的音乐家之一,于 1981 年去世。20 世纪 80 年代,说唱音乐进入流行音乐娱乐舞台的中心。彼得・加布里埃尔(Peter Gabriel)、戴维・伯恩(David Byrne),以及保罗・西蒙(Paul Simon)等摇滚巨星将非裔美国音乐家的作品呈现给世界观众,在说唱音乐进入流行舞台的过程中发挥了重要作用。保罗・西蒙在 1985 年发布的专辑《恩赐之地》(*Graceland*)收录了非洲和拉丁美洲音乐家的作品。说唱是指歌手有节奏地说话的一种特殊唱歌形式,通常伴随着称为"采样"(samples)的音乐片段,即预先录制的材料或由音响合成器生成的音乐。1979 年,第一张说唱唱片由小型独立唱片公司制作完成。20 世纪 80 年代初,糖山帮(Sugarhill Gang)等音乐人拥有几首全美热门歌曲,但是直到 1986 年,说唱音乐才进入流行音乐的主流。彼时说唱歌手奔跑-D. M. C.(Run-D. M. C.)和硬摇滚乐队史密斯飞船(Aerosmith)合作翻唱了歌曲《这边请》(*Walk This Way*),很多白人摇滚乐迷转变为说唱乐迷。到20世纪80年代末,全球音乐电视台设立专门的说唱节目,为M.C.汉默(M.C. Hammer)和野兽男孩(Beastie Boys)等艺术家的走红开辟了道路。

说唱一词经常与嘻哈交替使用,但后者由糖山帮1979年的说唱歌曲《说唱者之乐》(*Rapper's Delight*)中使用的短语衍生而出。嘻哈中的"哈"(hop)已经存在了很长时间,用来描述各种风格的舞蹈。起源于20世纪20年代纽约哈林区的林迪舞[①](Lindy hop)就是一个例子,其更为人所知的名字可能是吉特巴舞(jitterbug)。这种舞的特点是身体节奏强烈,舞步即兴。林迪舞舞者通过大胆的空中动作表演增加难度,调动情绪。早期摇滚乐舞蹈也是一种高难度的杂技式舞蹈。最典型的代表就是丹尼和晚辈组合(Danny and the Juniors)1958年热门歌曲《舞步回旋》(*At the Hop*)中的舞蹈。

从许多方面而言,说唱的兴起与摇滚乐在20世纪50年代的诞生有相似之处。两者都起源于非裔美国人社区,最初都是由小型独立唱片公司录制,受众几乎仅限非裔美国人听众。在这两种音乐的发展中,新的风格逐渐吸引了白人音乐家,其中有些人开始参与表演。猫王选择了摇滚乐,野兽男孩则选择了说唱,并在1986年发行了《为派对权而战》(*You Gotta Fight for Your Right to Party*),这首歌是最早进入公告牌[②](Billboard)热榜前十的两张说唱唱片之一。另一张是1986年的《这边走》。1986年后不久,许多表演者在流行音乐中开始广泛使用采样和唱读风格,大幅改变了此前对于歌曲、作品或音乐伴奏的概念。

说唱音乐通常强调歌词和文字游戏,通过复杂的节奏和变化的语速来引人入胜。这与14世纪末和15世纪初文艺复兴时期流行的音乐形式牧歌[③](madrigal)类似。牧歌发源于意大利,是没有伴奏的声乐作品,由两个或三个声部组成,遵循严格的诗歌形式。我认为嘻哈音乐就相当于20世纪90年代的牧歌音乐。其抒情主题可以大致归为三类:①涉及人际关系的主题;②以时间顺序记录并向往内城区年轻人的所谓黑帮生活方式的主题;③涉及当代政治问

---

① 林迪舞,是摇摆舞的一种,20世纪20年代末诞生于美国纽约哈林区。

② 公告牌,是美国娱乐杂志兼媒体品牌,以其制作的音乐排行榜而闻名。

③ 牧歌,是流行于文艺复兴时期和巴洛克时期的世俗复调音乐。

题或美国黑人历史的相关主题。说唱歌手的歌声需要单独录制的音乐伴奏，即伴奏曲(backing track)。1982年，通过合成器生成的电子声与既存唱片的片段一起使用。随着数字技术的到来，采样开始取代转盘式剪辑与混音。因此，电台主持人，即DJ，能够获得精确的数字声音片段，拼贴重组。采样最终促进了声音的分轨，使人民公敌(Public Enemy)等说唱团体能够叠加七八段采样。

20世纪90年代末，说唱采样来源广泛，民谣、爵士乐唱片和电视新闻广播等任何素材都能为其所用。随着越来越多的音乐家逐步接受这种新的风格，说唱从流行音乐文化的边缘走向主流。许多保守派人士特别担忧匪帮说唱(gangsta rap)的兴起，匪帮说唱表现了美国市中心的滥交、毒品和暴力等不法生活作风。1988年，说唱组合NWA发行了匪帮说唱第一张重要专辑《冲出康普顿》(*Straight Outta Compton*)。专辑中的歌曲因其暴力元素饱受争议，引起多个组织的抗议，其中包括联邦调查局。然而，审查匪帮说唱反而宣传了这种音乐，让广大年轻人为之疯狂。

20世纪90年代末，许多青少年通过嘻哈文化自我定义，构建身份。他们使用昵称，即“标签”(tag)，作为自我定义的一部分。他们通常用记号笔、喷漆或鞋油将这些标签涂在城市景观上，如公交候车亭、公交车、地铁、标志牌、墙壁、高速公路立交桥、邮筒等。嘻哈少年通过这种方式向所有人宣告他们的新身份。标签上还装饰以皇冠、星星、箭头、下划线、光环等图案，以增强视觉效果。主要有两种装饰方式，一种被称为“泡泡字”(throw-ups)，即用气泡、块状物或其他大篇幅的风格喷上自己的新名字；另一种是“整墙涂鸦”(piece)，用卡通人物或谚语予以装饰。嘻哈少年们在洛杉矶和纽约这样的城市中制作了成千上万幅壁画。

到20世纪90年代末，嘻哈标签艺术变得饶有趣味，一些传统艺术画廊甚至开始将其展出。2000年12月，布鲁克林艺术博物馆(Brooklyn Museum of Art)组织了一场展览，名为“嘻哈王国：源起、韵律与愠怒”(*Hip-Hop Nation: Roots, Rhymes and Rage*)，展出了400件城市街头艺术作品，再现了30多年的嘻哈艺术。这一年，纽约有近2000人因违法涂鸦被逮捕，而艺术馆却让嘻哈艺术不再囿于街头文化。

21世纪

20世纪90年代末，流行音乐似乎变得更加激进与硬核。这时，重金属音乐(heavy metal)曾短暂融入说唱,产生了所谓的说唱金属(rap metal)音乐。随着埃斯-T(Ice-T)、德瑞博士(Dr. Dre)和史努比·狗狗(Snoop Doggy Dogg)等匪帮说唱歌手的音乐盛行,说唱金属音乐成为保守派政治家的心头病,他们对音乐中残酷和硬核的性意味歌词深表忧虑。2000年初,女性说唱金属乐队也进入大众视线,她们的表现和男性乐队一样,愤世嫉俗,"出口成脏",让保守派对整个嘻哈运动倍感不安。尽管这种不安随着道德恐慌的消退而减弱,但附着在说唱上的浓厚政治气息却并未消失。2016年美国总统选举冲刺阶段,说唱歌手杰斯(Jay-Z)为希拉里·克林顿(Hilary Clinton)助选,表明说唱运动在美国社会的政治意义。说唱音乐仍然能让那些反对种族主义和其他不公正现象的人产生共鸣。

流行音乐界正在发生变化,这是由上述的苹果多媒体商店、热门视频等技术变化带来的。一些所谓的技术团体,将计算机生成、迪斯科般的节奏与电子声音结合起来,还有一些迷幻爵士(acid jazz)乐队,将摇滚、灵魂乐、节奏蓝调以及爵士乐相结合,广为流传。但与他们同期的还有代表大量复古音乐和新音乐风格的艺术家。流行音乐中唯一的"不变"就是"不断变化"。在流行文化领域中,流行音乐最能体现巴特所说的嗜新狂概念。

就像20世纪60年代嬉皮士一样,许多新歌都表达了抗议和对社会的普遍批判,表达了对"体制"的愤怒。尽管这样的音乐是传达思想和公开辩论的重要载体,但和地球村的其他事物一样,它们要么很快被大众遗忘,要么因为歌迷受众较少,很少有人下载,产生的影响微乎其微。

以前的一些流行音乐明星现在却更受欢迎,这也令人感到不安。当然,每种音乐风格都有其生命周期。1650至1750年左右,巴洛克(Baroque)音乐作为主流风格风靡了一个世纪;17世纪70年代至19世纪,海顿(Haydn)和莫扎特(Mozart)的古典音乐经久不衰,当时贝多芬(Beethoven)和其他作曲家从根本上做出改变,带来了所谓的浪漫主义运动;到了20世纪,肖斯塔科维奇(Shostakovich)、巴托克(Bartok)、斯特拉文斯基(Stravinsky)、勋伯格(Schoenberg)和格拉斯(Glass)等严肃作曲家不断尝试新的音乐创作方式。但是,流行音乐已经显示出日新月异的变化趋向,会很快从社区记忆中消失。毫无疑问,这种朝生暮死或短暂性也反映其所代表的文化。尽管某流行音乐流派在情感上对某个群体来说是强大的,但它很快就会失去对后世的影响,除非它拥有超越特定时代的特质。因此,爵士乐、蓝调、福音,以及一些摇滚和说唱作品在今天依然受到推崇，并进入音乐学院供新一代音乐人学习。

2000年，马克·高夫罗·贾奇(Mark Gauvreau Judge)在《如果摇摆不起来》(*If It Ain't Got that Swing*)中指出，查克·贝里20世纪50年代的歌曲《超越贝多芬》(*Roll Over Beethoven*)标志传统音乐形式的终结。因此，它也预示着成人流行文化的消亡。但讽刺的是，20世纪90年代发生的各种事件表明，贾奇所批判的摇滚/流行音乐本身可能已经走到了尽头，但却越来越成为怀旧的对象。1995年，摇滚名人堂①(Rock and Roll Hall of Fame)在俄亥俄州的克利夫兰拉开序幕，这无疑表明摇滚可能已经成为"博物馆音乐"。20世纪90年代，还有几部关于摇滚乐历史的大型电视纪录片录制完成，历史性的盒装唱片重新发行，其中包含过去的摇滚艺术家的作品，这进一步表明摇滚乐已经成为历史的一部分，而非当下的热点。

无线电

1837年，电报成为第一个使远距离通信成为可能的电子媒介。然而，电报需要复杂的接收站系统，沿着固定的路线相互连接，人们很快就觉得电报效率低下。1895年，美国工程师伽利尔摩·马可尼(Guglielmo Marconi, 1874—1937)成功将电子信号传送到与发射器没有线路连接的接收设备上，证明了信号可以通过空间发送，其他任意收信端都能接收到。因为信号从传输点向四面八方发射传播，他把这项发明称为"无线电报"(radiotelegraph)，后来简称为"无线电"(radio)。严格来说，这就是无线电问世的由来。

戴维·萨尔诺夫(David Sarnoff, 1891—1971)写的一份备忘录证实了为公众播送无线电的计划。萨尔诺夫受雇于美国马可尼公司(American Marconi)，即后来的美国无线电公司(RCA)。在备忘录中，萨尔诺夫建议将无线电变成一种家庭"实用工具"。这份备忘录起初没有纳入管理层的考虑。但是1918年一战结束后，一些制造公司开始认真探讨萨尔诺夫关于大规模销售家用无线电接收器的想法。

为了提高和平时期的无线电销量，匹兹堡市的西屋电气公司(Westinghouse

---

① 摇滚名人堂，是西方摇滚乐界成就奖，致力于表彰历史上一些最具知名度、最具影响力的艺术家、制作人，以及在一些重要层面通过摇滚乐形式影响整个音乐工业的人。

Electric Corporation)建立了商业电台,许多文化历史学家认为这是第一个向公众定期播送节目的商业电台。1920 年 10 月,该公司从一战后拥有监管权的商务部处获得许可证后,以"KDKA"的呼号而闻名。KDKA 电台播出各种娱乐节目,包括将留声机放置在麦克风附近,从而播放唱片音乐的节目,既不向听众收取使用费,也不播放付费广告。西屋电气公司只是用 KDKA 电台吸引人们购买家用无线电接收器和其他电器。

其他无线电制造商迅速效仿西屋电气公司的做法。例如,通用电气公司(General Electric Company)就在纽约州斯克内克塔迪市的 WGY 电台播放了自己的节目。美国无线电公司最终同意萨尔诺夫研发销售家庭娱乐收音机。萨尔诺夫在纽约市和华盛顿特区开设了电台,并于 1926 年成立美国无线电公司的子公司——美国全国广播公司,专门通过跨国电台网络播放节目。1928 年,哥伦比亚广播公司(CBS)成立,在随后的 50 年里成为美国广播业的主导力量。1922 年,美国电话电报公司(AT&T)做了与西屋电气公司相反的事,开始探索收费广播的可行性,即对在其电台上播放的商业广告收取费用。然而,由于担心法律诉讼,这家电话公司将其电台卖给了美国无线电公司,退出了广播行业。美国电话电报公司由此获得独家权利,为当地电台和美国全国广播公司提供连接服务。

收音机的销量足以证明制造商经营广播服务的费用是合理的。据全美广播电视协会(National Association of Broadcasters)估计,1922 年,美国有 6 万户家庭拥有收音机,到 1929 年,这个数字已超过 1000 万。但是,无线电接收机的销售增长不可能永远持续下去。因此,广告招商成为美国无线电广播生存唯一可行的解决方案。可以说广告与广播节目的结合催生了电子星系。在这个星系中,非商业广播只扮演一个小角色。事实上,直到 1970 年美国国家公共广播电台(NPR)成立,东西海岸之间的非商业广播网络才初具雏形。另外,在英国,广播电台的所有者总是每年向政府支付许可费,这些资金直接移交给了英国广播公司(BBC)。

无线电广播的影响力在二战期间达到了顶峰。当时,美国评论员爱德华·R. 默罗(Edward R. Murrow, 1908—1965)在德国轰炸伦敦时,以目击者的身份从伦敦哥伦比亚广播公司新闻局的屋顶上对街景做出骇人听闻的描述,新闻报道的性质自此彻底改变。美国总统富兰克林·D. 罗斯福(Franklin D. Roosevelt)是最早了解无线电作为宣传媒介重要力量的政治家之一。在经济大萧条时期，他经常绕开报刊媒体使用无线电，通过所谓的炉边谈话直接向美国人民喊话。罗斯福知道，声音的情感力量比写在纸上的任何逻辑论证都更有说服力。如今，这种谈话方式已经被推特取代，特朗普总统在任职期间的言论就体现了这一点。这使总统能够绕过主流媒体，直接与公众对话。

无线电广播极大地改变了社会生活的各个领域，将新闻、信息、故事、戏剧、喜剧和各种艺术直接带入家庭。曾几何时，艺术是精英阶层的特权，但现在普通民众可以享受艺术，大多数人都可以进入音乐厅和剧院等场所。1927 年，网络广播和好莱坞电影作为大型商业企业同时发展，为所有社会阶层和教育背景的人创造了一种前所未有的大众文化。

无线电、广告与受众研究

广播节目可以与广告相结合。肥皂剧这类节目甚至就是以其赞助商肥皂公司的类型命名。在美国，网络电视出现之前，广告公司几乎赞助了所有网络广播节目。电台经常向广告公司出售全面赞助权，包括将产品名称放在节目标题中，如 1927 年至 1937 年的“棕榄小美盒剧场”（*Palmolive Beauty Box Theater*），类似节目名称不胜枚举。整个广播节目都与产品有关。事实上，收视率系统的出现就是因为赞助商希望知道有多少人能看到他们的广告。1929 年，阿奇博尔德 · 克罗斯利（Archibald Crossley）推出了克罗斯利的广播分析合作社（Crossley's Cooperative Analysis of Broadcasting），使用电话调查来预测全国广播网络的每日观众人数。自 20 世纪 30 年代中期，A. C. 尼尔森公司（A. C. Nielsen）就开始调查电台的听众规模，最终成为占主导地位的收视率服务机构。由此产生的预测，或称收视率，有助于决定广告的价格，并最终决定该节目是续播还是停播。只有公共广播电台没有参与“收视率游戏”，因为它们的资金来自政府补贴、个人捐款和公司拨款。过去的收视率游戏如今无疑已经演变为电台网站上的“赞”/“踩”按钮。

广播将电台广告引入广告业中，即播放围绕产品或服务及其用途的小型叙事或广告歌曲（jingle）。电台广告成为一种非常有效的广告形式，因为它可以通过人声的说服力，瞬间接触大量潜在客户，不识字的客户也包括在内。根据不同的产品特点，人的声音时而充满诱惑，时而友好欢乐，时而坚定执着，时而昭示未来。当时的电台广告内容繁杂，如伪科学的销售推广、电影讽刺和轻快的广告歌曲等。人们对这些广告耳熟能详，对产品的看法往往同产品广告的风格与内容密不可分。广告也创造了第一批广告形象,如洁碧先生(Mr. Clean)代表同名洗涤剂产品,其广告歌曲辨识度高,在社会上广为传播。

显然,电台广告既反映社会现状,又引领社会潮流。广告商试图紧随人们生活方式的变化,同时也改变着人们的生活方式,因此,广告活动和大众生活方式迅速协同生效。广播节目和广告如今已经完全一体化。广告穿插在节目中,向听众介绍他们想要了解的产品。电台广告的一个优势在于,人们可以边做其他事情边收听节目,如开车或居家办公时。此外,广播听众总体而言比电视观众在节目类型上更容易区分。例如,以乡村音乐为特色的电台与播放摇滚乐的电台吸引不同类型的听众。选择不同电台,广告商可以接触到最有可能购买其产品的受众。

受众(audience)这一技术概念是媒体和流行文化研究中的关键概念,其根源可追溯到广播。现在,心理学和媒体研究有一个分支致力于研究受众对媒介文本的反应,一般被称为受众研究(AR),旨在识别和剖析特定类型受众的不同阐释模式。受众是指被某种媒体类型吸引的原型读者、观察者、听众、观众或网络用户群体。有些受众会亲临媒体活动现场,例如体育赛事观众,其他受众则不会亲临现场,如小说、电视、广播和网络直播的受众等。受众并不总是在同一时间经历观看或收听体验,不是每个人都在同一时间段阅读同一本书或观看同一部电影。

从统计学上讲,受众研究的基本目标是衡量某个特定节目拥有多少观众,并根据地理、人口,以及年龄、阶层、性别、教育、世界观、地区、意识形态等心理属性类别对他们进行分类。这使广播公司和广告商能够定位受众,并相应地策划节目和广告战略。确定受众群体的主要技术有以下几种:

- 日记:日记是最古老的受众研究形式,受访者需要在日记中记录他们的听觉或视觉偏好。这种方法的一大劣势是,人们容易忘记去记录他们的习惯。日记法最早在1936年使用,当时英国广播公司想了解观众对广播节目的意见,要求样本群体记录他们的收听习惯日记。
- 访谈:研究人员开展访谈,了解人们的偏好,并根据人口统计学和心理学特征描述人们的喜好。
- 受众人种学(Audience Ethnography):这是一种研究方法,研究者加入一个特定的受众群体,从群体中观察他们对媒体的反应。

● 电子设备：研究人员使用安装在电视机、收音机等设备上所谓的便携式人种测量仪（Portable People Meter），跟踪监听、观察进而影响人们的习惯。如今适当的软件能够跟踪频道的使用和习惯的改变。所谓受众流（audience flow）是指显示受众在一定时间内切换广播电台或电视频道的特定模式。

● 新技术：尼尔森网络评估中心（NetRatings）就提供了互联网使用习惯、关注范围等有价值的信息，同时还提供包括观众规模在内的实时观众数据。网络广播还为受众提供了在相关网站上讨论节目的机会，从而丰富了可以收集的受众研究数据的性质。

一旦收集到相关数据，受众研究的目标就转变为筛选出数据中存在的任何相关统计模式。例如，收视率（ratings point）的概念，即观看或收听某一特定节目的受众百分比，可用来量化相关信息。与此密切相关的是节目视听众占有率（share point）的概念，它表示观看或收听某一节目的所有受众的百分比。

受众研究的另一个目的是帮助媒介专家研究受众行为理论。这一领域已经发展出众多理论，这里将简要介绍以下几种：

● "皮下注射"理论（Hypodermic Needle Theory）认为，节目被观众囫囵吞枣地接受，对他们产生了条件反射效应。例如，该理论指出电视上的暴力内容会影响观看暴力节目的观众的暴力程度，或者说会提高整个社会对暴力行为的容忍度。

● 两级传播论（Two-Step Flow Theory）认为，受众倾向于接受他们眼中各自社区"意见领袖"的阐释。

● 使用和满足理论（Uses and Gratifications Theory）认为，受众并不直接受到媒介的影响，而是根据自己的需要选择媒介产品，或从中获得满足或乐趣。

● 接受论（Reception Theory）认为，受众根据自己的背景和生活经验综合阐释媒介文本，而非像其他理论所称那样被动地或机械地进行阐释。

● 受传者顽固论（Obstinate Audience Theory）认为，在受众和媒介之间存在着一种双向动态关系，即受众的反应会影响节目最终是否为整个社会所接受。

在受众研究领域比较有影响力的学者之一是伊莱休·卡茨（Elihu Katz）。1993 年，卡茨与泰玛·利贝斯（Tamar Liebes）合著《意义的输出：〈达拉斯〉的跨文化解读》(*The Export of Meaning: Cross-Cultural Readings of Dallas*)一书,书中卡茨将观众接收所显示的模式与不同的文化期待联系起来,引发观众对《达拉斯》这类肥皂剧的再思考。这本书的重要意义还在于引入了受众研究的融合方法:将定性与定量等不同的方法,语言学、社会学等不同学科,以及观众、文本、背景等传播特征融合在一起。实际上,卡茨认为,世界各地《达拉斯》的观众是"主动受众",而不是被动受众。

现在,全球各地的受众可通过卫星广播和播客收听广播节目,非常便捷。因此,民族主义的传统本地化受众正越来越多地让位于全球化的跨文化受众。受众研究也随之发生相应的变化,因为今天受众所接触到的媒介文化形式不仅仅由生活在世界某一特定地区的人们决定,而是越来越多地由全球不同地区的人们共同决定,所有人都在寻求地球村互动的新方式,并试图了解自己是谁。在互联网时代,不再有同质化的受众。例如,油管已经抹去了目标受众和全球受众之间的区别,以及媒介生产者和消费者之间的隔阂。

无线电流派

无线电最初不过是印刷品和戏剧的音频媒介。例如,广播将各种类型的戏剧表演改编为广播剧、连续剧、情景喜剧和所谓的肥皂剧,从杂耍表演中获取改编喜剧节目的素材。新闻报道也以日报的形式为蓝本。事实上,播音员往往只是在广播中宣读报纸上的文章。然而,由于广播的受众较多,20 世纪 20 年代至 50 年代初,无线电广播逐渐成为社会的主要信息媒介和艺术欣赏媒介,而且更是一种消遣手段。直到 20 世纪 50 年代电视问世后,广播在这一领域的垄断才被逐步削弱,广播听众也开始细分。现在,广播主要是为特殊受众服务的媒介。人们驾车从一个地方到另一个地方时会听广播,或者在办公室等工作场所做其他事情时也会听广播。因此,广播电台通常定期穿插介绍交通路况,或在工作日的某些时段不间断地播送音乐。

尽管无线电和电视之间存在显著差异,但这两种播送式媒介的节目演变可以看作是同一段历史的两个不同阶段。如前所述,早期的无线电广播主要是对旧式媒体进行改编。例如,情景喜剧改编自起源于 16 世纪和 17 世纪意大利流行的"即兴喜剧"(Commedia dell'Arte)这一戏剧类型,其特点是使用固定角色,根据标准情节大纲即兴创作。情景喜剧根据新的广播受众对这种戏剧体裁进行改编,通过熟悉的人物和环境来感悟家庭、工作等其他场合的生活。这是早期广播节目中较受欢迎的一种。在广播黄金时代，收视率最高的情景喜剧是《阿莫斯与安迪》(*Amos'n Andy*)，其中的演员以怪诞的漫画式表演展现了非裔美国人的刻板形象。该剧于 1928 年在美国全国广播公司首播，先在电台播出 20 年，于 1951 年到 1953 年登上电视荧幕。

同样，《戈德伯格一家》(*The Goldbergs*)(1929—1950)、《路易吉的生活》(*Life with Luigi*)(1948—1953)和其他以种族为基础的家庭情景喜剧也成功地利用了广播媒介的听觉特征，演员们用浓重的移民口音和口误来刻画角色和人物。露西尔·鲍尔的广播节目《我最喜爱的丈夫》(*My Favorite Husband*)(1948—1951)则是个例外，该广播剧大大提升了情景喜剧的艺术性，构建了一系列的戏剧性元素，如两性之间的争斗、邻居之间的争吵以及其他世俗冲突等，这些元素成为该类型电视剧的基础。

广播综艺节目则改编自杂耍表演。流行的喜剧综艺节目明星，如杰克·本尼(Jack Benny)、弗雷德·艾伦(Fred Allen)以及埃德加·伯根(Edgar Bergen)，最初都是杂耍演员和喜剧演员。广播喜剧综艺节目通常由主持人的简短独白和短剧组成，这些节目与各种商业表演交替进行，包括歌手、音乐家、喜剧演员和其他人。

广播剧也非常流行。这种类型的戏剧呈现形式有两种：选集或连续剧。选集展示单个剧目，就像人们在舞台上或电影中所看到的那样。20 世纪 30 年代和 40 年代，这种形式非常流行，作品包括美国演员和导演奥森·韦尔斯(Orson Welles，1915—1985)创立的《水星剧场》(*Mercury Theater on the Air*)(1938—1941)，以及《广播剧场协会》(*Theatre Guild of the Air*)(1945—1954)。然而，使用重复出现的人物、情节和环境的广播连续剧更受欢迎。其类型包括城市警匪剧，如《黑帮克星》(*Gang Busters*)(1935—1957)；私家侦探剧，如《阴影》(*The Shadow*)(1930—1954)；以及西部片，如《孤胆骑警》(1933—1955)。这些都是对冒险小说或低俗小说叙述的改编。广播叙事为人们的日常话语中提供可用的参考点，即所指。20 世纪 50 年代中期，最受欢迎的明星和节目都登上电视屏幕，因此广播剧在几乎消失。

肥皂剧，或每日连续剧，最初作为一种日间节目，专门针对女性观众。肥皂剧以感性的叙事方式探讨浪漫、友谊和家庭的关系。肥皂剧的发明归功于艾娜·菲利普斯(Irna Phillips)，菲利普斯在 20 世纪 20 年代开始为芝加哥当地的电台广播制作这种剧集。她的许多广播节目都被改编成了电视，有些节目先是在电台播出,然后在电视上播出,收视时间长逾25年。

在新闻报道领域,广播可以为听众提供事件的现场报道,这是报纸无法做到的。广播新闻报道的即时性重新定义了新闻报道在社会中的作用。报刊成为一种补充媒介,侧重于深度报道和社论。现在,广播仍然是新闻报道的首要来源。俗称的开车时间(上午7—9点与下午4—7点),即大多数上班族上下班的时间,已经成为广播的"黄金时段"。广播节目主要包括路况报道、天气预报、新闻条目和时间播报。一些电台现在甚至采用"纯新闻模式",这反映了电台为了生存需要养成专门的听众。例如,美国国家公共广播电台的《万事通》(*All Things Considered*)(1971—)和《晨报》(*Morning Edition*)(1979—),就是为成熟听众开设的早间与晚间新闻播报。

广播无疑一直是流行音乐的推动者。如果没有广播,爵士乐、摇摆乐、摇滚乐和嘻哈乐就不会成为主流。电台的热门歌曲一直在播放新歌和怀旧金曲,刺激消费者购买唱片。如今,大量的广播电台提供专门的音乐广播,从当代成人音乐到古典乐与爵士乐,应有尽有。

始于广播的一类节目是谈话节目(talk show)。其实,最初的谈话节目不过是主持人和嘉宾之间关于政治或时事的对话。但随着许多八卦和"劲爆谈话"节目出现,此类节目日益盛行,并一直保持至今。1926年,第一档这样的谈话节目问世,由查尔斯·E.库格林神父(Father Charles E. Coughlin)主持。作为一名保守的天主教牧师,库格林每周的广播谈话吸引了4500万听众。20世纪60年代,主持人艾伦·伯格(Alan Berg)和亚历克斯·贝内特(Alex Bennett)言辞犀利,关注迫在眉睫的社会问题和重大事件,如越南战争和民权运动等。时至今日,引发争议的政治评论家主持的谈话节目依然吸引着大量听众。现在谈话节目出现各种子类型,其中有主要吸引年轻观众的热门谈话节目,还有一种节目在整个过程中穿插现代音乐,并由"惊世骇俗的电台主持人"(shock jock)主持,他们经常使用粗俗语言来表达对当前事件的激进观点。此外,还有主要吸引男性听众的体育谈话节目。当然,谈话节目已经转向互联网,继续吸引更多受众。也许谈话节目之所以流行是因为人们天生对八卦、名人、体育赛事等事物充满好奇心。

网络无线电

在数字星系中广播适用性强,生命力持久。据估计,全世界正在使用的收音机有数十亿台，其中一半以上集中在北美、欧盟国家和日本。而发展中国家中几乎所有的公民也都拥有或者能够接触到广播。广播电台在全球范围内如雨后春笋般涌现。广播节目和商业广告被导入电子数据库进行播放。

互联网无线电也称网络无线电、流媒体广播、E-无线电、线上无线电、网络广播，或卫星无线电等，简单而言，是通过互联网传输的广播节目。与传统广播相比，互联网无线电有数个鲜明特征，以下为其中部分特征：

- 由于节目通过流媒体播送或在网站上传，用户可随时随地访问。以前的便携式收音机几乎绝迹，取而代之的是移动设备。
- 一些网络广播与传统广播电台建立超链接，传统广播电台为其听众提供互联网链接，节目播出后听众可以访问内容，或进行后续互动，如对节目进行评论、针对已播出或未播出节目进行问答等。
- 除非涉及审查或许可问题，听众几乎可以在全球任何地方访问线上广播节目。
- 调查显示，网络广播的听众远远多于其他广播平台，卫星广播、播客或通过手机收听广播的听众总和都不及网络广播。现在，音乐在声田和“爱心”无线电(iHeart Radio)等广播网站上很受欢迎。听众可以挑选他们喜欢的歌曲，并从这些网站提供的作品中制作自己的播放列表，这些网站的听众数量高达数千万。

前文简要提到过，播客内含预先录制的音频文件，可通过互联网在媒体播放器或移动设备上下载。用户通常在苹果多媒体商店或类似平台订阅播客。一旦播客录制完成，节目就会通过“简易信息聚合”[①](RSS)格式发布到苹果多媒体音乐商店的播客目录或个人网站。21世纪初，自制播客的技术出现了，因此，播客蓬勃发展，产生了日益繁荣的“播客星系”，并有继续扩大的趋势，从而成为未来广播的典型特征。

名人与复古

无线电这个所谓的“声音魔盒”就像电影一样，让歌手、播音员、演员等艺人

① 简易信息聚合，是一种基于XML的标准，在互联网上被广泛采用的内容包装和投递协议。

收获听众,成为明星。广播让人们回顾过去潮流。换言之,广播使怀旧成为一种普遍情感,从收集漫画书到老式汽车电视节目这些复古怀旧的潮流中可见一斑,这些事物不仅代表一个人的过往,也象征一个国家的历史。

实际上,无线电使社会产生对名人的需求,从而重塑社会,这些名人来自媒介文化,包括电影、唱片和广播本身。麦克卢汉经常强调大众传播技术定义了一个时代,而广播确实开启了一个时代。当某时代退场时,曾生活在这个时代的人们需要在他们的想象中重温这个时代。这一点毋庸置疑,因为我们已沉湎于依赖现代技术来进行日常的交流、互动、创造和智力活动。尽管这往往对我们不利,但我们实际上还是为这些工具所困。麦克卢汉指出,虽然新技术改善了人类生活的方方面面,但也有潜在的负面影响。影响之一就是"生活在过去"的假象,沉浸于"复古文化",怀念过去的名人。

名人文化

名人文化形成于"咆哮的 20 年代"[1](Roaring Twenties),当时广播与电影和唱片业融合,通过"魔盒"宣传演员和音乐家。从广播时代开始,一些名人成为我们现在所说的偶像,特别是他们死后,备受崇拜。名人和偶像充斥着所有媒体,包括体育明星贝比·鲁斯(Babe Ruth)、米奇·曼托(Mickey Mantle)、汉克·阿伦(Hank Aaron)、维尔特·张伯伦(Wilt Chamberlain)、迈克尔·乔丹(Michael Jordan)、勒布朗·詹姆斯(LeBron James)以及科学巨人阿尔伯特·爱因斯坦(Albert Einstein)、史蒂夫·乔布斯(Steve Jobs)。安迪·沃霍尔(Andy Warhol)在他的名言中巧妙地表达了人们对名人地位的狂热,他说在现代社会,每个人都渴望"15 分钟的盛名"。沃霍尔还意识到,任何人或事物都可以一夜成名。他最著名的名人主题作品包括金宝汤罐头(Campbell's soup cans)和可口可乐汽水瓶等商业设计,以及猫王、伊丽莎白·泰勒(Elizabeth Taylor)、玛丽莲·梦露等偶像画作。人们经常对名气(fame)和名人(celebrity)进行区分。发明家可能很有名气,但他们不一定被当作名人,除非公众和大众媒体同时关注他们。阿尔伯特·爱因斯坦是一位著名的科学家,但也是一位名人,因为他备受媒体关注。因此,爱因斯坦的形象会出现在连环画、T 恤衫、贺卡和其他纪念品上。

---

① 咆哮的 20 年代,即爵士时代的另一种说法。

第一代名人是20世纪10年代和20年代的默片演员，他们影响了人们的生活方式和衣着打扮。20世纪20年代，年轻人模仿电影明星鲁道夫·瓦伦蒂诺(Rudolph Valentino)，把头发梳得油光锃亮。20世纪50年代，许多人模仿詹姆斯·迪恩(James Dean)和猫王等名人，留起了鸭尾头(ducktail)，两边头发留长，向后梳。连环杀手和冷血商人等"黑暗名人"的事迹，也是名人文化的一部分。即使是学者，如果他们的想法被媒体报道，也可能变成名人。许多名人并不是因为卓越的成就而闻名，而仅仅是因为他们在聚光灯下获得了一席之地。例如，帕丽斯·希尔顿(Paris Hilton)或卡戴珊家族(the Kardashians)如果换个出生，她们就不会成为名人。就像过去的一些名人一样，他们之所以出名，只是因为名气就是媒介文化的内在特征。油管上流行的视频也可以让某些人迅速成名，贾斯汀·比伯就是一个例子，此前已经谈及。

互联网抹去了过去的许多事物，或许也使获得真正名人地位不再成为可能。这就是为什么通过网络成名的人常常被贴上"纳米名人"的标签。任何人或事物在互联网上获得的名气很快就会消散。与其说是"15分钟的盛名"，不如说是"15秒的盛名"更贴切。如果某件事情被疯狂传播，那么必然会成为"纳米名人"。在前互联网时代，人们认为这会持续很长时间。互联网创造的"纳米名人"环境可能会使名人文化不再持久。

复古文化

怀旧是对过去的感怀或渴望，最典型的表征是媒介文化生产的大量纪念品。猫王电影、芭比娃娃、原创冒险漫画、迪斯科舞等事物构成了一个怀旧系统，属于媒介景观自我延续的方式。人们更怀念过去的名人，与现在的名人相比，他们获得媒体和粉丝更多的关注。西蒙·雷诺兹(Simon Reynolds, 2010)称之为"复古潮"(retromania)，指人们对过去的名人和时尚有一种朦胧的怀旧感。此处的言下之意是今天的潮流缺乏创意和吸引力，即使事实并非如此，人们也认为这就是事实。全球互联网舞台打破了流行文化的统一性，认为过去才是唯一的未来。当代艺术家被批判是过去艺术家的克隆。但是重复、模仿和仪式性的表演本就是媒介文化的一部分，所以这种批评站不住脚。

因为在整个网络空间迅速大规模传播，网络风尚内容也被称为互联网模因。网络模因的内容可能是一张图片、一段视频、一个超链接、一个标签、一个网站，甚至只是一个单词或短语。它通过社交网络、博客和电子邮件进行病毒式传播。不爽猫[①](Grumpy Cat)是众所周知的例子,它以“纳米名人”的身份在模因界诞生,但却成了各类媒介景观中名副其实的名人。

不爽猫的一张照片被贴到红迪网(Reddit)后,她获得了“15 分(秒)钟的盛名”,开始崭露头角。以这张照片为基础的模仿作品在网上疯传。不爽猫成为一种流行的模因主题,这些模因当中,大笑猫[②](Lolcats,可以指任何类型的图像)都是根据照片制作的。显然,在互联网时代,如果“爆红条件”合适,任何人或任何东西都可以一举成名。但这种名气往往昙花一现,转瞬即逝。

扩展阅读

Gravells, Jane. 2017. *Semiotics and Verbal Texts: How the News Media Construct a Crisis*. New York: Palgrave Macmillan.

简·格雷弗斯(Jane Gravells)从符号学的角度研究新闻报道,揭示了新闻媒体如何构建意识形态文本,通过挖掘共同的恐惧感来传递危机感。

Nöth, Winfried. 1997. *Semiotics of the Media: State of the Art, Projects, and Perspectives*. Berlin: de Gruyter.

尽管这部作品之后,已经有很多关于传媒符号学的研究,但本书通过符号学方法的视角对媒体文化第一次进行了全面分析。诺思对该主题相关文献的许多引用都特别有用。

① 不爽猫,是 2012 年开始在网络走红的宠物猫,因其看起来不太开心的表情而引起全网关注,成为一大模因。

② 大笑猫,最初指给猫咪图片配上有语法错误的滑稽文字,这种图片一般是为了分享到论坛等网络讨论区而制作的。

第五章 电影与录像带

> 对白只是电影里众多声音之一，从那些眼里有故事的人口中自然吐露出来。
>
> ——艾尔弗雷德·希区柯克(Alfred Hitchcock, 1899—1980)

1877年，在加州工作的英国摄影师埃德沃德·迈布里奇(Eadweard Muybridge)拍摄了世界上第一组“动态照片”。迈布里奇用一排相机拍摄奔驰的骏马，每台相机的快门都由一根横过赛道的细绳控制，当马跑过时，就会连续扯断绳子，触发快门。迈布里奇的方法为各国发明家提供了灵感，他们得以致力于研究记录动态图像的设备。托马斯·爱迪生(Thomas Edison)就是其中之一。1888年，他发明了世界上第一台运行顺畅的电影摄影机，成功拍摄到一名助手打喷嚏的15秒画面。1895年，奥古斯特·马里·路易·尼古拉·吕米埃(Auguste Marie Louis Nicolas Lumière, 1862—1954)和他的弟弟路易·让·吕米埃(Louis Jean Lumière, 1864—1948)在巴黎一家咖啡馆首次公开放映电影。

电影技术及电影艺术自此诞生。这或许是过去100多年来最具影响力的艺术形式。如果说我们如今生活在通过视觉形象塑造生活方式及价值观的“视觉媒介”世界，我们最应感谢的就是电影。我们对于视觉媒体和视觉增强媒体早已司空见惯，时常忽略它们已成为现代媒介景观的内在特征。举例来说，我们可以通过摄影这一媒介大体上记住人物、事件和事物。照片捕捉到转瞬即逝、无法逆转的时刻，并将其从永恒变化的人类生活中提取出来。这种“捕捉到的”时刻具有强大魅力，让人们通过“重新看到”回忆过往。摆在桌子上和挂在墙壁上的照片是视觉纪念,也是身份的证明。发布在照片墙软件上的照片也是如此,这些照片向全世界宣告我们是谁,我们在做什么。1966年,米凯兰杰洛·安东尼奥尼(Michelangelo Antonioni)的电影杰作《放大》(*Blow-Up*)展现了照片的这种具象力量。影片主人公在一张放大的照片里寻找犯罪"线索",这是对人类寻找自身存在线索的隐喻。

在能指层面上,电影是由一连串图像组成的文本,这些图像创造出现实生活中动态的影像。在所指层面上,电影是生活的一面镜子。电影无疑是媒介符号学的核心主题,因为电影类型构成了意指系统,人们观看电影,通过自己的阐释获得消遣、灵感和顿悟。

电影

故事片、纪录片和动画片(又称卡通片)是电影的三大主要类型。故事片通常是虚构作品,多为叙事性结构,制作过程共分三个阶段。制作前期阶段确定剧本,剧本可以是小说、短篇故事、戏剧等印刷品的改编作,也可以是专为电影拍摄撰写的作品。制作中期阶段就是剧本拍摄阶段。制作后期剪辑阶段将电影未按顺序拍摄的所有片段整合在一起,形成一个连贯的故事。

纪录片是纪实电影,描绘现实生活中的情景,片中人物往往以一种未经彩排的方式向镜头或采访者描述自己的感受和经历。纪录片通常没有拍摄剧本,并不常像故事片那样在影院中放映,大多在电视上播放。纪录片可以实景拍摄,也可以仅由档案材料剪辑而成。

动画最初是一种使用胶片从一系列二维图形或三维物体中创造运动影像的技术。动画片的创作基本上都从准备故事板开始,这是一系列描绘故事主体的草图。之后绘制其他草图来完善背景和装饰,以及人物的外貌和性格。如今的动画电影通过计算机数字化技术制作。

在纸质小说领域,笔者无疑就是文本的创作者,通常会对文本署名,但在故事片领域,作者身份的问题则要复杂得多。在这一领域,编剧和导演分别负责文本创作和艺术表达。编剧的职责因电影类型的不同而有很大差异。编剧可能会需要撰写原创剧本,或根据大银幕的特殊要求改编小说、话剧或音乐剧。不过,电影制作中的关键人物并非编剧,而是导演。导演指导制作团队和演员,共同实现剧本具象化。理论上来说,从剧本到电影的最终剪辑,导演对一切都有艺术控制权,但事实上,很多情况会影响导演的绝对艺术权威。尽管如此,正是由于导演有着极富创造性的视觉感悟,剧本才能转化为电影。电影《莫扎特传》(*Amadeus*)就是一个很好的例子。该片于 1984 年上映,由米洛斯·福曼(Milos Forman, 1932—2018)执导,改编自 1979 年英国剧作家彼得·谢弗(Peter Shaffer, 1926—2016)的剧本,讲述了 18 世纪奥地利作曲家沃尔夫冈·阿马多伊斯·莫扎特(Wolfgang Amadeus Mozart)和意大利作曲家安东尼奥·萨列里(Antonio Salieri)的传奇之争。戏剧原作揭示了艺术与天才的意义,以及音乐在人类精神生活中的重要作用。电影在视觉和听觉上重现这些主题,将莫扎特情感强烈的音乐与他生活中的戏剧化事件,以及萨列里精彩至极的评论融为一体。影片中,萨列里作为叙述者以敏锐的洞察力引导观众欣赏音乐曲目。福曼的特写镜头、角度镜头、捕捉水平运动的追踪镜头,以及变焦动作,让观众可以看到莫扎特指挥或演奏音乐时脸上或激昂或悲伤的情绪,以及因导致莫扎特死亡而被监禁在精神病院后,叙述者萨列里向神父忏悔时的嫉妒神情及其对莫扎特艺术的深刻理解等。福曼将音乐、情节和评论通过绝佳的镜头艺术融合在一起,创造出真正有效的场面调度,该片被视为叙事、戏剧、音乐表演和历史类型的综合纪录片。福曼的电影风格有效传达出谢弗的原作信息,实现了戏剧本身无法企及的效果。

有趣的是,谢弗(1993:108)在已出版的剧本附言中写道:"对于舞台剧作家来说,电影这种媒介令人担忧,它的非语言本质令主要依靠口语过活的人举步维艰。随着美国电影日益风靡世界,最成功的电影都是用银幕语言表达的,这是一种电影世界语,无论是在哥伦比亚的波哥大市(Bogotà)还是津巴布韦的布拉瓦约市(Bulawayo)都可以被观众理解。"谢弗敏锐地指出,电影事实上已经在社会话语中引入了一种新的语言,它来源于世界各地电影话语的通用模式。

除了编剧和导演之外,电影还涉及作曲家。在许多故事片中,作曲家的任务是为故事中的各个场景创作配乐。音乐可以制造气氛,也可以唤起人们的各种情绪,因此作曲家与导演合作,增强各个场景的戏剧性内容。例如,电影画面中还未出现任何迹象时,观众可以凭借配乐识别出可疑的角色。音乐还可以充当场景间的桥梁,让观众为即将到来的情绪变化做好准备。影片中某些角色也可能与他们独有的音乐主题关联,这些音乐或与主旋律相关,或相对独立。电影音乐实际上已自成一派,有时甚至能使电影黯然失色。

电影结合图像、叙事和音乐,创造出人类有史以来最强大的符号学表征。

如今,由于数字化和新的三维技术,影院中放映的电影画质音效绝佳。数字特效现已成为所有电影制作和剪辑不可或缺的一部分。第一部完全由计算机制作的电影《玩具总动员》于 1995 年上映。如今,这样的动画电影通常比真人电影更受欢迎。

早期电影

大多数电影史学家认为,电影作为一种艺术媒介的起源可追溯到 1896 年,当时的法国魔术师乔治·梅里爱(Georges Méliès)拍摄了多部电影,探索这种新媒介的叙事潜力。1899 年,梅里爱在巴黎郊区一个摄影棚内通过 10 个镜头重现了法国军官艾尔弗雷德·德雷富斯(Alfred Dreyfus)的受审场景,并于 1900 年拍摄了包含 20 个场景的《灰姑娘》(*Cinderella*)。梅里爱最受瞩目的作品当属 1902 年拍摄的科幻电影《月球旅行记》(*A Trip to the Moon*),影片中,他探索电影摄影机新的可能性,尝试视觉叙事。短片一经上映便广受欢迎,并走出国门。尽管如今看来不足为奇,但在当时,该片称得上仍处于起步阶段的电影艺术的重要先驱。

1903 年,美国发明家埃德温·S. 波特(Edwin S. Porter)制作了美国第一部无声电影《火车大劫案》(*The Great Train Robbery*)。这部 12 分钟的影片极大地影响了电影的发展,确立了许多电影业基本技术,包括推镜头、分镜镜头,以及通过剪辑镜头切换场景形成完整的叙事。波特并非简单地呈现视觉叙事,而是通过这些拍摄技巧来塑造故事。

1915 年,D. W. 格里菲思(D. W. Griffith)的电影《一个国家的诞生》(*The Birth of a Nation*)上映,小型影院在美国各地兴起,电影真正成为大众娱乐互动的媒介。格里菲思运用特写镜头强调演员的情绪。电影长达 3 个小时,呈现出令人眼花缭乱的精彩画面,观众无不为之震撼,该片也确立了电影作为一种主要媒介的地位。然而,这部电影中的种族主义意识形态,尤其是为保护种族纯洁性而对白人至上主义的辩护在当时颇具争议,时至今日依然令人感到不适。简言之,尽管该片宣扬种族主义,但仍然是电影史上浓墨重彩的一笔。

1915 年至 1920 年间,美国和欧洲各地纷纷兴建豪华影院。好莱坞开始每年制作数百部电影,满足狂热影迷不断增长的需求。当时上映的绝大多数电影是西部片、闹剧片和浪漫剧情片,如 1919 年塞西尔·B. 戴米尔(Cecil B. DeMille)的《男人与女人》(*Male and Female*)。20 世纪 20 年代中期,电影公司成为消遣制造厂,使人们忘却日常琐事的烦忧,电影也成为对抗无聊的一剂良药。事实上,电影媒介已经成为大众媒介文化发展的主要组成部分之一,这种文化的显著特点是将艺术和消遣娱乐融为一体。

尽管历史故事片因格里菲思等人的风格创新大受欢迎,但无声电影的主流当属喜剧片。继早期的成人喜剧之后,一种名为闹剧的新喜剧风格开始流行。闹剧片(slapstick)因木偶戏《潘趣与朱迪》(*Punch and Judy*)中小丑挥舞的棍子(stick)而得名。1912 年,美国人麦克·森尼特(Mack Sennett)成立了启斯东(Keystone)电影公司,该公司在闹剧片发展中发挥了重要作用。森尼特雇用了一大批才华横溢的喜剧演员,其中最著名的是英国演员查理·卓别林(Charlie Chaplin)。卓别林在启斯东时塑造了他标志性的滑稽角色,之后继续从事导演、制作、编剧工作,并主演自己制作的电影。到一战时期,《安乐街》(*Easy Street*)(1917)、《移民》(*The Immigrant*)(1917)等经典喜剧短片让他享誉国际。20 世纪 20 年代,他开始制作长篇喜剧,如《寻子遇仙记》(*The Kid*)(1921)和《淘金记》(*The Gold Rush*)(1925)。卓别林的喜剧深深植根于日常生活,因此深受观众喜爱。同时期的另外两位电影喜剧演员巴斯特·基顿(Buster Keaton)和哈罗德·劳埃德(Harold Lloyd)丰富并扩充了闹剧片类型,讲述年轻人应对现代生活窘境的荒唐方式。

在整个早期时代,尽管美国率先进入新领域,但德国却后来居上,拥有最强大的电影业。德国的电影创作强调电影作为一种艺术形式,而非娱乐消遣的表演,特别注重通过灯光和场景设计传达视觉表现力。罗伯特·维内(Robert Wiene)执导的《卡里加里博士的小屋》(*The Cabinet of Dr. Caligari*)(1919)以其怪诞的画面和悬念迭起的情节,讲述了一名被神秘博士催眠操纵的杀人犯的故事,该片是早期德国电影艺术的典范,兼具精神分析学和恐怖片特质。20 世纪 20 年代其他德国电影先驱包括弗里茨·朗(Fritz Lang)、F. W. 穆尔瑙(F. W. Murnau)和 G. W. 帕布斯特(G. W. Pabst)。弗里茨·朗的电影描绘了对城市生活异常恐怖的想象以及对未来的预兆。他最著名的默片是 1927 年的《大都会》(*Metropolis*),影片描绘了一个未来主义的城市,摩天大楼的高层之间架起铁路桥,工人们在地下的巨型机器前辛勤工作。穆尔瑙的作品具有深刻的心理复杂性,包括经典影片《诺斯费拉图》(*Nosferatu*)(1922)和《最后一笑》(*The Last Laugh*)(1924),后者描绘了一名被降职为洗手间清洁工的看门老人的病态思想。帕布斯特引入了以日常生活为题材的电影,执导了令人毛骨悚然的爱情悲剧《潘多拉的魔盒》(*Pandora's Box*)(1928)。

俄罗斯的谢尔盖·艾森斯坦(Sergey Eisenstein)和济加·韦尔托夫(Dziga Vertov)等电影人的作品极具超前性,对政治和艺术之间的关系提出挑战性拷问。艾森斯坦的《罢工》(*Strike*)(1925)和《十月》(*October*)(1928)如今仍然是人类毅力的有力证明。韦尔托夫执导意义深刻的纪录片,使蒙太奇成为不断发展的电影技术之一。蒙太奇是指将图像以某种方式并置或叠加,从而在同一场景中创造出不同镜头快速连续的一种手法。

法国电影制作人将超现实主义引入电影创作艺术,这种表现形式使用特异虚幻的意象,描绘现实生活的怪诞本质。例如,1924 年由勒内·克莱尔(René Clair)执导的《间奏曲》(*Entr'acte*)利用早期的特技相机摄影技术,用动画设计和真实物体在屏幕上创造出超现实主义的意象。费尔南多·莱热(Fernando Léger)和马塞尔·迪尚(Marcel Duchamp)以类似方式分别执导《机械芭蕾》(*Le ballet mécanique*)(1924)和《贫血的电影》(*Anemic Cinema*)(1926),这两部电影与其说是表现超现实主义梦境,不如说是深刻表现了噩梦。电影制作人阿贝尔·冈斯(Abel Gance)更具创作雄心,他的电影《拿破仑》(*Napoléon*)(1927)长达 5 个小时,在 3 个并排的银幕上展现不同画面的组合。其他国家的电影人也曾制作意义重大的电影。丹麦的卡尔-特奥多尔·德赖尔(Carl-Theodor Dreyer)执导了《圣女贞德受难记》(*The Passion of Joan of Arc*)(1928),这部电影因其史无前例的心理现实主义被视为经典之作。西班牙的路易斯·布努埃尔(Luis Buñuel)和萨尔瓦多·达利(Salvador Dalí)主演了超现实主义电影《一条安达鲁狗》(*An Andalusian Dog*)(1929),该片以其奇特怪诞的诡异镜头而闻名。

新电影媒介的力量万众瞩目。许多国家努力打造自己的电影制作行业,将其视为民族文化的重要一环,有时还对电影进口设定配额。与此同时,电影制作人也在国外创作作品,或移民到其他国家发展电影事业。古腾堡星系中由纸质印刷技术带来的初具规模的地球村,被当代电子星系中的电影媒介赋予点睛之笔。关于这种急速扩张的新媒介对社会的影响,众说纷纭。查理·卓别林、格蕾塔·嘉宝(Greta Garbo)和鲁道夫·瓦伦蒂诺(Rudolph Valentino)等电影明星在公众面前现身,受到数百万人崇拜模仿。审查机构则试图控制电影的影响力,在放映前对其剪辑,或向制片人提出规则和标准。

电影沿袭印刷品和歌舞杂耍等表演的类型,包括喜剧片、西部片、悬疑片、恐怖片、爱情片、剧情片和战争片，这些都是源于通俗小说和“十美分小说”的典型体裁。电影也有很多自己的变体和组合，例如喜剧剧情片。早期电影类型的特点是熟悉感，观众可以轻易识别出电影类型，因为它的故事、角色、背景和服装惯例都十分容易预测。

从无声电影到有声电影的转变历时很短，许多在 1928 年至 1929 年间上映的电影一开始都以默片形式制作，但为了满足日益增长的需求，被匆忙改为有声电影。第一部有声电影是 1927 年上映的《爵士歌手》(*The Jazz Singer*)，由传奇演员艾尔·乔森(Al Jolson)主演。然而，1929 年美国导演鲁本·马穆利安(Rouben Mamoulian)的电影《欢呼》(*Applause*)上映后，有声电影的力量才真正彰显出来。马穆利安将不同来源的声音叠加在一起。他创造的印象派效果与其他电影追求的自然化或现实化声音标准截然不同。20 世纪 30 年代初，黑帮电影和音乐电影主宰着新的“有声银幕”。这极大地触动了政治家和所谓正义之士，他们认为这些影片对观众的影响太大。因此，1922 年至 1945 年担任美国电影制片人与发行人协会(Motion Picture Producers and Distributors of America)主席的美国政治家、电影执行官威廉·哈里森·海斯(William Harrison Hays)于 1930 年制定了《制片法典》(*Production Code*)，限定 1930 年至 1966 年间美国电影的内容。20 世纪 30 年代末，翻拍小说的风潮达到顶峰，影业斥巨资翻拍了许多经典小说，包括电影史上最受欢迎的作品之一《乱世佳人》(*Gone with the Wind*)(1939)。

黄金时代

20 世纪 30 至 40 年代，通过电影逃避枯燥乏味的日常生活蔚然成风，这段时期在现在被称为电影的“黄金时代”。看电影已不仅仅是一次“夜游”，已然成为一种颇具仪式感的聚会方式。人们开始给孩子取电影演员的名字。某些电影的原声带开始流行，不仅在广播中播放，还被制作成唱片销售。在经济大萧条时期，花费一角钱或二角五分钱就能进入电影院，看电影成为逃避现实、耽于幻想的手段。

黄金时代始于一系列经典恐怖电影的上映，包括《德古拉》(*Dracula*)(1931)、《科学怪人》(*Frankenstein*)(1931)和《木乃伊》(*The Mummy*)(1932)，这些影片催生出一系列续作和衍生作品，整个 30 年代都风靡一时。其中，最经久不衰的电影之一是音乐奇幻片《绿野仙踪》(*The Wizard of Oz*)(1939)，该片根据L.弗兰克·鲍姆(L. Frank Baum)(1856—1919)的书改编,是一部恐怖主题的儿童电影,反映了当时整个社会日益发酵的愤世嫉俗情绪,即所有人类的愿望终为虚幻,"生命之路"尽头的"巫师"实际上是一个骗子,生活的乐趣在于到达奥兹国[①],而不是发现奥兹国的真相。

1940年,美国电影人奥森·韦尔斯从电台跨界到好莱坞,成为编剧、导演兼演员,他尝试了新的拍摄角度和音效,极大增强了电影的表现力。其作品《公民凯恩》(*Citizen Kane*)(1941)和《伟大的安巴逊》(*The Magnificent Ambersons*)(1942)影响了后来世界上几乎所有优秀电影人的作品。韦尔斯的创意源于非同寻常的拍摄技术,比如使镜头中距离各异的物体都保持高度聚焦、采用高低角度斜角镜头和不间断拍摄的长镜头,以及将声音和打光融为一体。

20世纪40年代末,电影的艺术价值日益凸显,当时的意大利电影人通过电影呈现亲密深刻的情感,彻底改变了电影行业,如罗伯托·罗塞利尼(Roberto Rossellini)于1945年创作的《罗马,不设防的城市》(*Open City*),维托里奥·德·西卡(Vittorio De Sica)于1949年创作的《偷自行车的人》(*The Bicycle Thief*)。这种风格被称为新现实主义,并一直延续到20世纪50至70年代,这期间的经典影片包括皮尔·保罗·帕索利尼(Pier Paolo Pasolini)的《马太福音》(*The Gospel According to Saint Matthew*)(1966),费代里科·费利尼(Federico Fellini)的《大路》(*La Strada*)(1954)、《甜蜜的生活》(*La Dolce Vita*)(1960)、《八部半》(*8 1/2*)(1963)和《朱丽叶与魔鬼》(*Juliet of the Spirits*)(1965),米凯兰杰洛·安东尼奥尼的《奇遇》(*L'Avventura*)(1959)和《红色沙漠》(*Red Desert*)(1964),贝尔纳多·贝尔托卢奇(Bernardo Bertolucci)的《随波逐流的人》(*The Conformist*)(1970)和《1900》(1977),以及莉娜·韦特米勒(Lina Wertmuller)的《踩过界》(*Swept Away*)(1975)和《七美人》(*Seven Beauties*)(1976)。

随着有声电影的出现,黑帮电影和音乐电影蓬勃发展。黑帮电影的流行一方面是因为公众对不断上升的犯罪率感到担忧,另一方面源自对臭名昭著的犯罪团伙头目的关注。演员爱德华·G.鲁滨逊(Edward G. Robinson)凭借电影《小凯撒》(*Little Caesar*)(1930)中意大利裔美国人里科·班戴洛(Rico

① 奥兹国,是《绿野仙踪》中虚构的一个国度。

Bandello)的角色一举成名,演员詹姆斯·卡格尼(James Cagney)也因在《国民公敌》(*The Public Enemy*)(1931)中扮演爱尔兰裔美国人汤姆·鲍尔斯(Tom Powers)而广受好评。音乐电影是有声电影发展的必然趋势。华纳兄弟公司(Warner Brothers)发行了一系列打破舞台惯例的音乐电影,从多个角度拍摄大群舞者,创造了独特的电影场景,吸引了无数观众,其中包括1933年由美国人巴斯比·伯克利(Busby Berkeley)担任编舞的《第四十二街》(*42nd Street*)、《1933年淘金女郎》(*Gold Diggers of 1933*),以及《华清春暖》(*Footlight Parade*)。有史以来最受欢迎的电影音乐剧或许是以独立表演者为主角的音乐剧,弗雷德·阿斯泰尔(Fred Astaire)和金格尔·罗杰斯(Ginger Rogers)主演的《礼帽》(*Top Hat*)(1935)和《摇摆乐时代》(*Swing Time*)(1937)等影片中出演的舞蹈团队是此类表演者的典型。

一种通俗小说的题材也因有声电影而获得了新活力,那就是恐怖类作品。在美国导演托德·布朗宁(Tod Browning)执导的吸血鬼电影《德古拉》(1931)中,出生于匈牙利的演员贝拉·卢戈希(Bela Lugosi)的低沉嗓音给观众带来了新的刺激。在英国导演詹姆斯·惠尔(James Whale)的《科学怪人》(1931)中,演员鲍里斯·卡洛夫(Boris Karloff)生动地塑造了因野心勃勃的科学家失误而创造出的怪物形象。

在英国,制片人兼导演亚历山大·科达(Alexander Korda)于1933年凭借由查尔斯·劳顿(Charles Laughton)主演的电影《亨利八世的私生活》(*The Private Life of Henry VIII*)对世界电影产生深远影响;艾尔弗雷德·希区柯克执导了《三十九级台阶》(*The 39 Steps*)(1935)等惊悚片和间谍片;约翰·格里尔森(John Grierson)说服政府投资纪录片产业。在法国,出现了一种被称为诗意现实主义的独特电影制作风格,聚焦平凡生活中挣扎的普通人。该运动的领军人物包括《驳船阿塔兰特号》(*L'atalante*)(1934)的导演让·维戈(Jean Vigo)和《天色破晓》(*Daybreak*)(1939)的导演马塞尔·卡尔内(Marcel Carné)。其中最多才多艺且多产的导演是让·勒努瓦(Jean Renoir),他在这一时期最著名的作品包括《大幻影》(*The Grand Illusion*)(1937)和《游戏的规则》(*Rules of the Game*)(1939)。在德国,弗里茨·朗和G. W. 帕布斯特两位默片时期的佼佼者同时也创作了早期新型有声电影——弗里茨·朗执导的《M》(1931),帕布斯特执导的《同志之谊》(*Comradeship*)(1931)。

二战期间,弗兰克·卡普拉(Frank Capra)、约翰·福特(John Ford)、威廉·惠勒(William Wyler)、约翰·休斯顿(John Huston)等好莱坞导演加入军队,拍摄了与战争有关的纪录片。1942至1945年,卡普拉监制“我们为什么战斗”(*Why We Fight*)系列电影,试图通过系列7部电影解释战争的原因。休斯顿执导了《圣·彼得洛战役》(*The Battle of San Pietro*)(1945),影片描述战争对人类造成的严重精神打击。

动画电影在黄金时代大受欢迎。1928年,沃尔特·迪士尼(Walt Disney)制作了第一部音画同步的卡通片《汽船威利》(*Steamboat Willie*),这是第三部以米老鼠为主角的电影。迪士尼还率先制作彩色动画,1932年上映的《花与树》(*Flowers and Trees*)是第一部采用特艺三色技术发行的电影。1937年,迪士尼开始制作彩色长片《白雪公主和七个小矮人》(*Snow White and the Seven Dwarfs*)。直到20世纪50年代,好莱坞为了将电影与日益流行的电视媒体区分开来,更频繁地使用彩色技术,而当时的电视只有黑白两色,彩色电影也为数不多。20世纪60年代,彩色技术进一步简化改进,彩色电影已成为主流,黑白电影则被边缘化。

二战后的电影制作

二战后,电视作为大众媒介出现,对电影的地位造成极大威胁。尽管在电视普及之前,电影上座率就已开始下降,但20世纪50年代家庭电视机迅速普及之后,电影上座率持续走低,这种状况一直持续到60年代。为了应对电视的竞争,电影制片厂采用了新技术,如宽银幕和三维技术,以呈现更精彩的画面。这些举措在1953年推出后短暂地遏止了观众流失,但却无法阻止流行文化转向电视媒体的长期态势。三维,或称3D,是通过引导光线的过滤器记录多个图像实现的,观看者需戴上特制眼镜体验三维效果。三维技术实际上可以追溯到电影发展的早期,但直到20世纪50年代初才流行起来。1954年,好莱坞发行了数十部三维电影,预告片中宣传这些电影的画面“走出银幕,直奔观众”。但三维的热度很快下降,逐渐淡出人们的视野。直到《阿凡达》(*Avatar*)、《星球大战》新系列等大片上映,三维电影才重获热度。

20世纪70年代,电影卷土重来。毫无疑问,弗朗西斯·福特·科波拉(Francis Ford Coppola)、乔治·卢卡斯(George Lucas)、马丁·斯柯席斯(Martin Scorsese)和史蒂文·斯皮尔伯格(Steven Spielberg)等好莱坞导演的“流行文化洞察力”对此助力颇多。20世纪70年代初,科波拉执导了轰动一时的电影《教父》(*The Godfather*)(1972),电影复兴初现端倪。卢卡斯制作了备受欢迎的《美国风情画》(*American Graffiti*)(1973),该片回顾了旧时代青少年的生活。斯柯席斯的《穷街陋巷》(*Mean Streets*)(1973)以纽约市小意大利社区的种族环境为背景,引发观众热议。其中最年轻的导演斯皮尔伯格在拍摄了几部电影短片之后,执导了《大白鲨》(*Jaws*)(1975),该片大获成功,改变了美国电影的格局,几乎将大片变成了电影制作的主流形式。电影讲述食人鲨威胁着海滨小镇的故事,成为许多电影的典范,在这些电影中,恐怖生物令无助的受害者毛骨悚然。

上述许多导演在20世纪70年代电影复兴之后仍然是重要的电影人。例如,斯皮尔伯格拍摄了一系列投资数百万美元的大片。人们普遍迷恋外星人、飞碟和地外生命,这一点早在通俗小说杂志流行时就显而易见。斯皮尔伯格利用人们的这种情绪,拍摄了《第三类接触》(*Close Encounters of the Third Kind*)(1977)和《E. T. 外星人》(*E. T.*)(1982)。《夺宝奇兵》(1981)、《夺宝奇兵2之魔宫传奇》(*Indiana Jones and the Temple of Doom*)(1984)、《夺宝奇兵3之圣战骑兵》(*Indiana Jones and the Last Crusade*)(1989)、《夺宝奇兵4之水晶骷髅国》(*Indiana Jones and the Kingdom of the Crystal Skull*)(2008)以及计划拍摄的《夺宝奇兵5》(*Indiana Jones* 5),都翻拍自20世纪30至40年代风靡一时的惊险小说。斯皮尔伯格的大多数电影都依靠高科技特效。例如,《侏罗纪公园》(*Jurassic Park*)(1993)就通过计算机生成可怕逼真的恐龙,电影上映仅4周就成为全球票房榜首,5年后才被《泰坦尼克号》(*Titanic*)(1998)超越。

除此之外,还有许多导演也在二战后电影媒介重回中心舞台过程中有所助力。伍迪·艾伦(Woody Allen)执导奥斯卡最佳电影《安妮·霍尔》(*Annie Hall*)(1977)等都市讽刺喜剧;迈克尔·奇米诺(Michael Cimino)凭借广受好评的越战电影《猎鹿人》(*The Deer Hunter*)(1978)斩获奥斯卡奖;英国导演里德利·斯科特(Ridley Scott)执导了两部里程碑式的电影,其一是《银翼杀手》(*Blade Runner*)(1982),这部未来主义电影因其视觉效果和赛博朋克[①]现实主义风格而广受好评,其二是《末路狂花》(*Thelma and Louise*)(1991),电影讲述两名女性

---

① 赛博朋克(cyberpunk)类型的电影大多描绘未来,建立在"低端生活与高等科技结合"的基础上,拥有先进科学技术,再与一定程度崩坏的社会结构进行对比。

在男性主导社会中逃亡的故事。此外,他还执导了惊悚片《汉尼拔》(*Hannibal*)(2001),强调即使是在令人发指、心理扭曲的精神变态者身上也隐藏着人性。大卫·林奇(David Lynch)执导的《蓝丝绒》(*Blue Velvet*)(1986)是一部以美国小镇为背景的超现实电影,评论家赞其为20世纪80年代美国最佳电影之一。电影制作人斯皮克·李(Spike Lee)的《为所应为》(*Do the Right Thing*)(1989)也同样获此封号。斯皮克·李还执导了传记电影《黑潮》(*Malcolm X*)(1992),讲述20世纪60年代一位备受争议的激进非裔美国领导人的故事。演员兼导演克林特·伊斯特伍德(Clint Eastwood)凭借《不可饶恕》(*Unforgiven*)(1992)获得了奥斯卡最佳影片和最佳导演奖,跻身顶级电影人行列。

20世纪90年代中期,观影再次成为很多观众的"必做之事",电影再次成为潮流引领者。例如,电影《卧虎藏龙》(2001)是一部以19世纪的中国为背景的武侠奇幻片,主要讲述三代女侠的故事,其中最年轻的一位甚至可以不费吹灰之力消灭一大群马贼。这种"桀骜不驯的女性角色"古已有之,比如特洛伊的海伦和狩猎女神戴安娜等神话人物皆属此类。

在好莱坞重整旗鼓的同时,其他国家的电影行业也继续繁荣发展。瑞典的英格马·伯格曼(Ingmar Bergman)是二战后国际电影舞台上出现的最具个人特色和创造力的导演之一,他为电影界带来了强大的哲学内涵和思想深度,用鲜明的电影形象处理个人孤立、两性冲突和宗教迷恋等主题。在《第七封印》(*The Seventh Seal*)(1956)中,他通过一位中世纪骑士与死神对弈的考验来探索生命和精神的奥秘。在《野草莓》(*Wild Strawberries*)(1957)中,一位老教授通过一系列诗意的倒叙回顾审视自己的生活,导演借此强调了记忆在创造自我中的作用。随后的一系列电影《假面》(*Persona*)(1966)、《呼喊与细语》(*Cries and Whispers*)(1972)、《婚姻生活》(*Scenes from a Marriage*)(1973)和《秋日奏鸣曲》(*Autumn Sonata*)(1978)对人类状况深刻剖析,嘲讽人类寻求生存意义的嗜好,比如戏剧中的荒诞派、哲学中的虚无主义者和存在主义者。

意大利电影公司推出了实景电影,在城市街道等真实环境取景而不在摄影棚内拍摄,这类电影采用后期同步声音,即拍摄后在摄影棚内进行对白配音,从而使在真实环境中流畅移动摄像机成为可能。导演卢基诺·维斯孔蒂(Luchino Visconti)在战争年代拍摄了此类电影的开山之作《沉沦》(*Obsession*)(1942)。紧随其后的是费代里科·费利尼,他在新现实主义运动中以编剧身份起步，并于 20 世纪 50 年代成为导演。费利尼的电影影响力遍布全球，尤其是亚洲、非洲和拉丁美洲的电影制作人，他们认为其电影制作模式是实现好莱坞梦想和消遣工厂的另类选择，是制作有关本国历史和民族的低成本电影的手段。

20 世纪 50 年代末，法国的弗朗索瓦·特吕福（François Truffaut）率先发起了一场类似的运动，称为“新浪潮”。他的第一部作品《四百击》（*The 400 Blows*）（1959）至今仍是现实主义的经典之作。让-吕克·戈达尔（Jean-Luc Godard）通过“跳剪”挑战电影叙事传统，这种手法切断拍摄并剪辑，打破镜头的时间连续性。他的创新标志着电影制作人力图重新定义电影，同时向好莱坞致敬的愿景。

二战后德国最多产也最具争议的导演是赖纳·维尔纳·法斯宾德（Rainer Werner Fassbinder），他于 1982 年去世，此前的 13 年间拍摄了近 40 部电影。法斯宾德的电影主要涉及两性关系中的权力与欲望。二战后德国电影界特点之一是出现了杰出的女性电影人，如黑尔克·桑德尔（Helke Sander）和赫尔玛·桑德斯-布拉姆斯（Helma Sanders-Brahms），她们从崭新的女权主义视角来看待历史与现代生活。

在英国，迈克尔·鲍威尔（Michael Powell）、戴维·利恩（David Lean）和卡罗尔·里德（Carol Reed）等资深导演，以及劳伦斯·奥利维尔（Laurence Olivier）等新锐导演，为二十世纪五六十年代英国电影界带来了极具创造力的非凡时期。利恩凭借《桂河大桥》（*The Bridge on the River Kwai*）（1957）和《阿拉伯的劳伦斯》（*Lawrence of Arabia*）（1962）获得好莱坞最佳影片和最佳导演奖。卡雷尔·赖斯（Karel Reisz）的《浪子春潮》（*Saturday Night and Sunday Morning*）（1960）、林赛·安德森（Lindsay Anderson）的《如此运动生涯》（*This Sporting Life*）（1963）以及托尼·理查森（Tony Richardson）的《长跑者的寂寞》（*The Loneliness of the Long Distance Runner*）（1962）都聚焦社会现实。萨莉·波特（Sally Potter）等女权主义导演，以及艾萨克·朱利恩（Isaac Julien）和德里克·贾曼（Derek Jarman）等代表种族多样性和同性恋文化的电影人，使英国电影在二十世纪八九十年代各国电影制作中独树一帜。同一时期，爱尔兰电影开始受到关注，其中尼尔·乔丹（Neil Jordan）的《哭泣游戏》（*The Crying Game*）（1992）将其推向顶峰，引起国际轰动。

20 世纪 80 年代进入开放时期后，苏联政府禁播的老电影在俄罗斯上映，同时也出现了涉及政治和私人生活等以往禁忌话题的新电影。90 年代初苏联解体后，一些俄罗斯电影人开始审视当时社会尝试带来的问题。东欧国家也开始因其电影艺术享誉国际，且至今仍受关注。其中，波兰因安杰伊·瓦伊达(Andrzej Wajda)的电影而首先受到国际瞩目。捷克共和国的米洛斯·福曼联盟共和国和伊日·门策尔(Jirí Menzel)等导演制作了本国的新浪潮电影。南斯拉夫电影人杜尚·马卡韦耶夫(Dusan Makavejev)凭借《人非小鸟》(*Man Is Not a Bird*)(1966)成名。匈牙利的米克洛什·扬乔(Miklós Jancsó)凭借精心编排的历史题材民间芭蕾舞片《红色赞美诗》(*Red Psalm*)(1972)赢得世界瞩目。罗马尼亚的卢西恩·平蒂列(Lucien Pintilie)拍摄了《橡树》(*The Oak*)(1992)等关于当地近代历史的电影，吸引了全球广大观众。

1945 年后，日本电影文化得到国际认可，首先是日本导演沟口健二(Mizoguchi Kenji)、小津安二郎(Ozu Yasujiro)和黑泽明(Kurosawa Akira)，他们是 20 世纪 50 年代公认的一流电影人。小津制作了情节曲折的温情电影，展现了家庭生活令人唏嘘的一面。20 世纪 60 年代，大岛渚(Oshima Nagisa)、今村昌平(Imamura Shohei)和筱田正浩(Shinoda Masahiro)等人的电影掀起日本的新浪潮运动。

20 世纪 30 年代起，印度电影主要被视为一种音乐艺术。在这个拥有几十种语言的国家，电影音乐跨越了语言障碍。电影表演者因其音乐后续发行的唱片和广播获得知名度。萨蒂亚吉特·雷伊(Satyajit Ray)是第一位打破这一局面的印度电影制作人，他的电影风格受到国际认可。印度拥有世界上最大的电影基地，称为宝莱坞，极富艺术多样性。

20 世纪 80 年代，电影制作成为中国的重要艺术形式之一。陈凯歌、张艺谋、田壮壮等新一代导演引领了中国本土电影艺术形式的建立。他们打破传统的棚内电影拍摄方式，前往农村拍摄有关当地日常生活的电影。

由于英美电影充斥各大影院，二战后加拿大、澳大利亚和新西兰等英语国家难以建立自己的电影文化，不过这种情况在逐渐好转。加拿大电影人尚塔尔·阿克曼(Chantal Akerman)、戴维·克罗嫩贝格(David Cronenberg)和阿托姆·伊戈扬(Atom Egoyan)因其电影艺术赢得国际赞誉。澳大利亚也有许多享誉国际的电影，包括彼得·韦尔(Peter Weir)的《悬崖下的野餐》(*Picnic at Hanging Rock*)(1975)和《最后大浪》(*The Last Wave*)(1977)，弗雷德·斯凯皮西(Fred Schepisi)的《吉米·布莱克史密斯的圣歌》(*The Chant of*

Jimmie Blacksmith)(1978),吉莲·阿姆斯特朗(Gillian Armstrong)的《我的璀璨生涯》(*My Brilliant Career*)(1979),以及布鲁斯·贝雷斯福德(Bruce Beresford)的《驯马手莫兰特》(*Breaker Morant*)(1980)。

尽管埃及等阿拉伯和非洲国家几十年前就已开始制作电影,但20世纪60年代欧洲殖民势力撤出后,这些国家的电影业才普遍开始发展。一场政治变革使得优素福·沙欣(Youssef Chahine)等电影人能够以新现实主义风格进行社会评论,埃及电影因而经历了一次浪潮。20世纪60年代中期起,非洲一些地区本土电影的地位稳步增长。例如,塞内加尔(Senegal)的非洲电影人奥斯曼·塞姆班(Ousmane Sembéne)原来是一名小说家,后转行成为电影导演。他凭借《黑女孩》(*La noire*)(1966)等电影成为一流导演,该片是第一部获得广泛赞誉的非洲故事片。其他重要的非洲电影人包括马里(Mali)的苏莱曼·西塞(Souleymane Cisse)和布基纳法索(Burkina Faso)的伊德里萨·韦德拉奥果(Idrissa Ouedraogo)。

"巴西新电影[①]"(*cinema novo*)是巴西影响深远的新电影运动,其间拍摄的作品将巴西社会问题戏剧化。导演格劳贝尔·罗沙(Glauber Rocha)和纳尔逊·佩雷拉·多斯桑托斯(Nelson Pereira dos Santos)以该国偏远地区为背景,拍摄了许多轰动性的电影,描绘了制度性贫困造成的人性泯灭。古巴电影人托马斯·古铁雷斯·阿莱(Tomás Gutiérrez Alea)和温贝托·索拉斯(Humberto Solas)拍摄的电影挑战国家现状,聚焦人权和女性社会角色。墨西哥导演保罗·勒迪克(Paul LeDuc)的《弗里达》(*Frida*)(1983)将画家弗里达·卡洛(Frida Kahlo)的生平搬上银幕,阿方索·阿罗(Alfonso Arau)的《巧克力情人》(*Como agua para chocolate*)(1991)融合了现实细节与魔幻元素,因而享誉国内外。

21世纪的电影

到20世纪90年代末,欧洲、亚洲、非洲、中东,以及澳大利亚等国家和地区的电影走出国门,吸引了越来越多的美国观众。独立电影制作也开始广受欢迎。独立导演包括《低俗小说》(*Pulp Fiction*)(1994)的导演昆廷·塔兰蒂诺

① 巴西新电影,指巴西在1960年代兴起的新电影运动。该运动以低成本的方式创造具有地方色彩的电影文化,以挣脱外来文化的主导局面。

(Quentin Tarantino)、《冰血暴》(*Fargo*)(1996)的导演科昂兄弟(Coen brothers),以及《致命警徽》(*Lone Star*)(1996)的导演约翰·塞尔斯(John Sayles)。有线电视、录像带、早期移动设备等新的发行渠道促使全球各地电影种类日益丰富。尽管好莱坞仍独占鳌头,但在不断扩展的数字星系中,电影制作已演变成一种真正的全球艺术。

独立电影起初并不起眼,但现在已十分普遍。该词最初指那些抵制电影专利公司(Motion Picture Patents Company)控制的电影制片人,之后演变为与高成本的好莱坞主流电影相对应的概念,更能表现出电影制作者的个人特点。独立制片人使用低成本布景、演员和工作人员,创作更具艺术性的电影,而非纯粹为了娱乐。讽刺的是,独立制片如今已变得有利可图,有自己专属的电影节,其中最著名的是圣丹斯电影节(Sundance Film Festival),它将著名导演和跨界导演推向整个电影世界,包括昆廷·塔兰蒂诺和罗伯特·罗德里格斯(Robert Rodriguez)。

数字技术和使用流动式摄影镜头模拟实况节目的技术也开始对电影制作产生影响。第一部这样拍摄的电影是《女巫布莱尔》(*The Blair Witch Project*)(1999)。影片讲述3名电影系学生前往布莱克山森林,用1台16毫米摄像机、1台摄影机和1台数字录音机准备拍摄一部关于传说中女巫布莱尔的纪录片。他们用设备记录下一切。3人在森林里四处游荡,之后离奇消失,再也没有出现。一年后,人们发现一个装满胶卷盒、磁带和录像带的背包。视频片段让这部电影看起来真实而恐怖。

进入数字星系,电影在传递各类主题和反映社会现实方面继续扮演着重要角色,也仍然创造着新的神话传说。《哈利·波特》(*Harry Potter*)系列电影就是一个例子,在整个新千年都深受儿童和家长欢迎。该系列根据J. K. 罗琳(J. K. Rowling)的小说改编,共有7部电影,按时间顺序上映,片中角色陪伴观众一起成长,观众和电影(小说)角色共同经历了各个成长阶段。凭借巫术、魔法、英雄主义等各种元素,《哈利·波特》系列电影和书籍赢得了大批各年龄段人群的追捧。时至今日,世界各地都有该系列的粉丝俱乐部,有博客、粉丝网站、播客,甚至还会开展研讨会和会议,粉丝们可以聚会、交流想法并交换纪念品。名为"麻瓜广播"和"波特广播"的播客仍然很受欢迎。对该系列作品如此热门的原因众说纷纭,但大多数人认为该系列与古代寓言和亚瑟王等传说一样,都能激发儿童的想象力。

《哈利·波特》这类电影是电影爱好者所标榜的“大片”，由著名演员出演，布景制作精良，能带来巨额收入或轰动效应。历史上与大片相关的两位导演是塞西尔·B.戴米尔(1881—1959)和史蒂文·斯皮尔伯格(1947—)。戴米尔拍摄宏大历史和圣经史诗主题的大片，包括《琼女士》(*Joan the Woman*)(1916)、《十诫》(*The Ten Commandments*)(1923)、《罗宫春色》(*The Sign of the Cross*)(1932)、《埃及艳后》(*Cleopatra*)(1934)，以及《参孙和达莉拉》(*Samson and Delilah*)(1949)。斯皮尔伯格根据彼得·本奇利(Peter Benchley)同名小说改编的惊悚片《大白鲨》(1975)向好莱坞证明，年轻人才是观影的主力军。现今，大片很常见，大片风格也已成为主流电影制作的普遍模式。

在探讨电影史的结语部分应指出，电影发展正处于十字路口，没有人能够真正确定它将走向何方。如今，在有声媒体领域，任何人都可以在油管上传自制影片，获得观众。但就像独立音乐一样，这并不能确保影片获得大众青睐。网络媒体正成为有抱负的艺术家、导演、演员、编剧等接近观众的试验场所。由于互联网允许免费发布内容，自制电影的时代可能会像自制音乐的时代一样，从根本上改变电影制作和获取的方式。

录像带

20世纪80年代末，观影方式发生了一场革命，人们离开电影院后，几乎立即就可以在家观看电影录像带。这一发展，再加上有线电视可以在特定频道播放较新电影，似乎威胁了电影院的长远发展，并在全世界的电影制片厂营造出一种不安气氛，这类似于20世纪50年代初电视开始挑战电影霸权时的情况。因此，电影公司开始越来越青睐带有神奇特效的巨制电影，以期公众远离家庭录像带，重回大银幕的怀抱。但事实证明，他们的担心毫无根据。尽管观影时人们并不相互交流，但同早期一样，看电影仍然被视为一种需要与他人共享的公共活动。去电影院是一种社交行为。尽管出现了数字多功能光盘，以及美国家庭电影台、网飞等流媒体网站，这些视频技术仍然无法撼动传统电子影院作为主流观影场所的地位。

第一台家用录像机是索尼公司(Sony Corporation)在20世纪70年代末发明的贝塔录像机。这种设备很快被家用录像系统取代，美国广播公司通过巧妙的广告将其引入市场，进而成为行业标准。

盒式磁带录像机(VCR)能够播放在录像带商店租赁或购买的预录制录像

带,也可以自己录制电视节目供以后播放,最初的确影响了影院上座率。上文提到的有线电视系统几乎在同时期出现,也对影院产生了影响,该系统极大增加了家庭可收看的频道数量,并通过付费形式播放最新电影。这些新技术得到广泛应用,电影公司的担忧无可厚非,但实际上并无必要。电影公司忘记了电影史上的一个重要经验——在电影院里与现实中的观众一起观看是电影想要创造的整体公共效果之一。

事实证明,录像带的出现实际上带来了更多电影观众。如今,观众在家中只需点击屏幕,就可以看到各个年代的电影。随着有线网络和网飞等其他观影媒体的出现,独立电影制作数量也大幅增加。20 世纪 90 年代发明的数字光盘,以及 21 世纪 10 年代的流媒体等其他观看方式,都激发了人们对电影更大的兴趣,因为人们可以在家里等地通过电脑或移动设备欣赏电影。如果有合适的设备支持,这些发明可体现电影院的所有技术优势,正将电影进一步融入媒介景观之中。

另一个吸引观众的事物是角色扮演视频游戏。视频游戏是弹球游戏机发展出的现代产物。弹球游戏中人们将小金属球射过一个倾斜的板,通过击中各种目标来得分。弹球游戏机在流行文化的各个方面都发挥了重要作用。其流行程度从 1969 年"谁人"乐队的摇滚歌剧《汤米》(*Tommy*)中就可见一斑,在这部歌剧中,弹球技巧使主角汤米摆脱了紧张症并成为一名英雄,为他赢得了名誉和财富。

1974 年,E. 加里·吉盖克斯(E. Gary Gygax)和戴夫·阿尼森(Dave Arneson)开发了《龙与地下城》(*Dungeons and Dragons*),这是最早的角色扮演视频游戏之一,故事背景是一个以中世纪神话为基础的虚构世界。它开启了随后几十年角色扮演视频游戏热潮和亚文化。汤姆·汉克斯(Tom Hanks)主演的电影《虚幻游戏》(*Mazes and Monsters*)(1982)首次将该游戏相关题材搬上大银幕。20 世纪 80 年代中期,任天堂(Nintendo Corporation)等日本公司改进这项技术,推出《大金刚》(*Donkey Kong*)和《超级马里奥兄弟》(*Super Mario Brothers*)等热门游戏。从那时起,一种名副其实的视频游戏文化迅速发展,成为利润丰厚的媒体行业,这可以从宝可梦(Pokémon)现象中看出。宝可梦是由田尻智(Satoshi Tajiri)于 1995 年创立的一款游戏,其基础是一种名为"宝可梦"的虚构生物,人类试图捕捉并训练它们,让它们互相竞技。该系列起源于"游戏男孩"(Game Boy)和"游戏狂人"(Game Freak),在全世界广泛流行。如今，该系列不仅有视频游戏，还包括电视节目、漫画书、卡牌游戏、玩具等衍生产品。

角色扮演类视频游戏能够制造幻想，玩家可以假想自己正在冒险。每款游戏都有自己的规则，每个参与者都在剧情中扮演一个特定的角色或人物，被称为化身。神秘和恐怖主题是冒险的基本内容。网络游戏的日益流行催生了许多子游戏类型，比如多人在线角色扮演游戏。实际上，视频游戏为冒险故事提供了一种新形式，其中虚构元素掌握在玩家手中，他们既是编剧，又是演员，同时也是导演。叙事显然是开放发展的，正如翁贝托·埃科所言，不可预测解读或结果的文本更具有吸引力。虚实之间的界限因此变得模糊，产生一种拟像效果。

电影与后现代主义

大多数故事片本质上都属于视觉叙事。这就是为什么克里斯蒂安·梅斯(Christian Metz, 1974)等电影符号学家认为电影可以被视为与语言具有相同的结构特征。在我看来，这只说对了一部分。更准确地说，电影文本通过将对话、音乐、场景和动作融合在一起，扩展了语言的范畴。因此，电影可以描述为由语言和非语言能指组成的复合文本形式。

复合性是电影表现力强大的原因。例如，一部侦探电影由演员之间的对话组成。对动作的叙述通过镜头、蒙太奇等各类电影技术表达。添加音乐可以突出文本的戏剧性和情感表达。各种元素交织在一起，融合不同的感官模式，共同作用于文本体验。由于其情感效果，电影或许已经成为过去100多年来最重要的视觉艺术媒介，既构成了逃避现实的渠道，又是哲学和知识浪潮的制造者和推动者。1988年，一部关于电影及其在塑造现代世界中关键作用的电影将这一观点戏剧化。电影名为《天堂电影院》(*Cinema Paradiso*，意大利语：*Nuovo Cinema Paradiso*)，由当时意大利新锐导演朱塞佩·托尔纳托雷(Giuseppe Tornatore)执导，这部电影以电影史上最令人心碎的场景之一结束。20世纪50年代，童年时期的主人公多多(Totò)喜欢去小镇上的天堂电影院，给放映师阿尔弗雷多(Alfredo)当助手，阿尔弗雷多去世后留下一个包裹。长大后的多多成了著名导演，他回到了幼时生活的小镇，受到故人们的欢迎。回到罗马的家后，多多打开包裹，发现里面是所有禁播的吻戏胶片，这些都是他童年时好心的教区牧师审查后要求剪掉的片段。这一幕伴随着恩尼奥·莫里科内(Ennio Morricone)伤感的音乐,让人回想起阿尔弗雷多的善良和他对多多的爱。这些禁播的吻戏因而变成一种怀旧的象征,象征着那个人们几乎忘却的更加简单纯粹的时代,就像童年的天堂电影院一样。

电影推动下最重要的哲学艺术趋势之一是后现代主义(postmodernism),在《发条橙》(*Clockwork Orange*)、《银翼杀手》和《失衡生活》(*Koyaanisqatsi*)等重要电影上映后,后现代主义作为一种思维模式在全社会传播。这些电影将在下文讨论。

后现代主义

后现代主义并非起源于电影,其源头可追溯到爱尔兰剧作家、小说家塞缪尔·贝克特(Samuel Beckett, 1906—1989)的戏剧,他是荒诞派戏剧运动的代表人物。贝克特的小说和戏剧聚焦于生存的悲惨,揭示人类意识的可怖本质,最终将其归结为一种内在孤立的自我意识。20世纪40年代末,他创作了戏剧《等待戈多》(*Waiting for Godot*),这是一部杰出的"后现代雏形"戏剧作品。该剧引起强烈反响,1961年首次在电视上播出后,很快成为戏剧界的经典之作。《等待戈多》勾起现代人的想象力,因为就像《等待戈多》中两个流浪汉一样,许多人对人类存在的"目的"都持怀疑态度。这部戏剧挑战了"生命有意义"这一长久以来的信念,暗示语言、宗教概念等所有的意义结构和系统都不过是我们为避免"真相"而设置的虚幻屏障——人生是荒诞的,意识正不断走向灭亡。

尽管贝克特的戏剧充斥着虚无主义,但人们似乎又自相矛盾地从中发现意义。在这部杰作中,两名流浪汉一直在等待一个名叫戈多(Godot)的角色,这个名字显然讽刺性地暗指上帝(God)。戈多从不在剧中出场。但作为观众,我们内心深处都热切地希望贝克特是错的,希望在另一个舞台上,在另一部戏剧中,剧情的设计能让我们知道戈多会来赴约。这正是后现代艺术探索的人类处境的模糊性和矛盾性。这是一种极度荒诞、虚无且讽刺的表现形式,抨击传统习俗和价值体系,将其视为人类幻象的混合产物,而非反映神秘目的的体系。但在此过程中,却迫使我们思考它所谴责的体系本身。

后现代主义一词很少用于形容贝克特的戏剧,原因很简单,这是该剧问世后的20世纪60年代才由建筑师创造出来的。该词指代一种建筑运动,摒弃早期以建造整体式公司摩天大楼和高层公寓楼为特征的苍白平庸、千篇一律的现代主义风格，重新引入传统和古典元素。后现代主义建筑师呼吁设计要更加有个性、复杂、反常规，同时注重历史文脉的延续性。后现代主义概念得到建筑学采用后不久，就开始更广泛地流行起来，更普遍地成为哲学和艺术领域运动的标语。但贝克特的戏剧显然预示着整个艺术领域后现代运动的兴起。

要理解这场运动的根源，不妨回顾一下现代主义(modernism)的起源。现代主义相信科学是回答生活中重大问题的手段。现代主义可追溯到文艺复兴时期，在启蒙运动后的"理性时代"迅速发展。19世纪，技术突飞猛进，人们越来越确信科学最终能够解决人类所有问题，这进一步巩固了现代主义在文化群体思维中的地位。19世纪中叶，查尔斯·达尔文(Charles Darwin, 1809—1882)提出了自然选择的科学概念，对传统的宗教世界观构成严重挑战。19世纪末，德国哲学家弗里德里希·尼采(Friedrich Nietzsche, 1844—1900)提出"上帝已死"的著名论断，一语道破现代主义给社会带来的世界观颠覆。

哲学和艺术领域的后现代主义是对现代主义观点的一种反击。在后现代主义中，没有什么是确定无疑的，甚至科学和数学也被视为人类丰富想象力的构建，像艺术一样变幻无常。在所有艺术中，后现代技法的本质一方面是对现代主义科学确定性信仰的讽刺和戏仿，另一方面是对宗教人士盲目信仰的讽刺和戏仿，过去如此，现在仍然如此。这种技法已经扩展到包括对现代主义社会本身破坏性的批判。正如社会学家齐格蒙特·鲍曼(Zygmunt Bauman, 1992: vii - viii)所言，后现代主义构成了"一种以其嘲笑一切、侵蚀一切、溶解一切的破坏性为特征的精神状态"。

《发条橙》与《银翼杀手》

在所有艺术形式中，电影是运用后现代技术最广泛的领域。最早的后现代主义电影之一是1971年斯坦利·库勃里克(Stanley Kubrick, 1928—1999)的电影杰作《发条橙》。该片以英国未来社会为背景，影片中，问题少年亚历克斯·德拉吉(Alex De Large)无恶不作。他因谋杀被捕入狱后，自愿接受一项实验性休克治疗，通过洗脑令他摒弃之前的生活方式。然而，曾被他伤害过的亚历山大先生(Mr. Alexander)将他软禁起来，向他复仇，意图通过播放贝多芬第九交响曲驱使亚历克斯自杀。但亚历克斯得到了媒体的支持，不久后被释放，并通过治疗恢复了健康。

这部电影以典型的后现代风格结尾，并未呈现明确结局。但是，一个青少年能够犯下的毫无意义和目的的暴力罪行是当代生活的可怖写照。亚历克斯是一个被困在疲惫、腐朽环境中无欲无求又无情的人，他唯一的出路是诉诸恐吓和暴力，像一颗随时可能爆炸的“定时炸弹”。亚历克斯感到迫切需要做出改变来“拯救”世界，但他不知道该如何做。

影片中支离破碎的街头生活画面强化了亚历克斯认为现实是虚幻的这一整体观点，从而加强了电影的潜台词：生活荒谬且毫无目的，人类的行为是虚幻的既存故事的蒙太奇，故事背后并无真正的内容，只是为了帮助我们等待不可避免的灭亡，回归虚无。

里德利·斯科特在1982年的杰作《银翼杀手》中模仿了这部电影的一些场景技巧。《银翼杀手》改编自菲利普·K. 迪克(Philip K. Dick, 1928—1982)的科幻故事《仿生人会梦见电子羊吗?》(*Do Androids Dream of Electric Sheep*?)。这部电影至今仍吸引着电影爱好者。在讨论本片之前，有必要先简述科幻题材这一概念。

科幻题材通常涉及科学或未来事件对人类的影响。尽管科幻有其古老的起源，例如公元前160年萨莫萨塔村(Samosata)的卢西恩(Lucian)在《真实的历史》(*True History*)中描写了月球之旅，17世纪的英国教士、历史学家弗朗西斯·戈德温(Francis Godwin)也描写过登月旅行，英国政治家托马斯·莫尔爵士(Sir Thomas More)1516年在《乌托邦》(*Utopia*)中塑造了一个未来主义世界，但我们现在所知的科幻小说可以追溯到工业革命后的时期。英国小说家玛丽·沃斯通克拉夫特·雪莱在小说《弗兰肯斯坦》(1818)中探索了科学技术的善与恶，该作品出版后，科幻小说成为一种新的大众阅读形式，此后也巩固了科幻小说在廉价小说届的地位。法国作家朱尔·凡尔纳(Jules Verne, 1828—1905)是第一位专攻这一新题材的作家，他的畅销小说包括《地心游记》(*Journey to the Center of the Earth*)(1864)和《环游地球八十天》(*Around the World in Eighty Days*)(1873)。第一位重要的英国科幻作家是赫伯特·乔治·韦尔斯(H. G. Wells, 1866—1946)，其作品《时间机器》(*Time Machine*)(1895)、《莫洛博士岛》(*The Island of Dr. Moreau*)(1896)和《世界大战》(*The War of the Worlds*)(1898)一经出版便成为经典。

20世纪，奥尔德斯·赫胥黎(Aldous Huxley, 1894—1963)的《美丽新世界》(*Brave New World*)(1932)和乔治·奥韦尔(George Orwell, 1903—1950)的《一九八四》(*Nineteen Eighty-four*)(1949)出版，梅里爱的《月球旅行

记》(1902)等电影上映,《阴阳魔界》(*The Twilight Zone*)(1959—1964,1985—1987 复播)、《迷失太空》(*Lost in Space*)(1965—1968)、《星际迷航》(*Star Trek*)(1966—1969)、《神秘博士》(*Dr. Who*)(1961—1991)以及《X 档案》(*The X-File*)(1993—2002)等科幻电视剧兴起,科幻题材日益流行。

电影《银翼杀手》的剧本采用 20 世纪 80 年代赛博朋克科幻风格。赛博朋克作家的目标是创造由科技主导的非人性化社会。《银翼杀手》涉及典型的赛博朋克主题:假如机器有生命会发生什么?它们会是什么样子?会比人类更"人性化"吗?

影片中,在压抑衰败的当代城市背景下,里克·德卡德(Rick Deckard)是未来执法官员之一,代号"银翼杀手",他们受过训练,负责检测和追踪"复制人",这些复制人是强大的人形机器人,在太空中为人类工作。但复制人已经失控,他们以某种方式发展出自我意识和抽象意识等人类的心理特征,并开始就自身的存在提出基本的哲学问题。由于他们被设定了有限寿命,解决这些问题变得更加紧迫。一群绝望的复制人返回地球,试图改变自己的程序,他们正在拼命寻找创造自己的邪恶企业大亨,希望让他重新编程,永久延长复制人的生命。德卡德的任务就是追踪消灭这些逃跑的复制人。

他的搜寻工作发生在一个城市的荒原上,在那里,朋克变种人控制着街道,阴云笼罩下的高层公寓里,可怜的居民们仍然只关注电视机播放的节目。德卡德依靠一种配有定格功能和精确图像增强器的录像机,在被混乱势力遗弃的黑暗小巷中寻找复制人。

德卡德用来识别嫌疑人是"人类"还是复制人的方法让人想起人工智能(AI)理论家采用的经典图灵测试。20 世纪 50 年代初,杰出的英国数学家艾伦·图灵(Alan Turing, 1912—1954)在英年早逝前不久提出,通过编程,计算机的回答与人类回答几乎难以区分。这一概念后演变为经典的图灵测试。具体操作如下:假设一名人类观察者被安置在房间内,房间的一边隐藏一台编程计算机,另一边则隐藏另一个人。计算机和隐藏的人类只能在纸上书写回答问题,这些纸通过墙上的缝隙在观察者和计算机与人类之间传递。如果观察者无法根据书面回答确定哪一方是计算机,哪一方是人类,观察者则可认定这台机器通过了测试,具有人类智能。德卡德的检测技术与此类似,但影片中采用的方式与图灵测试有所不同,因为德卡德关注被测者眼睛的反应,确定对方是否具有人性。

电影中出现的复制人和各种人偶看似与人类无异。讽刺的是,其中一名复制人甚至被同类杀死。影片中也时常出现人形玩具。但有个特征能将人类与人工制造的“人”区分开来——眼睛。复制人的眼睛只用于观察;人类的眼睛还可用来表达感情。由于意识到人类眼睛的神秘力量,复制人戳破创造者的眼睛,以这种残忍方式杀死了他。有趣的是,观众永远无法确定德卡德是人类还是复制人,因为镜头从未拍摄他眼睛的特写。

电影的矛盾之处在于,在这个后现代场景中,复制者比人类角色更“人性化”。德卡德甚至爱上了复制人雷切尔(Rachel),她的名字与《圣经》中同名人物有着明显的互文联系。她帮助他追踪猎物,并爱上了他。这部电影还引用了《圣经》中的许多其他内容。例如,在接近尾声时,赤裸的复制人罗伊(Roy)腰间只围着一块白布,显然是在暗示耶稣受难场景,他以自己的生命为代价挽救了德卡德的生命。罗伊“死亡”时出现的白鸽让人想起在暴雨中被送到诺亚方舟上的鸽子,它帮助方舟找到远离洪水的安全地带,这象征对美好未来的追求。事实上,这正是罗伊去世后故事的走向,德卡德和雷切尔从可怕的城市逃到了乡下。黑暗、阴郁的后现代氛围突然明朗,太阳出来了,“新的黎明”随之而来。这些画面让人想起伊甸园的景象。但为了忠于历史,需要指出,电影最初的结局并非如此,这是制片人坚持采用的。尽管如此,它和导演剪辑版一样能引起共鸣。

《银翼杀手》以一种新的方式提出哲学的基本问题:什么是人?什么是真实?存在有何意义?影片将复制人塑造成人类的标志性拟像,他们为实现生存和自我认知的斗争反映了人类本身的斗争,从而讲述人类生活的本质和意义。

2017年,丹尼斯·维尔纳夫(Denis Villeneuve)执导的续作上映,名为《银翼杀手2049》(*Blade Runner 2049*)。在这部续作中,名为K的银翼杀手发现一个有可能让人类陷入全面混乱的秘密,因此,他开始寻找销声匿迹30年的前代银翼杀手里克·德卡德。本片有两点有趣之处。首先,影片在当下讲述未来,复兴未来,在某种程度上,它为《银翼杀手》的传奇故事画上了句点。更重要的是,片名中的日期是2049年,这暗示了计算机工程师雷·库日韦尔(Ray Kurzweil, 2005)的预测,即技术“奇点”将在该日期前后出现,届时复制人终将战胜人类。库日韦尔用“奇点”来描述未来人工智能通过图灵测试,达到甚至可能超过人类智能水平的时刻。库日韦尔将日期定为2045年,所以这部电影的故事发生在4年后的2049年,届时复制人终将成功复仇。

接下来说回“奇点”的概念。此处只需说明，维尔纳夫的电影是对原版《银翼杀手》富有想象力的重现。电影中的复制人再次寻求与人类获得相同的尊重。K找到了德卡德的女儿，她可能是复制人雷切尔和人类德卡德生出的半复制人半人类，而由于父亲或许也是复制人，她更可能是纯种复制人。未来的不确定性引出了一个问题：未来，人类和机器共享同一生活空间，这种计算机控制下的世界将会如何？

《银翼杀手》系列电影实际上不属于严格意义上的后现代主义，而是后人文主义的一次尝试。这是一个广泛使用的术语，指人类不再主宰世界的时代，届时人类将与机器和动物共存，创造一种新的世界秩序，人类不再处于中心地位，而是与人工智能和动物智能等其他智能体平等合作。人文主义实际上有五种含义（Haraway, 1991）：

- 指对传统人文主义的反对，或反对认为人类是世界的创造者，不受外部形而上学力量的影响，即人类是宇宙中心的观点。在后人文主义时代，人类只是整体事物中的微小有机颗粒。
- 不仅指超越古老人性概念的需要，还指建立包括其他物种和机器等非人类在内的社会的需要。
- 指在网络空间中进行虚拟通信的世界，人与人之间的联系可以在这种空间中通过模拟完全实现，因此，需要对现实做出新的定义。
- 指一场旨在通过技术消除所有传统差异的哲学运动。
- 指一种旨在抨击所有传统宗教和精神观念的批判性哲学流派。

《失衡生活》

1983年，美国导演戈弗雷·雷焦（Godfrey Reggio）执导了精彩的电影《失衡生活》，该片既是运用后现代电影技术的典范，也是对当代城市社会的尖锐批判。全片没有对白，只有一系列不连贯的图像。一方面强调当代世界的脱节，另一方面也是后现代艺术的案例之一，模仿纪实风格电影和电视节目。这部电影没有人物、情节、对话或旁白，总而言之，没有任何可以看作是叙事的内容。摄像机将高速公路上的汽车、原子弹爆炸、城市街道上的垃圾、商场内购物的人群、住宅区、正在拆除的建筑物等对比鲜明的镜头并置。我们看到的世界正如摄像机拍摄的那样。这个世界乏味阴郁，没有任何目的或明确意义。人类像无意识生物一样，或是行走在人群中，或是完成日常工作。为了突出这个世界的疯狂和荒谬，雷焦将菲利普·格拉斯(Philip Glass, 1937—)的迷人音乐融入电影中。音乐作为理解镜头的向导，以旋律和节奏对其作出诠释。通过格拉斯的音乐，我们可以从对比强烈的旋律和节奏中感受到在这个世界中人类行为的无意义。缓慢而沉重的节奏让观众感到疲惫不堪，伴随着混乱合唱的最急板也在冲击着人们的感官。当这种狂热的音乐意象最终结束时，强烈的解脱感随之产生。

从某种意义上说，整部电影可以被视为一首音乐奏鸣曲，有开头部分或称阐述部分，中间发展部分，以及最后的尾声再现部。影片开头就闪过一个截然不同的世界——居住在亚利桑那州和美国西南部其他地区的霍皮人的世界。这个世界牢牢植根于整体神话存在观之中，人类成就与自然无法分割。格拉斯的这首合唱音乐高尚神圣、意义深远，激发出人们对人类精神的敬畏之情，这与由颓废衰败、毫无意义、工业化世界的不和谐图像组成的电影奏鸣曲形成鲜明对比。之后，在影片结尾我们被带回霍皮人的世界。正如所有重述一样，合唱团开场时的深沉曲调又回来了，令人难忘，令人敬畏，这一次在尾声中还带着警告，银幕上显示：

> *koyaanisqatsi*(源自霍皮语)：①疯狂的生活；②混乱中的生活；③失衡的生活；④生活瓦解；⑤需要转换方式的生活状态。

就这样，电影结束了，没有给出解决办法，也没有震撼的结局。这部电影用没有文字的电影语言展现出当代世界的黯淡景象。就像《等待戈多》一样，观众离开影院时感到情绪无处宣泄，这正是亚里士多德所言伟大戏剧的“净化效应”。正如社会批评家让-弗朗索瓦·利奥塔尔(Jean-François Lyotard, 1984: xxiv)所说，后现代主义抨击现状，因为它表明“叙事功能正在失去其功能者，失去其中的伟大英雄、巨大危险、宏伟航程以及宏大目标”。然而，在让现代人进一步意识到虚幻过去的同时，也产生了一种对人类进步毫无价值的反历史性和虚无主义。

后现代电影之所以强大，是因为具有批判性和反思性。但归根结底，人类的精神迫切需要更多情感上的满足，变得更加诗意。事实上，如今《失衡生活》这类电影已经鲜少有人制作，但后现代主义仍在电影界留下了印记。惊悚片和悬疑片是当前电影界的主流，其中大部分使用的电影技巧都能让人回想起《发条橙》和《银翼杀手》。因此，尽管后现代主义作为一次广泛的艺术运动可能已经走完了全部的历程，但还是留下了许多印记。例如，《黑客帝国》(*The Matrix*)(1999)就是其成果之一，这是一部名副其实的精彩科幻电影，在成长于迅速扩张的数字星系中的年轻观众之间引起了共鸣。这部电影揭露了计算机屏幕中的虚拟世界，并对《圣经》进行了互文暗示。电影批判了那些沉湎于“电子生活”的“技术爱好者”。电影暗示，“计算机迷”成为统治者，但他们创造了怎样的世界？只有找到更高级的意识状态，摆脱外物的束缚，人类才终将满足。

电影类型

早期电影人的剧本借鉴小说、杂耍、马戏节目和通俗小说。但是，他们也创造了新的电影类型，至今仍对电影制作产生着很大影响。如今的电影、电视剧、电视电影、迷你剧，甚至是新形式的视频和多媒体作品，大多沿用传统电影的分类方法。

从电影中提取意义背后的意指系统是电影符号学的研究目的。电影让我们能够通过摄像机不断探索的视角，把犯罪故事、神秘事件、浪漫爱情等构成社会现实的事情联系起来。总而言之，电影是一种包罗万象的综合文本。许多电影类型都反映人类思维和现实生活的片段，通过类型本身的多样性赋予其连贯结构。但就像所有小说一样，每种类型的电影都有特定的叙述素和结局，隐藏在电影媒介中。

主要类型

当今最受欢迎的电影类型起源于电影制作的早期和黄金时代。早期电影热门类型如下：

- 犯罪电影：《小凯撒》(1930)
- 科幻电影：《月球旅行记》(1902)
- 动画电影：《白雪公主和七个小矮人》(1937)
- 喜剧电影：《一夜风流》(*It Happened One Night*)(1934)

- 人物电影:《公民凯恩》(1941)
- 历史电影:《党同伐异》(*Intolerance*)(1916)
- 纪录片电影:《北方的纳努克》(*Nanook of the North*)(1922)
- 侦探电影:《马耳他之鹰》(*The Maltese Falcon*)(1941)
- 悬疑电影:《M》(1931)
- 怪兽电影:《金刚》(*King Kong*)(1933)
- 恐怖电影:《诺斯费拉图》(1922)和《德古拉》(1931)
- 音乐电影:《飞到里约》(*Flying Down to Rio*)(1933)、《绿野仙踪》(1939)
- 战争电影:《一个国家的诞生》(1915)、《翼》(*Wings*)(1931)
- 动作电影:《巴格达窃贼》(*Thief of Baghdad*)(1921)
- 黑色电影:《双重赔偿》(*Double Indemnity*)(1944)
- 西部电影:《火车大劫案》(1903)
- 爱情电影:《沙漠情酋》(*The Sheik*)(1921)
- 情节电影:《宝林历险记》(*The Perils of Pauline*)(1914)

自20世纪50年代起,好莱坞不断更新电影类型,关注当时社会热点主题,其中一些现在仍在电影制作中占一席之地。从面向青少年的海滩派对电影,到时下的砍杀电影、傻瓜电影和女性电影,这些电影根据社会潮流和模式迎合观众品味,呈现出多种新电影类型。像《13号星期五》(*Friday the Thirteenth*)系列这样的砍杀电影揭示了现代观众对连环杀手和犯罪的关注;傻瓜电影是一类将人物(尤其是年轻男性)塑造成傻瓜的喜剧,这类电影显示出观众对低能幽默的迷恋;《BJ单身日记》(*Bridget Jones Diary*)和《欲望都市》(*Sex and the City*)等关于现代女性困境的电影则反映一种普遍的社会趋势,凸显女性解放后的社会现状。女性电影形成新的电影阵地,让女性获得新的自由感。与展现刻板女性形象的爱情电影中构建的幻想世界不同,这类电影抨击了女性作为被动接受个体的传统观点。

黄金时代之后开始流行的电影类型如下:

- 青年叛逆电影:《飞车党》(*The Wild One*)(1954)、《无因的反叛》(*Rebel Without a Cause*)(1955)

- 冒险/间谍电影:詹姆斯·邦德系列电影
- 阴谋电影:《碟中谍》(*Mission Impossible*)系列,《达·芬奇密码》(*The Da Vinci Code*)(2006)
- 浪漫喜剧:《枕边细语》(*Pillow Talk*)(1959),《电子情书》(*You've Got Mail*)(1998)
- 新科幻电影:《黑客帝国》(1999)
- 砍杀电影:《13号星期五》(1980)、《我知道你去年夏天干了什么》(*I Know What You Did Last Summer*)(1997)、《电锯惊魂》(*Saw*)系列
- 流行音乐电影:《监狱摇滚》(*Jailhouse Rock*)(1957)、《一夜狂欢》(*A Hard Day's Night*)(1964)、《辣妹世界》(*Spice World*)(1998)
- 功夫电影:李小龙系列电影
- 说唱电影:《8英里》(*8 Mile Road*)(2002)、《哈啦大发师》(*Barbershop*)(2004)
- 非裔美国人电影:《超级苍蝇》(*Superfly*)(1972)、《街区男孩》(*Boyz in the Hood*)(1991)、《黑豹》(*Black Panther*)(2018)
- 西班牙裔电影:《杀手悲歌》(*El Mariachi*)(1992)
- 成长纪事电影:《早餐俱乐部》(*The Breakfast Club*)(1985)
- 反战电影:《现代启示录》(*Apocalypse Now*)(1979)
- 奇幻电影:《野蛮人柯南》(*Conan the Barbarian*)(1982)、《指环王》(*Lord of the Rings*)(2001—2003)系列、《哈利·波特》(2000—2007)系列
- 灾难电影:《火烧摩天楼》(*The Towering Inferno*)(1974)、《完美风暴》(*The Perfect Storm*)(2000)
- 末日电影:《迷失的灵魂》(*Lost Souls*)(2000)、《末日迷踪》(*Left Behind*)(2001)
- 奇观电影:《大白鲨》(1975)、《侏罗纪公园》(1993)
- 傻瓜电影:《阿呆与阿瓜》(*Dumb and Dumber*)(1994)、《蠢蛋搞怪秀2》(*Jackass II*)(2006)
- 女性电影:《BJ单身日记》系列
- 女英雄电影:《古墓丽影》(*Lara Croft*)(2001)、《神奇女侠》(*Wonder Woman*)(2017)
- 超级英雄电影:《超人》(*Superman*)系列、《蝙蝠侠》(*Batman*)系列

- 外星人电影:《异形》(*Alien*)系列
- 人工智能电影:《银翼杀手 2049》

上述类型有些延续过去的题材,有些则是新题材。除此之外,还有包括迪士尼电影在内的儿童电影,其中许多都是动画片。之后还出现根据图像小说[①](graphic novel)改编的电影,如《V 字仇杀队》(*V for Vendetta*)(2006),以及伪纪实电影,如上文提到的《女巫布莱尔》(1999)。连映电影一直很受欢迎。20 世纪 30 至 40 年代,共和影业制作了许多成系列的惊险电影,连续几周在电影院上映,吸引观众定期回来观看续作。近年来,这类电影以续篇和系列电影等新的形式出现,包括《星球大战》、《夺宝奇兵》、詹姆斯·邦德系列电影等。

惊悚片

由于能将虚构事物生动地呈现给广大观众,电影自出现开始就轻松进入大众文化视野。事实上,所有早期电影类型的主要目标都是呈现出传统通俗小说的叙事消遣。其中最受欢迎的类型是惊悚片,由艾尔弗雷德·希区柯克(1899—1980)首创。希区柯克出生于英国,是美国电影导演,其惊悚片因技术创新和制造悬念而闻名。1920 年,希区柯克进入电影制作行业,担任默片的字幕设计员,也曾担任布景师、编剧和助理导演。1925 年,他执导了处女作《欢乐花园》(*The Pleasure Garden*)。1926 年,他的第三部作品《房客》(*The Lodger*)上映,影片讲述一名男子被怀疑是开膛手杰克的故事。直到此片上映,希区柯克才奠定惊悚片开创者的地位。1929 年,希区柯克制作了他的第一部有声电影《讹诈》(*Blackmail*),影片因其天马行空的音效运用而广受赞誉。电影中,希区柯克用不断响起的商店铃声表达女主人公内心的罪恶感。20 世纪 30 年代,他凭借一系列广受欢迎的悬疑片赢得国际赞誉,其中包括《擒凶记》(*The Man Who Knew Too Much*)(1934)、《三十九级台阶》(1935)和《失踪的女人》(*The Lady Vanishes*)(1938)。

1939 年,希区柯克进入好莱坞。他在美国的首部电影《蝴蝶梦》(*Rebecca*)(1940)改编自英国作家达夫妮·杜莫里耶(Daphne du Maurier)的小说,获得

① 图像小说也算是某种形式的漫画,通常剧情较长且较复杂,绘图表现风格的发挥尺度较宽,以成年读者为目标。

奥斯卡最佳影片奖。之后，他又回归惊悚片，并专攻此领域，使观众对体验悬念充满期待。这些影片包括讲述一名女子怀疑丈夫是杀人犯的《深闺疑云》(*Suspicion*)(1941)，以及两部广受好评的悬疑电影《辣手摧花》(*Shadow of a Doubt*)(1943)和《美人计》(*Notorious*)(1946)。

20世纪50年代，希区柯克开启职业生涯中最具创造力的时期。他接连担任一系列创新影片的导演和制片人，自《列车上的陌生人》(*Strangers on a Train*)(1951)开始，《后窗》(*Rear Window*)(1954)、新版《擒凶记》(1956)接连上映，此后又拍摄了《迷魂记》(*Vertigo*)(1958)、《西北偏北》(*North by Northwest*)(1959)、《惊魂记》(*Psycho*)(1960)和《群鸟》(*The Birds*)(1963)。这些电影的情节被比作白日噩梦——表面平静无波的小镇却隐含着黑暗的紧张气氛；无辜的人发现自己突然成为犯罪嫌疑人；看似健康的汽车旅馆职员实际上是伪装成自己已逝母亲的精神病杀手；诸如此类。希区柯克的电影也因其技术而闻名，这显然是受到俄罗斯导演谢尔盖·艾森斯坦的蒙太奇实验的影响，他通过一系列快速转换的镜头唤起观众的强烈情感。除此之外，希区柯克还用特别的拍摄角度和精心制作的音效感染观众。他精心打磨电影中的每个镜头，将演员视为片场的元素之一，让人感到银幕上所有内容都有其存在意义。

希区柯克的艺术如此强大，其后所有惊悚片都受到他的影响。每一部新的惊悚电影都会被或含蓄或直接地与他的作品作比较，形容词“希区柯克式”(Hitchcockian)已永久载入电影词汇。“希区柯克＝惊悚片”的公式现在已成为一种电影知识，也成为电影历史长卷上永恒的一页。这就是导演的影响力。值得一提的是，2001年，在由1800名观众票选出的美国电影学会(American Film Institute)100部史上最受欢迎的惊悚片排行榜上，希区柯克的《惊魂记》位列榜首，另外两部电影《西北偏北》和《群鸟》分别排名第四和第七。

2001年上映的惊悚片《记忆碎片》(*Memento*)显然是受到希区柯克的启发。该片由克里斯托弗·诺兰(Christopher Nolan)编剧执导，改编自其弟乔纳森·诺兰(Jonathan Nolan)的短篇小说《死亡象征》(*Memento Mori*)。主角伦纳德(Leonard)因头部受伤无法创造新的记忆，被迫只能活在当下。这部电影围绕着主角试图为妻子的奸杀案复仇展开。伦纳德在身体上写笔记，用拍立得照相机拍照，用纸片记录零碎的信息，以便记住自己发现的证据，影片因此而得名，表明他的记忆是无数外物的碎片，他无法与任何生活故事产生关联，因此也毫无现实感。影片采用倒叙的方式呈现，因此，主人公由于失忆缺少关键线索，观众也同样如此。观众因而陷入失去记忆的恐惧之中。叙事和记忆的碎片化与错位致使观众对意识和存在的真实性产生怀疑。

影片一开始就交代了伦纳德妻子被杀害的事实。伦纳德也被击中头部,得了短期失忆症,带着一张凶手嫌疑人的照片。主角的寻仇之路以嫌疑人死亡,以及是伦纳德将其杀死的推论结束。之后,伦纳德继续按照以前记录的风格写了一封信,也许是写给自己的,因为他知道,如果不这样做,他就会忘记这出自谁手。

电影中充斥着时间的象征——闹钟铃声、手表、笔记本,等等。然而,这部电影中穿插着正叙与倒叙,打破了这些人工制品所创造的时间感,用黑白和彩色画面区分两种叙事序列。彩色画面显示实际发生的事情;黑白则是伦纳德推论出的事情。在第一个彩色场景中,伦纳德射杀了嫌疑人泰迪(Teddy),这实际上是故事的最后一部分。在那个场景中,有一张未显影的拍立得照片,一颗飞回枪管的子弹,一声枪响后,画面中的泰迪又活了过来。紧接着是伦纳德在汽车旅馆房间里和一个匿名者打电话解释自己处境的黑白场景。

为了让电影更加恐怖,诺兰还穿插了萨姆·詹金斯(Sam Jenkins)的平行故事。伦纳德是一名保险调查员,他负责处理萨姆·詹金斯的一份医疗报销单。萨姆诡异地患有和他现在一样的短期失忆症。伦纳德调查了这个案子,认为萨姆在伪造病情,因此让保险公司拒绝支付萨姆索要的保险金。萨姆的妻子也无法确定丈夫是否在伪装,所以,她想出一个记忆测试法。她患有糖尿病,萨姆负责为她注射胰岛素。如果在她一再要求下萨姆不停为她注射,就能证明他的病情属实。令她诧异的是,萨姆竟然真的反复注射,全然忘记刚给妻子打过针。最终,她因用药过量而陷入昏迷并死亡,萨姆也因此在精神病院接受治疗。萨姆·詹金斯这条副线让观众明显感觉到伦纳德自己可能也是这家精神病院的病人,而且他还可能杀害了自己的妻子。

最终,电影以希区柯克式的超现实主义风格提出了一个古老的哲学问题:何为真理?答案似乎就是我们脑海中的理解。当我们失去了创造真理的头脑时,恐惧随之而来。

观影

正如《天堂电影院》所展现的那样,观影是一种社会体验,它将人们聚集在一起,成为一个共同的观看主体。当然,随着新型电影媒体的出现,观影变得更加个人化,这种社会性也许正在改变。

早前的电影爱好者自然明白集体观影的力量。早期美国电影导演兼制片人塞西尔·B.戴米尔拍摄的壮阔史诗和圣经题材电影对当代大片制作影响颇深。他意识到，大银幕的力量能引导观众对某部电影做出一致的反应。20世纪10年代，戴米尔拍摄了许多特色鲜明的无声电影，其中包括《弗吉尼亚的贫民窟》(*The Warrens of Virginia*)(1915)、《琼女士》(1916)和《低语的合唱》(*The Whispering Chorus*)(1918)。在短时间内，他就以自己的个人魅力在大众心目中塑造了风度翩翩的好莱坞导演形象，流行几十年之久。在他的助力下，人们形成了一种观念：与古代戏剧中的神话奇观一样，电影也是一种奇观。

1923年上映的《十诫》孕育电影巨制的萌芽。制作这部电影时，戴米尔了解到在复活节与逾越节等时期公共仪式的重要性，并指出电影是体验传统仪式的媒介。这部电影票房极高。其后十年，他又创作了许多作品，包括《罗宫春色》(1932)、《埃及艳后》(1934)和《十字军》(*The Crusades*)(1935)。之后，戴米尔的一系列大制作、高预算电影成就了一个个传奇，包括《乱世英杰》(*The Plainsman*)(1936)、《大海贼》(*The Buccaneer*)(1938)、《联太铁路》(*Union Pacific*)(1939)、《骑军血战史》(*Northwest Mounted Police*)(1940)、《野风》(*Reap the Wild Wind*)(1942)、《参孙和达莉拉》(1949)、《大马戏团》(*The Greatest Show on Earth*)(1952)，以及轰动一时的新版《十诫》(1958)。

未来，电影也将继续吸引广大观众，原因很简单，电影本身就是一种社会仪式，将人们聚集在一起。电影将故事“娓娓道来”，就如同曾经的民间说书人那样，影响立竿见影。因此，在电影院等公共场所观影未来一段时间内很可能仍然是数字星系的固有成分。自电影出现以来，就一直被视为一种社会活动，在电影院里，有幕间休息、食物供应等各种社交仪式。从20世纪30年代到70年代，电影院一直是城镇中最具吸引力的地方。街角的电影院已被拥有许多大银幕的大型影院取代。

电影院已成为独立的娱乐场所。电影制作人也不断采用和改进各种技术，吸引观众回到影院。三维技术就是电影人使用的手段之一。尽管如前文所述，三维电影起初只是恐怖片和科幻片吸引观众的噱头，但自从《阿凡达》(2009)大获成功以来，这种技术改变了观众期待的观影方式，为观影革命铺平了道路。观影的社会活动之所以幸存，是因为人们需要在公共场所体验电影。可以用吃饭进行类比。一个人当然可以独自进餐，但是，在餐馆里与其他人一起分享同样的食物却具有社会意义，这将一餐转化为一种社会纽带。同样，电影可以独自观看,也可以与他人一起欣赏。后者作为一种社会联系的形式,以某种类似的方式让我们内心产生共鸣。

扩展阅读

了解电影符号学领域可参阅下列作品。

Metz, Christian. 1974. *Film Language: A Semiotics of the Cinema*. Chicago: University of Chicago Press.

梅斯的书中写道,电影是一种固有的"电影语言"的具体表现形式,这种语言的结构与口头语言一样,具有承载意义的单位、语法等。

Ehrat, P. Johannes. 2005. *Cinema and Semiotic: Peirce and Film Aesthetics, Narration, and Representation*. Toronto: University of Toronto Press.

本书深入探讨电影叙事符号学的细节,虽略显专业,但将电影作为符号学代码总体评估,值得一读。

第六章 电　视

> 电视行业坚持着一种理论，即无论什么地方发生的任何事情都应该能让身处各地的人感知到，但这种理论未必准确。从长远来看，如果每个人都能看到万事万物，所有景象都会失去曾经的宝贵价值。人们若是因此能够看到、听到几乎所有事物，就很有可能对一切失去兴趣。
>
> ——E. B. 怀特(E. B. White, 1899—1985)

自 20 世纪 50 年代成为主流传媒以来，电视在塑造现代媒介景观方面一直发挥关键作用。电视催生了一种视觉素养，在互联网出现之前，电视媒体能够提供有史以来最多的信息，吸引最多人关注。由于电视的影响力和普及性，人们控诉其将唯物主义和浅薄文化固化为群体思维。关于电视对社会影响的科学研究论文一度很常见，直到近 10 年才让位于对互联网的研究。社会批评家们是正确的吗？电视是否催生了一个“荼毒心理”的世界？是否真如 W. B. 基(Key, 1989:13)所言，电视节目的受害者是那些“在摇滚音乐会上，以及后来在“宗教集会”上发出歇斯底里尖叫”的人？毫无疑问，电视已经影响了人们的行为，但其他形式的媒介表征，包括刻在泥板上的文本以及平装小说，也都是如此。事实上，电视媒体是以前媒体的延伸，将广播内容带入视觉领域。

本章内容涵盖不同类型的电视节目及其背后的模式。从符号学角度来看，电视可以称为一种社会文本，下文将对此讨论。电视可以定义为一个包罗万象的表征，引导社会大众关注当前的热点问题，将其传递更远，同时也影响其后续发展。以 20 世纪 90 年代风靡一时的情景喜剧《宋飞正传》为例，这部剧既影射了捉摸不定的道德准则，也质疑了基于家庭结构寻求自我成就的美国梦。该剧影响了后来的情景喜剧,并挖掘出仍在普遍群体思维中产生共鸣的无意识社会心态:除了生存之外,真的有什么是值得努力的吗?与以往的情景喜剧不同,该剧中的人物并不认同将家庭和职业作为成功的标准,这与传统的角色设定相悖。剧中人物碌碌无为,终日只顾着互相打趣。情景喜剧是周播节目,因此能够描绘美国生活并进行叙事解构,这一点是其他任何媒体都无法做到的。作为一部喜剧,这部作品精彩纷呈,但作为当代生活的写照,却令人惶恐不安。

再回溯到麦克卢汉的见解,早在互联网产生之前,电视的出现就可以视为实现地球村的重要一步,这是继古时写作作为大众传媒兴起之后的又一进步。电视以其独有的方式使我们"再部落化"。麦克卢汉曾说:"人类大家庭现在处于一个地球村中。我们生活在同一个压缩空间里,与鼓声回荡的部落如出一辙。"(McLuhan, 1962:35)他的阐述精准捕捉到我们因生活在一个以电子为媒介的思维空间中而形成的那种意识,在这个空间中,我们通过电子工具在地球上任何地方都感觉到彼此之间的联系,至少是潜在的联系。正如本书所讨论的,麦克卢汉认为,记录和传播信息的媒介在塑造趋势和导向未来进步方面具有决定性作用,因为它们显著增强了人类生理、心理、制度等方面的能力,重新校准了我们的意识,从而使大脑思维不断更新。因此,我们只需打开电视机观看卫星传输的节目、浏览网站、使用社交媒体等,便可以以虚拟而非真实的方式与他人建立联系。我们互动、创造和自我表达的环境不再只是真实的空间,也可以是电子空间,其中的感官模式也变得日益虚拟化。这种空间无疑在电视时代成为主导。

电视的出现

电视的相关技术起源于1884年工程师保罗·尼普科(Paul Nipkow)发明的扫描盘。1923年至1925年,这种设备开始试用于电视系统。1926年,苏格兰科学家约翰·洛吉·贝尔德(John Logie Baird)完善了扫描方法。1931年,俄裔美国工程师弗拉基米尔·茨沃里金制造出电子扫描系统,成为现代电视摄像机的雏形。1928年,美国发明家厄恩斯特·F. W. 亚历山德森(Ernst F. W. Alexanderson)在纽约州斯克内克塔迪市(Schenectady)展出第一台家用电视接收器。尽管他的设备传输的图像画幅小、质量差、不稳定,但出席展会的精明商人还是嗅到了其中的巨大商机。

20世纪30年代末，电视服务已在多个国家普及。例如，英国广播公司于1936年开始提供常规电视服务。20世纪40年代，美国已有23家电视台在运营。但直到20世纪50年代初技术快速发展后，北美才几乎家家户户都能买得起电视机。紧接着，电视名人变得家喻户晓，人们的日常生活安排也开始越来越多地考虑纳入电视节目。

自20世纪60年代以来，电视节目不断拓展，已不仅仅是各类纪实和虚构节目的杂糅。同报纸一样，电视已经成为面向更广泛社会的综合文本(见第三章)。电视综合文本可以更具体地描述为一种社交文本，这将在下文中讨论。作为一种包罗万象的代码，在互联网时代到来之前，甚至在互联网时代，人们通过电视收集大量信息、启发智力、娱乐消遣。电视已完全融入社会，酒店房间、机场、学校、电梯、办公等候室、自助餐厅、洗手间，甚至是外太空，电视无处不在。1969年7月，美国成功登陆月球，并在月球表面进行了电视直播。

技术不断进步，电视节目的收看画质也不断升级。如今，数字电视接收器将电子信号转换为包含一连串1和0的数字代码，它对电视起着重要作用，就像20世纪80年代的光盘和千禧年的MP3技术之于录音一样。80年代中期出现了高清电视技术，高清电视能够在更宽的屏幕上播放更清晰的图像，画质不输大银幕。20世纪90年代初，美国推出全数字系统。值得注意的是，当时工程师们已找到了高清电视与计算机和电信设备兼容的方法，除家庭电视之外，该技术也可应用于其他诸如医疗设备、安全系统和计算机辅助制造的系统。另外，电视内容可以通过流媒体播放，因此观看时没有传统电视的时间限制，美国家庭电影台等一些频道解除了传统的电视广告合作关系，直接转向观众收费。上述因素都改变了电视观看形式，但却并没有改变其作为一种强大视觉媒介的意义，电视仍引导和影响人类的观念，引领和塑造趋势的走向。

像所有其他大众传媒一样，电视也是一把双刃剑。从积极的一面来看，它在为社会带来重大变革方面发挥了作用。多年来，情景喜剧频繁探讨两性主题，大大减弱了过去整个社会在该问题上存在的清教徒式虚伪。抗议活动和性道德观念改变之所以成功，是因为它们不仅涉及“有知之士”，而且还涉及只能在电视上看到相关问题的广大普通民众。但另一方面，阅读书籍需要一定程度的批判性思考，看电视则不需要。鲍德里亚(1988，1998)指出，这导致人们在接受和理解信息时普遍被动，缺乏反思。因此，电视潜移默化地在整个社会中引发一种智力迟钝，且可能会在网络媒体影响下进一步加剧。

形象(image)一词可简单定义为标志性符号,以某种模拟阐释的方式代表某些指称领域。这是一种不断演变的社会趋势的原型,如时尚风格、特定外观,或是性别之类的某个系统。露西尔·鲍尔在情景喜剧《我爱露西》中塑造的女性形象与《老爸大过天》中的母亲形象大相径庭,前者体现了女性的独立聪慧,后者则是依附顺从。

电视广播

如第四章所述,一战后,西屋电气公司建立了第一个商业电台 KDKA,为公众播报节目。早期的广播节目主要由小说、通俗小说故事、报纸报道、舞台剧和歌舞杂要改编而成,这些节目又被改编成剧情连续剧、情景喜剧、肥皂剧等形式,每周播出。同样,许多早期的电视节目也直接来源于广播。其中包括《荒野大镖客》(*Gunsmoke*)等西部剧、《指路明灯》(*The Guiding Light*)等肥皂剧,以及《杰克·本尼秀》(*The Jack Benny Show*)等情景喜剧。电视综艺节目很大程度上也从广播节目演变而来。因此,认为电视最初只是"可视广播"也并无不可。广播令印刷品和各类戏剧延伸到音频媒介,电视也以同样的方式令各类广播延伸到视觉媒介。

1939 年,美国无线电公司通过对纽约世界博览会的现场报道,向美国公众展示了电视的效率和魅力。紧接着,美国全国广播公司、哥伦比亚广播公司、美国广播公司和杜蒙电视网(DuMont Television Network, 1955 年破产)成为美国第一批广播电视网络公司,这些电视网是集中制作播放节目的电视台集团。20 世纪 50 年代中期,美国全国广播公司、哥伦比亚广播公司和美国广播公司已经成功垄断美国电视行业,在电视史上被称为三巨头。20 世纪 80 年代中期,福克斯电视网(Fox network)开始运营,占领了该领域的部分市场。当时,观众可选择的频道很少,局限于主要电视网提供的节目,这一状况直到 20 世纪 80 年代末有线电视出现后才有所改观。

与此前讨论过的其他媒介一样,广告也推动着电视行业的发展。公益电视节目不在其中。公益电视节目通常由政府资助、观众捐款、企业捐赠和基金会赠款等渠道获得资金。如今,有线电视和卫星服务极大地拓宽了电视行业的领域、产品和范围。如果我们将流媒体引入新的电视技术之中,电视几乎不会失去其在数字媒体领域的霸权,而是会与其他媒体融合。政治和社会问题受到有线新闻网络和社交媒体网站的影响,二者已完美融入巨大的媒介景观中,这一景观正是基于鲍德里亚所说的视觉影像。事实上，如今的刑事审判可在电视上现场直播庭审过程，政治问题亦是如此。

电视节目类型

正如前几章所述，20 世纪 20 年代末，无线电网络和好莱坞电影同步发展，为不同社会阶层和教育背景的人创造了前所未有的大众传媒文化。随着 20 世纪 50 年代电视的兴起，这种文化进一步得以巩固。

尽管无线电广播和电视之间存在着明显差异，但这二者的节目类型发展历程却极其相似。譬如，露西尔·鲍尔主演的《我爱露西》(1951—1957)就改编自她的广播节目《我最喜爱的丈夫》(*My Favorite Husband*)(1948—1951)。该剧成为美国电视史上第一档名副其实的热门节目，1952 年至 1954 年，三次蝉联全国收视冠军，并奠定了其后情景喜剧的主题，如夫妻间的争斗、邻居或同事间的争吵以及其他日常冲突。有些电视情景喜剧，比如《老爸大过天》(1954—1960)，倾向于严谨保守的传统家庭观，通常侧重刻画如何养育子女。还有些则通过展现有争议的实况报道，大幅提高了内容的"批判性系数"。这类情景喜剧的典型是《全家福》(*All in the Family*)(1971—1979)和《陆军野战医院》(*M*A*S*H*)(1972—1983)。一些情景喜剧偶尔也会用奇幻人物达到喜剧效果，例如《家有仙妻》(*Bewitched*)(1964—1972)和《太空仙女恋》(*I Dream of Jeannie*)(1965—1969)。有些情景喜剧对基于家庭内部问题的传统情景喜剧模式解构，其中包括《宋飞正传》《生活大爆炸》《辛普森一家》(*The Simpson's*)和《南方公园》(*South Park*)。讽刺和解构的言外之意是这些情景喜剧的特点。

情景喜剧	基本模式
《我爱露西》	两性之间的争斗，人与人之间的争吵，世俗冲突
《老爸大过天》	道德叙事，家庭问题
《全家福》《陆军野战医院》	社会评论与批判
《家有仙妻》《太空仙女恋》	解决人类问题的奇幻人物
《生活大爆炸》	戏仿人际关系，以友谊为主
《宋飞正传》	解构在传统家庭中寻求有意义的生活
《辛普森一家》	讽刺性地解构家庭和社会生活
《南方公园》	对社会习俗和政治正确性的低俗狂欢式解构

20 世纪 60 年代早期,美国出现一部有趣的情景喜剧《男人的世界》(*It's a Man's World*),虽然昙花一现,却为《宋飞正传》甚至《生活大爆炸》等情景喜剧的诞生打下了基础。这部剧于 1962 年在美国全国广播公司首播,讲述了 4 名年轻人的日常生活。他们分别是一个来自芝加哥富裕家庭的难民、一位民谣歌手以及一对孤儿兄弟。这部情景喜剧的主题在当时真正打破了传统,以智慧且艺术的方式处理有关婚前性行为、女权主义和代沟的问题。然而,当时广大观众还没有准备好接受这类节目,仅播出 19 集后,美国全国广播公司就将其腰斩。而当《宋飞正传》(1990—1998)上映时,观众们已做好准备。该剧以“无主题”著称,同时期的其他情景喜剧则关注点各不相同,如侧重家庭问题的《罗斯安家庭生活》(*Roseanne*)(1988—1997)、侧重性别问题的《家居装饰》(*Home Improvement*)(1991—1999),以及侧重社会问题的《歪星撞地球》(*Third Rock from the Sun*)(1996—2001)。尽管如此,《宋飞正传》在播出期间还是成为美国收视率最高且获利最多的电视节目。这是电视对电影后现代主义(见第五章)的回应。事实上,《宋飞正传》反映那个时代许多缺乏身份认同的年轻人的状况,他们觉得自己无处可去,无事可做。当时的观众漫无目的地生活在社会中,面对着艾滋病、虐待儿童、强暴、癌症、离婚、失业的多重威胁,对传统工作场所也有着诸多不满,他们将《宋飞正传》视为反映现实生活的一面镜子。

电视喜剧综艺节目是杂耍和夜总会娱乐的混合体。在电视节目出现早期,第一批媒体真人秀明星大多都是喜剧综艺演员,包括米尔顿·伯利(Milton Berle)、锡德·凯撒(Sid Caesar)、杰基·格利森(Jackie Gleason)、马莎·雷伊(Martha Raye)和雷德·斯凯尔顿(Red Skelton)。喜剧综艺通常由主持人的短篇独角戏和滑稽短剧组成,其中穿插各种表演,表演者包括歌手、乐队、脱口秀演员、训练有素的动物和其他马戏团演员。电视发展早期出现的综艺节目与这种节目类似,但主持人仅负责控场。譬如,哥伦比亚广播公司播出的由报纸专栏作家埃德·沙利文(Ed Sullivan)主持的《埃德·沙利文秀》(1948—1971)邀请过披头士乐队和波休瓦芭蕾舞团(The Bolshoi Ballet)等形形色色的艺人。《罗文马丁“笑音”秀》(*Rowan & Martin's Laugh-In*)(1968—1973)是一档讽刺性喜剧小品节目,戏谑几乎社会或政治问题的方方面面。

选集剧[1]和连续剧也是主要的电视节目类型。选集剧包括《固特异飞歌剧场》(*Goodyear-Philco Playhouse*)(1951—1960)和《第一演播室》(*Studio One*)(1948—1958)。连续剧既包括警匪剧，如《法网》(*Dragnet*)(1952—1959，1967—1970)、《雌虎双雄》(*The Mod Squad*)(1968—1973)和《檀岛警骑》(*Hawaii Five-O*)(1968—1980)；也包括私家侦探剧，如《77号日落大道》(*77 Sunset Strip*)(1958—1964)、《洛克福德档案》(*The Rockford Files*)(1974—1980)和《夏威夷神探》(*Magnum, P.I.*)(1980—1988)等，其中的侦探角色与刑事调查同等重要；还包括西部片，如《火车豪杰》(*Wagon Train*)(1957—1965)和《伯南扎的牛仔》(*Bonanza*)(1959—1973)。其他类型的电视剧包括战争题材剧，如《北非沙漠行动》(*Rat Patrol*)(1966—1967)；间谍剧，如《大叔局特工》(*The Man from U.N.C.L.E.*)(1964—1968)；以及科幻剧，如《星际迷航》(1966—1969)。有些剧根据律师、医生或成功企业家的故事改编而成，包括《梅森探案集》(*Perry Mason*)(1957—1966)、《洛城法网》(*L.A. Law*)(1986—1994)、《本·凯西》(*Ben Casey*)(1961—1966)和《维尔比医生》(*Marcus Welby, M.D.*)(1969—1976)。电视剧《犯罪现场调查》(*CSI*)以及美国家庭电影台和网飞的特别剧集等系列剧仍在继续播放，涉及各类叙事，但比网络电视播出的剧集更具现实性。

电视肥皂剧和同类型广播剧一样，大多以叙事的形式探讨爱情、友谊和家庭关系。电视时代早期，最受欢迎的肥皂剧是《指路明灯》(*The Guiding Light*)和《夜的边缘》(*The Edge of Night*)。电视肥皂剧的发展史也是社会性别关系的发展史。起初，肥皂剧只不过是家庭主妇们午后的“浪漫插曲”，最终发展成为讨论各种关系的剧集。显然，作为一种社会文本，电视既能反映社会趋势，也能推动社会趋势的发展。

从一开始，新闻广播就对电视观众极具吸引力。电视广播能够即时向广大观众提供信息，这重新定义了新闻报道在社会中的作用，博客等在线新闻形式出现后才逐渐使电视新闻播报黯然失色。纸媒新闻因此已经成为广播、电视和互联网的补充媒体，专注于深度报道和社评。早期电视几乎无法提供创新的新闻报道，但这种情况在20世纪50年代中期发生了变化。1956年，美国全国广

---

[1] 选集是指为了某一特定目的而将文学作品成段或成篇编选成册的集子。选集剧即每集都是独立故事的剧集。

播公司推出《亨特利-布林克利报道》(*The Huntley-Brinkley Report*),这是一档半小时晚间新闻节目,对当天发生的事件进行拍摄报道。此后不久,其他电视网也纷纷效仿。录像带发明后,这类报道的成本大幅下降,各个电视台因而能够启动并扩大地方新闻报道。电视网和地方新闻节目也成为电视综合文本的一个组成部分。

除了每日新闻报道外,这些电视网还利用新闻报道的热度,制作每周黄金时段的新闻杂志系列节目,如《60 分钟》(*60 Minutes*)(1968—)和《20/20》(1978—)。这类节目的内容涵盖文化报道、调查报道和新闻特写,在黄金时段大量涌现。当然,自20 世纪 80 年代中期以来,有线新闻频道也广受欢迎。第一个新闻频道是美国商人特德·特纳(Ted Turner)于 1980 年创立的美国有线电视新闻网(Cable News Network,简称 CNN),这是第一个全天候新闻频道。越来越多的人对信息播报有着迫切需求,因此,美国有线电视新闻网成立了头条新闻台(Headline News),全天候连续播放电视新闻节目。美国有线电视新闻网和福克斯新闻台(Fox News)已经成为政治舞台上针锋相对的竞争对手。福克斯声称美国有线电视新闻网报道"假新闻",引发了一场全社会关于电视新闻媒体影响公众舆论力量的辩论。

实际上,新闻电视已经对选举政治和公众舆论产生了显著影响。1960 年理查德·M. 尼克松和约翰·F. 肯尼迪参加总统竞选,同意进行一系列辩论,并通过电视和广播同步播出。据调查,大多数广播听众认为尼克松赢得了辩论,电视观众则倾向于肯尼迪。肯尼迪在当年秋天的大选中获胜。正如鲍德里亚一贯所言(1973,1998),这就凸显了视觉图像强于任何其他类型能指的力量。对越南战争(1955—1975)的电视报道推动了美国政治规则的修正。20 世纪 60 年代中期,美国的三大电视网终日向家家户户播放战争画面。许多观众在电视上看到战争的恐怖影像后,内心深感不安,就连政府官员在广播和印刷媒体上发布的即将获胜的好消息都显得黯然失色。

其他经久不衰的电视节目类型包括访谈节目,将各类日常八卦、丑闻、消息杂糅一起,还包括体育报道、儿童节目、游戏节目、音乐节目、动画节目和宗教节目。如今值得特别提及的是真人秀节目,这类节目始于 21 世纪初,其主角并非演员,而是现实生活中的普通人,把他们置身于充满阴谋、危险、背叛和性的场景中,而这些都是肥皂剧中的戏剧性元素。这种无脚本节目模糊了现实与虚构之间的界线,其吸引力在于"正在形成中的文本"。正如路易吉·皮兰德娄

(Luigi Pirandello, 1867—1936)于1921年创作的伟大戏剧《六个寻找作者的剧中人》(*Six Characters in Search of an Author*)一样,观众可以看到现实生活中的角色在寻找剧本和叙事,乐趣存在于追寻结局的过程。

首批大受欢迎的真人秀节目之一是2001年福克斯电视网播出的《诱惑岛》(*Temptation Island*)。在一个充满田园风光的岛屿上,一群穿着泳衣的人们被安置在岛上,他们的情感和关系可能遭受蓄意的"诱惑"计划破坏。据称,节目中的情侣之所以同意出演,是为了测试彼此的忠诚度。但在我看来,不只是节目中的嘉宾,而且连收看节目的观众,均被电视创造的诱人幻象迷惑。如前所述,安迪·沃霍尔曾提出"十五分钟的盛名"理论,而在媒体时代,这很大程度上已被无脚本电视节目替代。人们现在觉得,电视上发生的事情和现实生活中的事件几乎没有什么不同,无脚本节目只是将其具体化。但在批判性地观看这些节目时,人们却震惊于这种创意的荒唐。无脚本确实引人入胜,但其结果却并非令人惊叹不已的戏剧,而是"群体围观"的乱象。

无脚本电视节目并非新生事物。多年来,这一直是有线电视网和一些公共广播电台的主打节目。譬如,英国电视四台(Channel 4)的精品系列节目《1900年的房子》(*1900 House*)比《幸存者》(*Survivor*)或《诱惑岛》的形式要更加有趣。节目中,一个家庭同意按照维多利亚时代的方式生活三个月,期间遭遇了种种不幸。该节目将叙事元素、纪录片与戏剧元素结合在一起,形成了有关家庭生活的电视社会学,产生巨大影响。同样,1971年的美国纪录片《劳德之家》(*The Loud Family*)进行了7个月的不间断拍摄和300个小时的不间断播出,创造出反映主人公平凡家庭生活的正在形成中的文本。最终,劳德的家庭分崩离析,人们不禁要问:这是拍摄电视节目造成的吗?

真人秀节目为了满足媒介景观居民的窥视心理而存在。如今,通过使用网络摄像头等数字记录设备,全世界数百万人甚至在让陌生人参与自己的日常生活。似乎越来越多的人觉得生活在公众目光下比保留隐私更令人兴奋。显然,由于电视的影响,私人和公共空间之间的界限已经模糊。无论是名人还是家庭主妇,每个人都在公共场合展示私人生活,供大家观看。电视节目制作人意识到入侵式文化不断蔓延,纷纷加入"真人秀潮流",推出一系列自己的"网红"节目,描绘人们的日常生活状态。数以百万计的电视观众可以看到人类众多平淡乏味、见利忘义、呆笨愚钝的"现实"景象。也许在某种深层次的无意识层面上,我们都在试图通过这种群体围观的方式理解生活,但这种方式显然有些诡异。

电视现状

如今,涉及各类主题的专业频道已成为电视多频道体系的一部分,其中包括全球音乐电视台等音乐频道、美食电视网(Food Network)等美食频道、鉴定发现(Identification Discovery)等刑侦频道、探索频道(Discovery Channel)等科学频道,以及娱乐与体育电视网(ESPN)和体育网络频道(TSN)等体育频道。智力竞赛、选秀节目和相亲节目一直很受欢迎。《沉重人生》(*My* 600 *lb. Life*)、《囤积强迫症》(*Hoarders*)等展示人类弱点的电视真人秀节目也人气颇高。同样收视率很高的还有《权力的游戏》(*Game of Thrones*)和《纸牌屋》(*House of Cards*)等热门电视剧。

回放电视(Replay TV)和美国在线电视(America Online TV,简称AOLTV)等公司也提供交互性服务,观众可以自行控制观看内容和观看时间。交互形式实际上始于1953年播出的儿童节目《文可·丁克》(*Winky Dink*),节目观众需要购买一套工具,内含一块覆盖电视屏幕的塑料板和一套神奇蜡笔,孩子们可以用这套工具帮助节目中无助的主人公文可摆脱困境。在旁白的提示下,孩子们可以为他画一座桥,让他越过峡谷,然后按照指示擦掉桥,这样坏人就会掉进峡谷。该节目播出了四年,并于1970年复播。交互电视的第二阶段始于1977年12月1日的俄亥俄州哥伦布市,当时一家有线电视公司向客户提供"中继盒",客户可随时订购电影。20世纪90年代初,有线电视各类专业频道出现,观众可以随时观看节目。如今,各种频道和节目都有线上版本,观众可以在播放期间或播放前后随时访问这些网站。只需轻点按钮,就可以选择暂停或录制节目。现在,有线电视和卫星电视供应商甚至允许用户在观看时获取节目的相关详细信息。

譬如,美国家庭电影台播出比尔·马厄(Bill Maher)的政治喜剧脱口秀节目《彪马实时秀》(*Real Time*),油管上可以找到每一期的很多片段。网络直播现在也很常见,因此,当地体育赛事等活动也吸引了大量国际观众。过去,业余运动或国外体育活动几乎不会在广播媒体上播出,而网络直播让这些活动获得了相对较多的观众。有了各种各样的视频设备,全球各地的人都可以成为节目制作人。无论有无专业知识,现实生活中的人们就这样成为直播节目的演员。

录像机和录像带租赁店已经过时,这在很大程度上是因为美国家庭电影台和网飞等新电视系统的出现。美国家庭电影台属于卫星电视网络，有自己的节目、电影和连续剧。该台始于 1972 年，目前是美国史上备受欢迎的电视频道之一，制作了大量的优秀节目和电影，观众可以实时收看或通过流媒体观看。好莱坞电影制作模式的影片需在院线首先上映，因此，美国家庭电影台已成为其主要竞争对手。另一个竞争对手则是网飞，这是一家成立于 1997 年的娱乐公司，专门从事流媒体和视频点播，现在也是主要的电影和电视制作工作室之一。网飞第一部备受赞誉的电视剧《纸牌屋》于 2013 年首播，打响了其作为电视和电影观看媒介的知名度。该公司通过不断丰富的在线电影电视节目库提供名为“网飞出品”的新内容。事实上，美国家庭电影台和网飞都将电视和电影两种媒体完全融合在一起，定期发布数百部新电影和节目。

一直以来，电视节目传统上都是基于这样一个前提，即所有观众的品位和期望都基本相似，但在美国家庭电影台、多频道和互动技术的时代，这种情况已然改变。

在有线电视和卫星电视出现之前，电视节目联合体动摇了主流电视网的霸权地位。电视节目联合体是指由节目制作人租借或授权给多个其他公司用于广播、发行或放映节目。20 世纪 80 年代中期，《幸运之轮》(*The Wheel of Fortune*)等节目出现，挑战了主流电视网的统治地位。如今，这档黄金时段的问答节目仍然很受欢迎。

20 世纪 40 年代末，有线电视开始出现，用于服务盲区，即那些无法接收电视台发射天线信号的区域。如今，有线电视和卫星电视已经成为常态。数字数据压缩技术以高效的方式将电视信号转换为数字代码，提供更多频道。目前美国有以下各种类型的电视频道。

类　型	举　例
教育频道	鉴定发现、艺术与娱乐(Arts & Entertainment Channel)、教学频道(The Learning Channel)
电影频道	美国家庭电影台、娱乐时间电视网(Showtime)、电影网络(The Movie Network)、电影佳作频道(Cinemax)
音乐频道	全球音乐电视台(Music Television)、乡村音乐电视台(Country Music Television)、流行音乐电视台(VH1)
新闻频道	美国有线电视新闻网、美国天气频道(The Weather Channel)、福克斯新闻台

续 表

类　型	举　例
宗教频道	灵感电视网(The Inspirational Network)、基督教电视网(The Christian Network)
政务频道	有线-卫星公共事务电视网(C-SPAN)
体育频道	娱乐与体育电视网、福克斯体育台(Fox Sports Channel)
购物频道	家庭购物网络(Home Shopping Network)
动画频道	卡通频道(The Cartoon Network)
科幻频道	科幻电视频道(The Sci-Fi Channel)
喜剧和情景剧频道	喜剧频道(The Comedy Channel)
法庭报道频道	电视法庭(Court-TV)
女性频道	女性频道(The Women's Channel)
儿童频道	尼克国际儿童频道(Nickelodeon)、迪士尼频道(The Disney Channel)
家庭频道	家庭频道(The Family Channel)
非裔美国人频道	黑人娱乐电视台(Black Entertainment Television)
西班牙裔频道	节目盛会(Galavision)
乡村音乐频道	纳什维尔网络(The Nashville Network)

除了提供基本服务外,付费服务还允许用户观看多种专门节目,包括摔跤拳击比赛、视频游戏频道、高度专业化的音乐频道,以及专门提供新闻标题、节目单、天气状况等基于纸媒的服务。有线电视公司现在也提供计算机和互联网服务。如菲利普·斯旺(Swann, 2000:22)所言,电视显然已经成为"家庭网络中心,消费者能够用遥控器控制所有的电子产品和家用电器"。

或许,交互性最强的形式是虚拟现实(VR),它现在正与电视一较高下。虚拟现实由一个设备系统组成,用户可以在计算机模拟的环境中进行社交活动并做出反应,感知、操纵计算机或网络空间中的虚拟对象,就像感知和操纵真实物体一样。这种互动方式让参与者沉浸在模拟世界中。虚拟世界由计算机程序创建。但虚拟现实模拟与其他计算机模拟的不同之处在于,虚拟现实需要特殊的接口设备,将模拟世界的视觉、听觉和感觉传递给用户。这些设备还记录用户的语音和动作,并将其发送到模拟程序中。实际上,人类主体是在与一个完全虚构的世界互动,这是一种表征空间,用户在其中与表征物互动。

为了看到虚拟世界中的事物,用户需佩戴头盔显示器(HMD),屏幕对准双眼。头盔显示器内含位置跟踪器,用于监测用户头部的位置和视线方向。利用这些信息，计算机重新计算虚拟世界的图像，匹配用户观看的方向，并在头盔显示器上呈现这些图像。用户可以通过其中的耳机听到虚拟世界中的声音。

无论电视综合文本在未来的意义如何，其主导大众传播的时期将被铭记，在这一时期，广大观众共享政治和文化事件，如领导人讲话、歌手演出、喜剧演员的独角戏、催人泪下的戏剧，以及体育赛事。随着人们可选择的观看方式日益增多，像电视这样能够在同一平台聚集众多观众的情况已日益鲜见。

电视的影响

麦克卢汉是最早强调电视的影响力远大于其传播内容的学者之一。事实上，正如他预测的那样，无论世界何处发生战争和冲突，如今的电视观众都能以事件“参与者”视角了解时事。

电视广泛影响着世界文化、政治和社区生活。电视决定着社会议程。也就是说，电视能够选择哪些想法和事件值得向公众曝光，因而有潜在深刻影响人们观点的可能。这些选择随后体现在公共事务和政治议程上，这是一个无意识的过程，称为“显著性转移”(salience transfer)。

1972 年，在一项关于媒体报道对 1968 年美国总统选举影响的研究中，马克斯韦尔·麦库姆斯(Maxwell McCombs)和唐纳德·肖(Donald Shaw)提出了电视的议程设置[①](agenda-setting)功能这一概念。他们发现，媒体报道的程度与受访者的支持率排名之间存在关联性。换言之，选民的意见受到媒体信息量的影响。研究结论是，电视上播出的事件往往比未在电视上播出的事件关联性更强。一个经典的案例可追溯到 1954 年哥伦比亚广播公司播出的由爱德华·R. 默罗主持的《现在请看》(*See It Now*)纪录片节目。

如今，由于脸书和推特等社交媒体网站在产生显著性转移效应方面的能力日益突出，议程设置理论也随之更新。乔治·W. 布什(George W. Bush)、巴拉克·奥巴马(Barack Obama)和唐纳德·特朗普的总统竞选受到社交媒体的影响，这让传统的电视竞选黯然失色。

可以说，电视媒体环境中对受众的心理社会影响主要有四种，不同的社会

① 议程设置理论认为大众传播往往不能决定人们对某一事件或意见的具体看法，但可以通过提供信息和安排相关议题来有效地左右人们关注哪些事实和意见，以及他们谈论的先后顺序。

科学家对此命名各异。在此,我将其称为“险恶世界综合征”(mean world syndrome)、“神话化效应”(mythologizing effect)、“历史虚构效应”(history fabrication effect)和“认知压缩效应”(cognitive compression effect)。无需多言,其他媒体也会产生类似的效果,但其程度远远低于电视,这方面只有互联网才能更胜一筹,这将在下一章中讨论。

“险恶世界综合征”

1976 年,乔治・格伯纳(George Gerbner)和拉里・格罗斯(Larry Gross)在一项研究中发现:①某些媒体,如电视,能够塑造人们对现实的认知;②电视节目的内容具有一种因循守旧的社会功能,即强化现有规范。研究人员发现,花费更多时间看电视的“电视迷”们倾向于形成与电视节目传达信息一致的社会信仰和态度。电视迷们通常把世界想象得比实际更加险恶,因而比其他人更焦虑,也更不易信任他人。这种现象被称为“险恶世界综合征”。研究人员还发现,电视拥有一种强化现有规范的隐藏代码。电视上的暴力画面不会导致社会上出现更多犯罪,因为在电视节目中,诉诸暴力不会有好下场。

电视上的暴力内容都以警告人们暴力具有危险性、会招致谴责而告终。通常情况下,电视迷们倾向于支持警察采取严厉措施维持秩序。因此,这种综合征伴随着对暴力本身的迷恋。这就解释了为什么报道现实生活中有关暴力行为的耸人听闻的新闻节目如此受欢迎。因为他们象征着“世界将走向何方”。

“神话化效应”

“神话化效应”是指将电视中的虚构人物神话化,认为其比现实生活中的人物更伟大。同舞台、讲坛等旨在重点刻画某一人物的特权空间一样,电视将人物“容纳”在电子空间中,让他们存在于虚构的神话世界,从而轻松创造出神话人物。由于身处电视创造出的神话空间,电视人物被赋予一种神化的品质。这就是为什么许多人见到电视剧演员、情景喜剧明星等会产生极大的热情。这些名人就如同当代的宗教人物神像。当然,其他媒体界的人物也是如此。畅销书作者、电台主持人、唱片歌手、电影演员等都被视为神话。但由于电视接触的人更多,其神话化效应也更广泛。

这种效应会激发出各类媒介影响人们思维的力量。如麦克卢汉所言,电视通过放大观众眼前“看到”的世界来呈现现实。正如漫画书创造出超级英雄的神话形象一样，电视也创造出屏幕另一端人物的神话形象。

古人可能对神话的真实性深信不疑，但随着科学思维的发展，神话通常被归入迷信领域。不过，我们内心有关神话的冲动并未消失。我们创造出的媒体总有一种倾向，认为其中的人物、形象和角色具有某种神话般的品质。正如麦克卢汉所言，危险就存在于，我们认为自己附属于人类制造出的机器世界："人，曾经是，也仍将是机器世界的繁殖器官，就如同蜜蜂之于植物世界，植物世界可使之受孕，进而不断进化出新的形态。机器世界通过为人类提供财富，催生人类的渴望和欲望来答谢他们的爱情。"(McLuhan, 1964:56)。

"历史虚构效应"

所谓"历史虚构效应"，是指电视通过诱导观众认为选举活动、演员恋情、时尚潮流等某些事件意义重大，从而虚构历史。人们通过观看新闻和访谈节目来判定他人是否有罪；通过收看脱口秀或纪录片认定某些行为值得称赞或谴责；诸如此类。总而言之，人们认为电视上播放的事件比未播出的事件更具社会意义和历史意义。一场暴乱一旦播出就会成为重大事件，未经播出则会被忽略。这就是为什么政治活动家都热衷于参加电视节目。电视为他们的事业赋予意义。体育运动因电视报道转变为艰巨激烈的战斗一般。李·哈维·奥斯瓦德(Lee Harvey Oswald)刺杀约翰·F. 肯尼迪①、越南战争、"水门事件听证会"、罗德尼·金(Rodney King)事件②、O. J. 辛普森(O. J. Simpson)杀妻案③审判、戴安娜王妃之死④、比尔·克林顿(Bill Clinton)性丑闻⑤以及唐纳德·特朗普当选总统等事件，通过电视报道的过滤筛选，成为影响重大且有预见性的历史事件。

总而言之，电视既是历史的创造者，也是历史的记录者。人们现在不仅能

① 肯尼迪遇刺事件两天后，奥斯瓦尔德在戒备森严的警察局被一家夜总会的老板杰克·鲁比开枪击毙，当时美国人都在电视直播中目睹了这一经过。

② 1991 年 3 月 3 日，黑人青年罗德尼·金因超速被洛杉矶警方追逐，被截停后拒捕袭警，遭到警方用警棍暴力制服。该事件引起 1992 年洛杉矶暴动。

③ 1994 年，前美式橄榄球运动员辛普森杀妻案成为当时美国最为轰动的事件。此案因证据存有漏洞，最终判定无罪，成为美国历史上疑罪从无的最大案件。

④ 1997 年 8 月 31 日，戴安娜王妃车祸离世，年仅 36 岁。

⑤ 自 1994 年起，曾担任阿肯森州政府女秘书的琼斯开始控告克林顿总统对其性骚扰，并曝光克林顿与秘书莱温斯基的不正当关系，最终双方于 1998 年达成和解。

从书中读到历史、在学校学习历史,更能通过电视体验历史。因此,电视正在塑造着历史。20世纪60年代末至70年代初,人们每天都能在家里看到越南战争的惨状,引发了社会上的抗议活动,战争随之结束。1989年推倒柏林墙时,东德青年在柏林墙上升起一面全球音乐电视台的旗帜。人们通过电视观看英国查尔斯王子和戴安娜王妃的婚礼,以及后来戴安娜王妃的葬礼,当时的观看人数史无前例。

电视能够创造历史,许多人在镜头前演绎了历史性事件。社会评论家W. T. 安德森(W. T. Anderson, 1992:125—130)称之为伪事件,这再合适不过,因为这些事件并非自主形成,而是为向电视观众"表演"而策划的。大多数伪事件都希望成为自证预言。多年来,打击激进恐怖组织等类似行动一直在重复上演。伪事件是最佳的无脚本电视真人秀节目,因为它们将真实的杀戮和恐吓与戏剧化的社会评论结合在一起。如安德森(1992:126—127)所言:"媒体将真实经历的原材料加工成故事向我们复述,我们却称之为现实。"

当然,其他媒体也在创造或已经创造了历史。关于战争、历史等内容的书籍总会塑造我们对过去某些事件的看法。在电视出现之前,报纸和广播是伪事件的主要编造者。但随着20世纪50年代电视的兴起,大多数人无疑开始通过电视来感知历史的创造,而不是通过印刷品等其他媒介。

"认知压缩效应"

"认知压缩效应"是指电视媒体以压缩形式呈现其故事、信息和特征,以便在有限时间内传播。因此,观众几乎没有时间思考信息中包含的主题、内涵和意义。这通常会形成一种在认知上毫不费力的被动"阅读"电视文本的方式。电视使人们习惯于接受大量事先被切割、包装和消化的"悬浮意义"。简言之,从认知角度来说,看电视毫不费力。

以电视新闻节目为例,新闻节目在短时间内呈现海量信息。我们能够接受这些信息,是因为各种各样的故事都事先经过编辑和程式化,便于大众轻松理解。镜头来回移动,选取事件的某些方面,展现一张张或痛苦或快乐或愤怒的脸,再转向主持人,他们就像民间说书人一样,讲述事件的全貌。新闻、电影片段和评论大都快捷简短,旨在呈现易于理解的信息片段。斯图尔特·埃文(Stuart Ewen, 1988:265)评论道:"在这样的文体环境下,新闻变得捉摸不定。"新闻事实由特定新闻节目的风格特征决定,同一个故事在不同电视记者的报道下会呈现出不同效果。因此,"不同的国家和人民每天被贴上'好人'、'坏人'、'受害者'和'幸运儿'等标签,风格成为本质,现实成为表象"(Ewen, 1988:265-266)。

一些心理学家表示,这种效应通常会导致注意力持续时间较短。无论这正确与否,事实是所有媒体都倾向于通过选择性的中介过程压缩信息。遥控器似乎能够显著影响注意力持续时间。1956 年,罗伯特·阿德勒(Robert Adler)发明了遥控器。但直到 20 世纪 80 年代,遥控器才成为每台电视机的标配。遥控器对我们看电视的方式产生巨大影响。当我们厌倦某个频道的节目时,无需思考,只要坐在舒适的座椅上,就能快速浏览可供选择的频道。这一切似乎反映出人类处理信息的内在倾向,表明我们在如何做事和如何获取信息方面寻求高效率和努力最小化,因此我们倾向于精炼信息,将与自身无关的信息排除在外。

电视与社会变迁

以上所述并不意味着电视无法成为强大的艺术媒介或社会变革推动力。事实上,电视播放种族抗议等重大社会事件,曾多次迫使人们改变立场。电视节目在改变人们对某些问题的社会心态方面起到了关键作用,这些事件已经作为公共记忆成为现代历史的一部分,且多数是无意识形成的。以下就是部分例子:

- 1963 年 11 月,约翰·F. 肯尼迪遇刺身亡,该事件被连续报道数日,案件嫌犯李·哈维·奥斯瓦德事件也在电视上现场直播。
- 1977 年,迷你剧《根》(*Roots*)播出,这是最早旨在解决长期存在的种族主义问题的具有影响力的剧集之一。
- 1968 年,《星际迷航》的《柏拉图的继子女》(*Plato's Stepchildren*)一集中首次出现了跨种族之吻。
- 1970 年,电视剧《单身公寓》(*Odd Couple*)中首次出现离婚夫妇。
- 1971 年,黄金时段播出的情景喜剧《全家福》出现了第一个同性恋角色。
- 1973 年,《全家福》探讨了强奸罪问题。
- 1991 年,《洛城法网》剧集中首次出现两名女子接吻的场景。
- 1992 年,《宋飞正传》剧集讲述了自渎这一更为禁忌的话题。

● 电视摄像机捕捉到“9·11”恐怖袭击事件[①],并将其纳入公众记忆。随后,大多数频道进行全天候报道,评估其启示意义。

● 在整个千禧年中,深夜节目成为政治舞台上进行讽刺和提高认识的来源。

随着卫星传输的出现,电视也成为一种强有力的媒介,可以在世界各地的文化中引发激进的社会、道德和政治变革。据报纸报道,当被问及20世纪80年代末东欧剧变时,波兰领导人莱赫·瓦文萨(Lech Walesa)曾表示,“一切都是电视机引起的”,暗示电视节目和商业广告中出现了消费乐趣的画面,破坏了当时共产主义世界相对贫穷但基本稳定的生活方式。

2001年,欧文(Irwin)、科纳尔(Conard)和斯考伯(Skoble)合著的《〈辛普森一家〉与哲学》(*The Simpsons and Philosophy*)研究的基本主题就是《辛普森一家》使用反讽手法探索政治和社会问题的意义。事实上,电视一直是展现社会价值观及其意识形态基础不同观点的主要来源之一。民主国家需要喜剧性的反讽才能蓬勃发展,因为它允许人民嘲笑当权者的缺点,从而抑制当权者对社会施加精神控制的能力。

作为社会文本的电视

电视是一种“社会文本”(social text),可以将其定义为一种包罗万象的文本,供某种文化从中提取日常生活惯例的意义。为了理解其含义,我们不妨发挥想象,设想中世纪欧洲的某个村庄,在那个时代,日常生活会是什么样子?人们如何安排时间?人们可能会遵循何种社会文本?

正如历史所记载的那样,当时的日常生活安排遵照一种宗教社会文本。这种文本至今仍有残存。譬如,圣诞节和复活节等宗教节日仍然是西方人每年定期庆祝的大事件,许多人都在节日期间组织社会活动。中世纪时,欧洲各国依照宗教社会文本规范日常生活。当时的人们定期去教堂,严格遵守源自宗教经文的道德准则,认真听取牧师的告诫和规约。其隐含意义是,每一天人们都越来越接近自己真正的命运。依照这种文本生活无疑给人们的生活带来了安全

① “9·11”恐怖袭击事件是2001年9月11日发生在美国纽约世界贸易中心的恐怖袭击事件,遇难者总数高达2996人(含19名恐怖分子)。

感、情感庇护和精神意义。

文艺复兴、启蒙运动和工业革命之后，更世俗的文本形式逐渐取代了宗教社会文本。如今，除非加入宗教团体，或主动选择按照宗教文本的规定生活，否则人们普遍遵循的社会文本几乎不再是宗教文本。我们依照工作计划、社交约会等安排时间，这些几乎都与救赎无关；只有到了日历上所提示的圣诞节、复活节等传统节日时，我们才会兼顾世俗文本和更传统的宗教文本。世俗社会文本要求将一天划分为“时间段”，这就是我们如此依赖时钟、手表、日程表、预约簿、日历等的原因。如果没有这些，我们将会不知所措。值得注意的是，1726 年，乔纳森·斯威夫特(Jonathan Swift, 1667—1745)在其著名小说《格列佛游记》(*Gulliver's Travels*)中讽刺了人们依赖手表安排日常生活的倾向——小人国居民注意到，格列佛不看手表时几乎什么都做不了！他们对此困惑不已。像格列佛一样，我们也需要不断地查看时间，确保日常生活正常进行。

日常的文本组织大多是无意识进行的。如果我们开始反思日常安排的价值，可能很快就会开始质疑，并最终抛弃它们。决定“避世”的人确实会这样做，他们的生活不再受社会文本的支配。

电视自 20 世纪 50 年代进入社会舞台以来，几乎立即成为传播世俗社会文本的媒介，人们通过电视收集生活信息。如果你仔细浏览每日的电视节目单，并开始将节目分为早、中、晚时段，就会明白这意味着什么。有线电视和卫星天线出现后，节目范围似乎更加广泛随机。但仔细观察这些节目单，就会发现事实并非如此。

以早间节目为例，几乎所有电视网每日都以某几种类型的节目开始。这些节目通常为报道新闻、天气或体育的信息节目、儿童节目、健身节目。随后是上午时段的访谈和问答节目，鲜有例外。当然，人们也可以根据自己的喜好订阅有线电影频道或一些特别感兴趣的频道。但收视率研究表明，大多数人还是倾向于观看常规的早间节目。新闻和健身节目面向上班族；儿童节目面向广大儿童；访谈、问答和讯息节目则面向需要刺激、娱乐或放松的居家人士。电视文本的周末晨间节目有所不同，这反映出与周末相关的不同类型的社会需求。但在工作日的早晨，电视节目的潜在目的是唤醒观众。“以下是您需要了解的信息，”新闻播音员脱口而出。“一起来健身吧！”健身教练大声说。“生活无趣，一起来了解荒诞离奇的感人故事吧！”脱口秀主持人高声道。早间电视节目也让我们确信自己忙碌的生活是有意义的。

下午时段的主要观众群体是居家人士。我们不像中世纪人那样出去闲聊或八卦,而是每天通过下午播出的脱口秀节目窥探人们复杂的生活,获取八卦消息。这是日常生活的固定一环,人们得以窥见普罗大众的私人生活。

脱口秀和访谈节目让现代人在公共场合揭露并忏悔自己的"罪行"。因此,大量观众可以参与他人的自我揭露和忏悔行为,宣泄自己的情绪。正如斯特恩兄弟(Stern and Stern, 1992:123)所写,脱口秀"某种程度上是一种慰藉,看到别人比你处境更糟总是好的"。因此,下午是处理道德问题的时段,媒体舞台取代了讲坛,成为讨论道德问题和公开谴责"罪行"的平台。电视节目主持人和中世纪的牧师一样,对人类已知的几乎所有身体和心理状况都进行道德评论。

电视文本的第三部分通常被称为"黄金时段",即晚上7点至10点左右,大多数人都在家看电视的时间段。同早间节目一样,晚间节目的前奏是"新闻时间"。在此之后,各类节目陆续播放几个小时,包括情景喜剧、冒险节目、纪录片、电影等。20世纪80年代后,肥皂剧也在这一时间段播放,但收视效果一般。黄金时段节目面向整个家庭,将虚构的故事与道德和社会信息相结合。尤其是纪录片节目,既展现现实生活中的事件,又对其进行戏剧性加工,给人们一些道德启示。

黄金时段之后是深夜节目,这是日常文本的尾声。中世纪的人们过了傍晚几乎无事可做。如果不早睡,就在村里一起聊天或祈祷。但在当代消费主义社会中,当孩子们安然入睡后,电视节目让观众沉溺于各种兴趣。人们几乎可以对电视上播放的任何内容产生幻想,而不会受到社会惩罚。

更不必说,如今电视上有大量的专业频道可供选择。然而事实证明,这些频道只是提供更专业的方式来参与电视社交文本。比如,如果某人是美食爱好者,他当然可以通过观看美食频道来满足个人爱好,但这并没有改变电视文本的整体结构和凝聚力。专业频道与专业书籍功能类似。从图书馆借阅合适的书,你就可以沉浸在任何爱好或学科领域,但这绝不会影响整体文化环境中的一般阅读偏好。同样,电视上专业频道的存在并没有改变电视传递社会文本方式的基本结构。

电视中的隐喻

社会中消费主义的表现形式日益增多,电视社交文本呈现多样化也就不足为奇了。现在有面向体育、电影和音乐爱好者等的专业频道。但有一点是不变的，电视中的某些隐喻会经历形成、发展并最终被淘汰的过程。譬如，父亲身份这一隐喻就是由电视构建的，且多年来不断变化。

20世纪50年代情景喜剧塑造出的父亲形象，像《老爸大过天》和《OZ家庭秀原版》(*The Adventures of Ozzie and Harriet*)里的父亲符合人们对传统父权制家庭结构的期待。因此，这些早期的情景喜剧大多把家庭描绘得十分美好。父亲负责主持大局，母亲则做好贤内助，顺从父亲，维持家庭和睦。这种父权观点反映了20世纪50年代的社会心态。电视强化了这一点，用叙事形式让人们每周都能看到，并根据其中的隐喻形象评估自己的家庭状况。这些情景喜剧中有两部显然是例外：《蜜月期》(*The Honeymooners*)和《我爱露西》。这两部剧都围绕妻子的角色展开，剧中的妻子性格坚毅，实际上，她们是后来电视中女权主义角色的先驱。但总的来说，20世纪50年代电视情景喜剧的言外之意或修辞是一种概念隐喻："父亲＝无所不知、无所不能的角色"。这是每周为观众创造的意指系统，人们据此检视自己的家庭生活。

20世纪60年代至70年代初，意指系统发生了巨大变化，隐喻形象也随之变化，以反映新时代状况。电视中的父亲角色越来越滑稽可笑。最能反映这一变化的情景喜剧是《全家福》。剧中的父亲阿奇·邦克(Archie Bunker)是越南战争的坚定捍卫者，北美观众在意识形态和情感上分为两大阵营，一部分支持他的观点和态度，另一部分则鄙视战争，厌恶阿奇·邦克。显然，剧中邦克一家的经历在北美地区各个家庭中也时有发生。当时的北美社会进入情感动荡时期，对战争、种族主义、妇女的社会作用以及父权制家庭的霸权等争议性问题进行了激烈辩论。在20世纪60年代末至70年代初的情景喜剧中，新的概念隐喻潜台词是："父亲＝固执己见、滑稽可笑的角色"，代表人物是阿奇·邦克。

20世纪80年代至90年代，50年代情景喜剧中产生的父权观点被彻底解构。其中典型的例子是《拖家带口》，该剧批判性地描绘了"父权至上"的核心家庭。剧中的父亲阿尔·邦迪(Al Bundy)粗俗无礼，甚至不配成为父亲。事实上，正如片名所示，他只是结婚后恰好有了孩子，不得不"拖家带口"而已。他的孩子们同他一样肤浅，他的儿子巴德粗俗好色，女儿凯利肤浅纵欲。这部情景喜剧没有粉饰太平。《拖家带口》暗含新的潜台词："父亲＝白痴"。20世纪90年代，随着前文提到过的《宋飞正传》以及后来的《生活大爆炸》等情景喜剧的播出，对于父权制度和男性领袖形象的解构达到顶峰。

20世纪50至60年代，电视节目建立了一种特殊的父权观点，不仅受到

《全家福》的挑战,还受到《玛丽·泰勒·摩尔秀》(*The Mary Tyler Moore Show*)、《洛达》(*Rhoda*)、《莫德》(*Maude*)、《茉莉·托德的生活》(*The Days and Nights of Molly Dodd*)、《警花拍档》(*Cagney and Lacey*)等节目的挑战。这些节目塑造了坚强独立的女性形象,她们在正在瓦解的父权制世界中,试图在社会和职场中生存下去。20世纪80年代末,对先前这些情景喜剧模式的解构仍在继续,并延续至千禧年。

研究电视媒体可以学到的是,电视媒体既是一种间接进行开放式讨论的手段,也是一种保持被动并接受节目中事物的方式。麦克卢汉总能预见到这种媒体的危险性。大众传媒可能会让我们成为"观众",放弃自己独立思考和行动的责任,从而削弱真正的民主和有意义的话语。诺姆·乔姆斯基(Noam Chomsky, 2002:16)转述了美国社会批评家和记者沃尔特·李普曼(Walter Lippmann, 1922)的话,正如他所言:

> 如今的民主政体中有两类"职能":专业阶层,即负责人,履行执行职能,他们负责思考和规划,理解共同利益;困惑的人群,其在民主政体中也有职能。李普曼说,他们在其中的职能是做"旁观者",而非行动的参与者。但他们的职能远不止于此,因为这是民主政体。偶尔,他们也被允许向某个专业阶层的成员提供支持。换句话说,他们可以说:"我们希望你成为我们的领导者。"这是因为他们身处民主国家,而不是极权国家。这就是所谓的选举。但一旦他们支持某个专业阶层的成员之后,就要退居人后,成为行动的旁观者,而非参与者。

麦克卢汉始终对人类发展持乐观态度,认为人们总是可以变得积极主动,畅所欲言,也可以挑战领导阶层。因此,尽管乔姆斯基的观点可能正确,但正如电视发展史所清楚表明的那样,最终我们可以利用媒体,使之符合自己的偏好,支持自己的立场。

扩展阅读

Barthes, Roland. 1957. *Mythologies*. New York: Hill & Wang.

本书是符号学经典著作,探究大众传媒对人类思维和现代社会的影响。巴特认为，电视等现代大众文化和媒体重现了古老的神话主题，这关系到人们处理这些主题的潜在方式。

Baudrillard, Jean. 1983. *Simulations*. New York: Semiotexte.

鲍德里亚认为，现代世界出现了一种无意识的"拟像"，使当代人不能或不愿再区分现实和幻想，这是由电视等各类荧屏造成的。

第七章 计算机、互联网与人工智能

> 圣经的交叉引用和万维网的链接之间最大的区别在于，前者在羊皮纸或纸张上深刻隽永，经年不朽，后者则在电脑屏幕上盈盈发光，转瞬即逝。这或许可以与1900年前的记载作类比：智者筑屋于岩，愚者筑屋于沙。
>
> ——爱德华·门德尔松(Edward Mendelson，1946—)

正如第一章所述，20世纪中叶，计算机技术飞速发展，开始从根本上改变大众传播的系统和模式，世界各地大都形成自己独有的意指次序。20世纪末，计算机已融入日常生活的方方面面，世界由此迈入本书所定义的数字星系，也可称之为"巴贝奇星系"，它因首台真正计算机的发明者查尔斯·巴贝奇(1791—1871)而得名。如今，个人电脑、移动设备、数字平板电脑等设备可以存储海量书籍。人们瞬间就可以通过谷歌等搜索引擎获取浩繁信息。几乎一切有意义或实用的文本都已移入计算机存储系统。印刷技术令建立世界文明成为可能，计算机技术则使这种可能变为现实。

虽已进入新数字时代，但日光之下无新事。如今的数字大众传媒传递信息时采用的意指系统依然如故。此外，尽管书面文字以多模态和超文本的新方式存在，但它仍然是当代文化的基石，是编码传播知识的主要媒介。从这个角度来看，数字星系更准确地说是古腾堡星系的延伸，或是其自然发展的结果。计算机背后的科学原理有赖于书籍中记录保存的科学知识，因此，假如没有印刷书籍，数字星系也就无法存在。

本书反复强调，大众通信系统早已融入数字星系。在数字星系中，媒介讯息的接收者有无限选择，日益能够直接控制讯息的接收和破译。但需要注意的是，讯息的发送者现在也可借助无数媒体工具影响接收者。譬如，下一章将讨论的广告媒介就是如此，广告商不费吹灰之力就能运用许多新的技术工具，借此强化“传播信息”的目标。

媒介景观之旅的这一站将来到计算机媒介。在这一领域，传媒符号学的目标不再是研究已实现数字化的意指系统，而是聚焦新的“数字能指”，意即聚焦编码、存储和检索各类文本的模式。第二个关注点是尚在发展之中的“心智＝机器”这一隐喻概念，原因在于人工智能日益发展，人类在人工智能设备的帮助下行事更易，因而整个社会不经意间开始接受这种概念潜移默化的影响。

人工智能能够模仿甚至实际执行人类的心智活动，包括解决问题、推理判断、语言表达等。一些人工智能研究人员认为，在不久的将来，人工智能将与自然智能平分秋色，甚至更胜一筹。计算机芯片又称硅神经元(silicon neurons)，终将使计算机极大程度实现模仿脑细胞的复杂功能。芯片中的晶体管借助模拟技术模仿神经细胞膜，以神经元的速度运行。人工智能也许是有史以来最强大的媒介，构成一切新媒体研究的核心主题。

计算机媒介

1946年，美国工程师约翰·普雷斯普·埃克特(John Presper Eckert Jr.，1919—1995)和美国物理学家约翰·威廉·莫克利(John William Mauchly，1908—1980)于宾夕法尼亚大学研发出世界上第一台通用电子数字计算机。这台计算机名为“埃尼阿克”(ENIAC)，即电子数字积分计算机(Electronic Numerical Integrator and Computer)，每分钟可进行数百次乘法运算。其整体设计擘画出现代计算机的蓝图。20世纪50年代末，晶体管技术的发展及其在计算机领域的应用，使制造出更小、更快、更多功能的计算机成为可能。20世纪60年代末，集成电路问世，到80年代中期，几乎人人都买得起计算机。

起初，个人计算机本质上只是更加精密的打字机。计算机大大增强了印刷字体的功能，令文本的存储、保存和制作等更加多样化。计算机和人工智能领域不断发展，促使大众传媒无限延伸拓展。然而，人工智能媒介也如同魔法一般，诱使我们相信机器不仅能够取代人类，还能比人类更加智能，本章将对此展开讨论。麦克卢汉却驳斥这种极具欺骗性的观点，他认为，正如无数人工智能研究人员所言,计算机与书籍等其他媒介一样,都是人工制品,因此不可能取代其制造者。麦克卢汉曾言:“计算机可以完美促成人类无需做的事,但创造意义仍然是人类的专利。”(McLuhab, 1972:109)。

历史概述

计算机的历史实际上可追溯到1623年,当时,名不见经传的德国科学家威廉·希卡德(Wilhelm Schikard)发明了一台可以进行加法和乘除运算的机器。1642年,法国哲学家、数学家布莱兹·帕斯卡(Blaise Pascal, 1623—1662)发明了一台能够进行更多种运算的机器。帕斯卡又如法炮制了50台这种机器,多数被富人买来作为奇珍异宝放在客厅展示,帕斯卡一时声名鹊起,也积累了少许财富。此后不久,德国数学家戈特弗里德·莱布尼茨(Gottfried Leibniz, 1646—1716)改进了帕斯卡的机器,确立了“计算”机器的基本操作原则,现代电子计算机也因此得名。

19世纪初,法国发明家约瑟夫-玛丽·雅卡尔(Joseph-Marie Jacquard)通过发明一种织布机,确立了计算机编程的基本原则。这种设备借助打孔卡片自动运行,将图案编入其中,再由机器转化为纺织品。为了这个发明,雅卡尔差点丢掉性命。当地纺织工厌恶他的发明,担心这会对自己的工作造成影响,因此对他充满敌意,甚至想要加害于他。他不得不逃离里昂市(Lyon)。尽管当时备受诟病,但雅卡尔的织布机还是留存下来,并沿用至今,家居纺织品制造业更是离不开织布机。雅卡尔织布机具有现代计算机的所有基本功能:

- 可以输入机器的一个程序(或一组指令);
- 作为原始存储系统的打孔卡片;
- 由卡片激活产生所需输出的操作。

另一台早期计算机是19世纪20年代英国数学家、科学家查尔斯·巴贝奇设计的差分机(Difference Engine)。这台机器可处理涉及多达20位小数的数学问题。巴贝奇还制定了研发分析机(Analytical Engine)的计划,他表示,该机器将自动执行许多复杂的算术运算。但巴贝奇由于缺乏争权夺利的手段,没能获得足够资金支持。奥古斯塔·阿达·拜伦(Augusta Ada Byron, 1815—1852)是著名诗人拜伦勋爵的女儿,同时也是巴贝奇的朋友和学生,她开发出运行巴贝奇分析机的程序。人们将这种编程语言命名为“阿达”，以此纪念她。尽管分析机并未被真正制造出来，但其关键概念，如存储指令的能力、打孔卡片的使用和打印输出的功能，为现代计算机制造领域提供了蓝图。

美国发明家赫尔曼·何乐礼(Herman Hollerith, 1860—1929)将雅卡尔的打孔卡片与电子读卡设备结合，向现代计算机迈出了坚实的第一步。1890年，何乐礼的“电子计算机”被用于美国人口普查，处理数据的计算时间比以往人工统计时间短得多。1924年，何乐礼的公司与其他公司合并，成为国际商业机器公司(IBM)。

1936年，现代计算机又迈出了重要一步。当时，英国数学家艾伦·图灵(1912—1954)制造出一台可独立运算方程的机器，无需人工操作。这台机器现在被称为图灵机，类似于使用符号而非字母的自动打字机。图灵打算将该设备用作“通用机器”，通过编程复制一切其他既存机器的功能。

同一时期，美国数学家霍华德·艾肯(Howard Aiken, 1900—1973)发明马克一号(Mark I)计算机，由国际商业机器公司制造。艾肯的计算机用继电器和电磁元件取代机械元件，后又使用真空管和固态晶体管(微小的电开关)操纵程序中的二进制数字。艾肯随后将其计算机设备引入大学，在哈佛大学设立了第一个计算机科学专业。真正的多用途电子计算机的建设蓝图正是在大学中得到了最后润色。1945年，匈牙利裔美国数学家约翰·冯·诺伊曼(John von Neumann, 1903—1957)终于在普林斯顿高级研究所制造出一台能解决数学、气象学、经济学和流体力学等领域问题的计算机。冯·诺依曼的离散变量自动电子计算机(EDVAC)是第一台完全使用内存中程序的计算机。

同年，如本章开头所述，约翰·威廉·莫克利和约翰·普雷斯普·埃克特在费城的宾夕法尼亚大学摩尔工程学院制造出“埃尼阿克”计算机。后来，约翰·普雷斯普·埃克特和约翰·威廉·莫克利成立了自己的公司，该公司后被兰德公司(Rand Corporation)收购。兰德公司发售了通用自动计算机(UNIVAC)，该款计算机广泛应用于各种商务计算工作。

20世纪60年代末至70年代末，集成电路技术和微小晶体管制造领域的改进推动了现代微处理器的发展，这种计算机体积更小、造价更低，甚至可以作为个人计算机使用。这项革命性的发明带来了真正的社会“范式转向”。第一台所谓的个人计算机(PC)由微仪系统家用电子公司(Micro Instrumentation and Telemetry Systems)发售。该公司的阿尔塔8800(Altair 8800)计算机出现于1975年,有256字节的随机存取存储器。20世纪80年代初,个人计算机不断改进。施乐公司(Xerox Corporation)首先开发图形用户界面,后来苹果计算机公司(Apple Computer Corporation)成功将其应用于麦金塔计算机(Macintosh)。最早的操作系统与如今的Windows等复杂操作系统并无二致,对计算机技术一窍不通的用户也能轻松运行程序、处理数据。描述新型计算机的"用户友好"(user-friendly)一词应运而生。

计算机部件小型化领域的纳米技术不断发展,进入新千年后,所有人都可获取强大的计算设备,将其拿在手中、戴在腕上或当作眼镜。如今的智能手机甚至有着相当于过去某些巨型计算机的计算能力。2016年,第一台通用量子计算机诞生。2017年,使用仿分子结构算法的程序被引入部分领域。计算机这种技术精密的设备已然成为日常生活不可分割的一部分。汽车引领现实景观的颠覆,计算机则引领虚拟媒介景观的颠覆。计算机媒介已经改变了人们的世界观、心态和行为,所有人都期待着不断变化的新生事物。在数字星系中,技术变革的日新月异是常态,而非偶然。1965年,半导体先驱戈登·摩尔(Gordon Moore)预言,计算机芯片上的晶体管数量每年将翻一番。如今,这已经成为现实,人们称之为"摩尔定律"。晶体管数量不断增加,微处理器的计算速度也在不断升级。组件尺寸不断缩小,变得更快速、更便宜、更兼容。然而,任何技术都有物理极限,而人类可能正在接近这一极限。

计算机将轻松高效进行远距离通信和信息存储的梦想变为现实。不过,随着计算机使用范围越来越广,滥用也越来越猖獗。非法入侵他人计算机系统的黑客常常侵犯他人隐私,篡改破坏记录,甚至造成政治和社会危害。名为病毒或"蠕虫"的程序可以在计算机之间复制传播,删除信息或导致计算机故障。许多新的伦理问题也随之出现,比如如何监管互联网和万维网资源已成为难题。

个人计算机

1977年,美国计算机设计师史蒂文·乔布斯(Steven Jobs)和斯蒂芬·沃兹尼亚克(Stephen Wozniak)在自家车库里设计出了苹果II计算机。这是第一批采用彩色视频显示器并配置键盘的个人计算机之一,易于操作。乔布斯和沃兹尼亚克后来创立了苹果公司。1984年,第一台苹果公司计算机麦金塔问世,其特点是图形用户界面(GUI)。这是一种基于视觉的系统,在屏幕上显示计算机指令和数据。麦金塔计算机图形用户界面将表示文件或程序的图标与包含已开启文件或程序的窗口结合起来，屏幕上还有一个“鼠标”，这是控制其上信息的指示性设备。麦金塔计算机的用户界面令使用计算机变得简单有趣，无需输入复杂指令。

之后，个人计算机就像汽车和电视一样融入人们的日常生活。如今，画家用计算机绘制画作；音乐家用计算机创作、录制音乐；企业利用计算机监测财务状况，预测业绩；记者、学生、教师及其他文字工作者用计算机编辑文本，实现远程传输。许多人居家办公，用个人计算机与同事交流，这种方式称为远程办公。个人计算机还可以连接世界各地的通信网络，获取各类信息。

超文本性

正如第三章所述，计算机引入了超文本性这种新形式。阅读印刷文本在能指层面，即破译页面上的实际符号，属于单维过程，因为这个过程包括在某一特定意指系统或小说、词典等代码的框架内破译单个单词及其组合。文本中一切具体符号的信息都必须在实物中搜寻。比如，要想进一步了解文本涉及的文献，就必须查阅其他印刷文本。

超文本性与纸质书籍的线性文本性不同，允许用户随意浏览相关话题，无需遵循顺序。超文本文件链接的创立者取决于文件用途，通常为作者和用户。不过，超文本性没有改变制作书面文本的基本“印刷代码”，只是引入了即时链接、多模态构成特征等各类强大元素，使其范围更广。超文本性并未改变书面文本的基本结构。编写计算机超文本时，作者仍然必须根据相关语言的写作惯例，以线性方式列出观点，然后选择为哪些内容添加读者可点击的超链接。

一切文本解释都涉及三类要素。第一，在能指层面获取文本实际内容的能力，即有能力解码文字、图像等，只有了解该文本的语言和非语言代码才能做到这一点。第二，了解 X＝Y 关系在具体文本中如何展开的能力，即理解文本(X)如何通过一系列内部和外部的意指过程产生意义(Y)。第三，各种背景因素也制约着符号解释，例如个体解码者将从中获取什么，作者的意图是什么等。只有将这些指称维度整合，才能从文本中提取意义。

技术部落主义

技术层面上，以计算机和互联网为基础的新媒体使大众传播与信息系统合并或融合，形成一种包罗万象的数字模式，成为整个媒介景观的基础。这促成了社会意识和个人意识的“范式转向”。如果以计算机为媒介的互联世界崩溃了，我们的日常工作很大程度上也将停摆。例如，如果机场的计算机或互联网服务出现故障，航班和各项业务都将暂停。而在仅仅几十年前这种情况却不会发生，因为当时的机场运作无需使用计算机。这表明，一旦采用某项技术，世界必然发生变化。

基于计算机媒介的互联大众传播系统产生了一种被称为“公共大脑”的认知形式，下文将对此展开讨论。这种认知形式正在催生一种技术部落主义，假如网络中出现任何信息，即使与自己无关，我们也会立即被吸引。这就像生活在部落环境中一样，隐私不再有价值，我们越来越渴望知道其他人的动向。不仅如此，我们不断地参与过去无法想象的任务，与世界各地的人产生联系，如同真的生活在部落中，被其中巴赫金(1981)所谓的“多声”(polyphony)[①]吸引着。所有通信形式互相融合，社交媒体、移动媒体、电话一类的传统媒体等相关媒体都成为日常互动中“多声”结构的一部分，计算机瞬间将这些联结起来，我们只能选择接受。与过去相比，人类对交流的认知发生了翻天覆地的变化。

随之产生的还有几种心态，尽管这些心态已有一定历史，但直到如今才成为常态。其中之一是对即时通信本身的依赖。如今，每当听到短信振动或响铃时，无论正在做什么，人们都会像巴甫洛夫的狗[②]一样，立即做出反应。但也存在反对数字部落主义的声音。移动设备、卫星系统等复杂的数字技术打破了过去沟通互动的障碍，人们却又强烈渴望生活在“真实”世界里，这从大众旅游现象中就可见一斑。现在，人们希望能面对面交流，摆脱屏幕的桎梏。这可能略显草率，但无疑是一种合理假设。之所以会出现旅游热潮，也许是因为人们更渴望与他人建立联系，而不仅仅是因为经济水平日益提高。事实上，随着计算机媒介越来越频繁地用于处理日常事务，人们似乎更多使用，或者至少是渴望更多使用现实世界互动的基本形式。麦克卢汉常说，地球村日常生活的悖论就是同时产生了“个人主义”和“部落主义”。他以自己独特的方式一针见血地指出：“新型电子媒介的部落化力量让我们回到古老的口语文化统一领域，再次体会部落的凝聚力和‘个人主义’产生之前的思维模式，但新媒介如何做到这一点

---

① 多声，也称“复调”，本是音乐术语，巴赫金认为任何一个单一言语都能分析出多种声音，而这种多声共存的性质正是小说文学的典型特征所在。

② 巴甫洛夫的狗，源于俄国生理学家伊凡·巴甫洛夫对狗的试验研究结果，形容一个人反应不经大脑思考。

却鲜有人知。‘部落主义’是以家庭为纽带的深层意识，是以封闭社会为社群的共同体。”(McLuhan, 1985:60)。

互联网

正如第一章所述，20 世纪 60 年代末阿帕网创建，以便在发生战争或自然灾害时维护计算机安全。不久之后，大学等知识型机构都创建了自己的网络。1969 年，这些网络与阿帕网合并，形成互联网络。阿帕网可通过专用电话线和卫星链接传输数据。后来，各个大学和各种研究机构连接到阿帕网，第一个功能性电子邮件网络自此诞生。截至 1981 年，已有数百台计算机加入阿帕网，阿帕网逐渐发展完善，成为互联网(Internet)。

起初，互联网的使用非常繁琐，人们必须学会一系列复杂指令才能访问。1991 年，蒂姆·伯纳斯-李(1955—)发明了万维网，访问和使用互联网的状况开始改善。1993 年，浏览器出现，互联网使用更加便捷。在人类通信史上，没有任何一项技术能像互联网一样让如此多人以廉价便捷的方式进行日常交流。万维网技术的进步也推动了通信系统融合，这反过来又催生了基于互联网的新型生活方式、职业和机构。

如今的网络涵盖所有类型的文件、数据库，以及印刷、音频/口语、视觉等所有媒介形式的出版物。互联网包含大量信息，获取信息快捷便利，成为知识工程、信息存储和信息检索的主要来源，取代了图书馆和百科全书等传统形式。通过脸书、油管等网站，网络也重塑了人类的社交方式。所有人都可以在网站、博客等平台发布音乐、文章、视频、电影或照片，这些公开发布的内容都可能会走红，“独立文化”和“模因文化”应运而生。总而言之，伯纳斯-李的发明将全世界连接在一起，过去，这只能通过政治、哲学或军事手段实现。

几乎所有纸媒数据库都移入了互联网，这一发展催生出查看信息、组织分类的新方式。古腾堡星系的基本分类系统基于书籍的物理性质，按字母顺序排列。其原因很简单，书籍可以根据作者姓名或书名的首字母顺序在图书馆书架上摆放，或如此在参考书目中排列。为了更有效地整理书本知识，还诞生了细分系统。例如，根据主题领域、信息性质等进行书籍分类。这种图书编目系统之一是杜威十进制分类(Dewey Decimal Classification)系统，根据该系统，知识被分为 10 个主要类目，每个类目又细分为 100 个子类目。000—099 涵盖总类作品,如百科全书、报纸和期刊;100—199 为哲学与心理学类;200—299 为宗教与神话类;300—399 为社会科学类;400—499 为语言类;500—599 为纯科学类;600—699 为技术类;700—799 为艺术类,包括体育和娱乐;800—899 为文学类;900—999 为历史、地理、传记与旅游类。每个主类目再细分为 10 个子类目;例如,在 800—899 区间,810 类目为美国文学,820 类目为英国文学,830 类目为德国文学,以此类推。子类目又可进一步细分:例如,810 类目中,811 表示美国诗歌,813 表示美国小说。甚至还可根据不同地理位置、年代或体裁更具体化细分,由小数点后的数字表示。例如,813.4 表示 1861 年至 1900 年的美国小说,813.46 表示小说家亨利·詹姆斯(Henry James)的作品,或有关他的作品。

鉴于网站上发布的信息种类更加繁多,互联网上的组织框架很大程度上已经扩展完善。例如,人们可以针对任何话题发布自己的信息、意见、评论和想法,因此像杜威分类法那样的信息组织框架并不可行。即使相隔万里,参与者都可以实时分享信息。除了分类系统的变化之外,互联网还使人们重新思考作者身份或文本所有权的概念。人们可以轻松下载文件和程序,一番操作便可获取并使用任意文本,仿佛这些资源都是个人所有物。因此,互联网正在颠覆传统的作者身份观和剽窃的概念,需要对其重新评估。

万维网出现后,将图形、动画、视频和声音融入文本成为可能。万维网包含无数的文件、数据库、公告栏和电子出版物,比如以印刷、视觉等各种媒介形式出版的报纸、书籍和杂志。但是,其弊端也日益明显,互联网用户不久就立即意识到急需适当的技术查找特定类型信息。统一资源定位器(URL)技术因此发展起来。该技术使用连接互联网的软件,即导航或浏览器软件,人们使用计算机时可以选择一个包含想要访问信息的统一资源定位器,然后计算机与该地址相连,将信息提供给使用者。由于有数以百万计的独立统一资源定位器,分类和索引显然已成为互联网的关键功能。互联网内置的索引服务允许用户在谷歌等搜索引擎上输入感兴趣的内容,搜索具体信息,瞬间就可获得所需信息。

数字世界

如今的数字通信世界被称为第二代万维网,令人们联系日益紧密。正如麦克卢汉所言,新媒体确实已经成为新讯息。新媒体抵消了印刷时代的"个人主义"和私有化力量,使人们能够以更加公开的方式相互接触。现在,即使是百科全书这样权威性的编码知识来源,也面向所有人开放,编辑其中内容不再是个别专家的特权。互联网上各种"维基"的出现和传播就是有力证据,它们颠覆了过去的所有传统,允许用户合作编辑内容。第二代万维网媒介的出现,预示着世界正在逐渐蜕变,与过去任何能想象到的社会系统都截然不同。

以签名为例。签名在印刷时代具有重要意义。签名是一个人的名字,只能由本人书写。更重要的是,签名能够作为识别特征或标记,是一种自我索引。笔迹分析等行为中就隐含着这一观点,声称能够从签名中推理出某人的人格特征。显然,如今发送电子邮件、文本信息等消息时,无法同过去一样附上手写签名。不过为消息标上个人印记的需求并未消失。一种"电子签名"应运而生,通过语言风格和特质表明电子邮件发件人的身份。实际上,人们通过电子邮件信息的标题类型和信息的性质即可判断发件人的身份。数字媒介并未消除在通信文本中传达自我的需求,只是迫使人们采用不同种类的能指。

但这一过程并非一帆风顺。过度依赖计算机诱发了一种心态,即将计算机视为人类进程的内在组成部分。这在 2000 年来临之际尤为明显,当时的人们认为"千年虫"(millennium bug)①是不祥之兆。例如,如何确保计算机能够将新的"00"年代识别为 2000 年,而不是 1900 或其他年代,这是单纯的技术问题,但由于人们过度依赖计算机,将其上升到道德层面,甚至联想到末世预言。这有力地证明,计算机已获得更多内涵意义,远不止初始的"计算机器"功能。不仅如此,由于人们不断接触网络空间中的"虚拟现实",鲜有人意识到怪诞的现代形式笛卡尔"二元论"愈发根深蒂固。这种观点认为,身体和心灵是独立的实体。在计算机模拟的环境中,用户可以移动并做出反应,如在现实中使用物体一样操纵虚拟物体。人们越频繁处于这样的环境,就越会认为身体与思想可以分离。

第六章中简要提到过的虚拟现实设备促成了这个"分离过程"。虚拟现实应用日益广泛,对外部设备的依赖也越来越少,这也许会进一步加剧身心分离过程。创建网络空间,以及在其中创造网络活动也将持续这一过程。

网络空间正在重塑世界的意指次序,它颠覆了人类对于互动、交流、表征、物理环境、文本性等的传统观念,甚至能够颠覆现实。网络空间中,所指无处不在,不必依靠具体的符号代码。它们是由一系列多媒体能指传播的"虚拟所

① 千年虫,指在某些使用计算机程序的智能系统中,由于年份只使用两位十进制数表示,当系统进行(或涉及)跨世纪的日期处理运算时会出现错误的结果。

指”。“网络系统”正在形成,不必受传统符号学系统对表征和交流的一般限制。根据鲍德里亚(1998)的说法,数字媒介使人们必须从“真实”世界“消亡符号”的灰烬中重建意指次序。但事实证明,这些新符号与旧符号大同小异。因此,鲍德里亚预测,人们一旦开始意识到身体和头脑一样都能够创造符号,短时间内,“虚拟交流”就将再次成为“真实交流”。

四分体与互联网

结合四分体(tetrad)的阐释,麦克卢汉提出了媒介四定律,“提升”(amplification)、“过时”(obsolescence)、“逆转”(reversal)和“复活”(retrieval),这在第二代万维网时代称得上真知灼见。一项新技术起初会提升某些官能、智力或人类其他心理生物学方面的能力。在某个领域得到提升的同时,另一个领域则会被削弱,变得过时,直到被最大化使用后,其特性会发生逆转,并在另一媒介中复活。麦克卢汉举了一个众所周知的例子,即前文提到的印刷技术,这至今仍是经典案例。最初,印刷术提升了个人体验,因为印刷材料的传播鼓励了私人阅读,对文本的主观解释成为所有人的基本权利,从而使基于群体的符号解释变得过时,而从独立印刷文本转变为批量印刷文本后,尽管通常存在时空差异,人们大多可以实现共同阅读。因此,一种类群体形式的阐释活动得以复活,读者通过阅读同一文本以非现实的方式相互联系。

这四条定律同样可以用于理解现在的数字时代。数字时代提升了人们通信和获取信息的能力,因此传统印刷媒体实际上已经过时,或者说至少濒临过时边缘。但印刷媒体仍然存在,与数字媒体以新形式融合。过时并不意味着被淘汰。思想、媒体、技术等总有特定的历史流向,不会戛然而止。因此,从根本上说,这些定律可以用来描述意指结构的变化如何反映并影响表达能力、认知能力和世界观的变化。一个新的符号系统,如现在的表情符号,确实在视觉和情感上优化了书写信息的方式,从而使纯拼音书写在某些领域变得过时。然而,从学术界到知识界,社会生活各个领域的传统写作正在复活,甚至复兴,因为人们意识到,印刷文化仍然影响当代生活的方方面面(Danesi, 2016)。印刷媒体已出现新的历史流向,并未消亡。

麦克卢汉提出媒介四定律,用以解释人类历史上由新技术带来的显著变化模式,尤其适用于新技术或新媒介给原有的人类世界带来的变化及其对世界的影响。对麦克卢汉而言,“技术”和“媒介”几乎可算作同义词,技术即是引入提升和理解世界新方式的媒介。麦克卢汉去世后，其子埃里克出版《媒介定律》(*Laws of Media*)(1988)一书，详细阐述了这些定律的影响和后果。该书引入四分体的概念，代表四种定律运作的合成模型。

四分体提供了一个框架，可以界定工具、人工制品和新媒介共同作用下的变化。例如，将四定律应用于互联网，将显示其提升、过时、逆转和复活的各种特征。

提　升	过　时
● 网民之间的联系 ● 信息来源的广布性 ● 信息检索的速度和范围 ● 地球村的开放性 ● 互联智能系统的开放性 ● 虚拟社群 ● 电子系统(电子贸易、电子图书等) ● 个人出版 ● 各类资料信息的开放性	● 过去通信的时空限制 ● 国界限制 ● 面对面交流 ● 单渠道宣传 ● 隐私 ● 版权 ● 审查 ● 出版业垄断 ● 商业零售 ● 纸媒印刷技术 ● 阅读印刷文本
逆　转	**复　活**
● 迷恋信息本身 ● 信息过载 ● 失去影响力 ● 新型紊乱(技术成瘾) ● 文化素养缺失 ● 对传统学术人文学科缺乏重视	● 新的写作和阅读方式 ● 部落主义 ● 次生口语文化(见下章) ● 地域行动主义 ● 能够再现组建派系群体需求的新互动形式

因此，任何媒介都可以被视为纵横模式，既展望未来也回溯过去，两者共同汇入历史洪流，沿着类似笛卡尔坐标系的历史轴线垂直和水平移动，因此，四分体的架构就是这样具有四个象限的系统。其社会进化的意义不言自明：没有过去就没有未来，过去本身也在当下不断重现。通过延伸坐标系的类比，我们可以在四分体的象限上“绘制”任何与其他“点”相关的“点”。因此，我们谈论互联网带来的信息痴迷时，可以映射到四分体中的其他点，即映射到新型信息来源的出现及其吸引力，同时复兴人们的阅读嗜好。

社交媒体

第二代万维网技术主要推动了社会互动领域的发展,由此出现社交网络或社交媒体的说法。脸书、推特和照片墙等社交媒体使人们能够轻而易举地保持互联,不断交流思想,无需像语音交流或面对面交流那样受到时空限制。人们认为,“好友”是社交网络一部分,他们有着共同的兴趣爱好,或以某种特有社会意义联系在一起。譬如,进入脸书社区,需要公开展示有关个人经历、兴趣爱好、所获成就等内容概况的个人档案,并适应该社区的特性。1997 年,第一个社交网站六度空间(sixdegrees. com)出现。用户可以创建个人资料和“好友名单”。也许是因为社交网络社区的想法在当时太过新潮,该网站关停一段时间。此后不久,其他社交网站纷纷现世,增加了个人简介、好友可见、访客留言和日志等用户功能。2001 年到 2002 年间,领英(LinkedIn)和交友网(Friendster)首次亮相。2003 年“我的空间”(MySpace)上线,主要迎合音乐人、青少年和大学生的需求。众所周知,2004 至 2005 年间,脸书问世,涵盖此前网站的所有功能,同时增加了应用程序,使用户能够真正管理个人资料。随着脸书的出现,第二代万维网时代终于得以巩固。

如今,人们可以与任何想要接触的人经常联系,加入任何社群而不受现实世界社群的限制,这在人类历史上前所未有。过去,人们往往会受到地域、文化,甚至语言的限制,脸书则没有这样的要求。这对现在社会的发展产生了许多具体影响。例如,社交媒体提供和传播的大量个性化信息有很大的商业价值,因此,许多公司都向这些网站投资,这样,公司就可轻松接触到数百万目标受众。学者、科学家、医生等各界专业人士也将社交媒体作为讨论思想和交流研究的渠道。总而言之,社交媒体进一步巩固并扩大了地球村的互联智能结构。麦克卢汉(McLuhan & Zingrone, 1997:287)曾说:“技术发展一次又一次地颠覆了世间万物的特点。自动化时代将是‘自己动手’的时代。”

脸书

脸书是最常用的社交网站之一。用户需要创建个人档案,展示个人信息,照片、视频、音乐等视听内容,以及爱好、审美品位等喜好。2004 年,哈佛大学的学生马克·扎克伯格(Mark Zuckerberg)于校内推出脸书。到 2005 年,脸书就已超越交友网。2006年，脸书允许13岁及以上用户注册成为会员。2007年，微软公司入股脸书，此后，脸书面向所有互联网用户开放。现在，脸书已成为盈利最高的数字业务之一，主要收益来源于横幅广告等各种模式的电子商务。

如今，电视网、艺术家和音乐家纷纷建立脸书主页，与粉丝、关注者和观众进行日常交流。脸书的流行是各方面因素合力的结果。脸书正在取代经纪人、唱片公司等曾经能够影响流行趋势的传统力量。现在，脸书和推特等社交媒体网站已成为构建聚集人气的平台。社交网络上的模因已经取代了经纪人、电台播音员、电视制作人等，成为新的流行风向标。观看《家庭滑稽录像》(*Funniest Home Videos*)等电视节目已不再流行，取而代之的是在社交网站上发布有趣照片。脸书也与传统媒介融合，电视节目、畅销小说、新电影或歌曲的粉丝现在也利用脸书在互联网上宣传推广。脸书也可以引领时尚潮流。"脸书装死游戏"(Facebook Lying Down Game)官方页面发文，鼓动人们在公共场所随地躺下，这成为2012年奥运会前夕的一股风潮。

人们为什么要通过个人资料、照片等私人信息在网上暴露自己，这是社会科学研究的一个重要问题，尤其是考虑到脸书的流行效应已然消退，其中原因更值得深究。脸书是否正在取代忏悔室或精神分析师的沙发，让人们在公开场合自我反省？为什么人们渴望通过脸书等社交媒体构建自己的身份？这只是第二代万维网技术引发相关问题的冰山一角。也许，正如一些社交媒体评论家所言，每个人都找到了获得上文所述那"15分钟盛名"的方式。也许是受到互联网上随处可见的"点赞"按钮的刺激，人人都想受欢迎或是出名。

随着互联网的普及，有预言称它会将人们从墨守成规中解放出来，成为自由表达意见的渠道。但这种互联网观很快也将成为谬误。在脸书上获得更多好友似乎比宣扬自己的哲学或美学观点更为重要。人们越来越倾向利用互联网构建自己的流行形象，这一构建过程与人类的基本需求密切相关，即向他人展现自己、在公众面前表现自己、讨论八卦、联络他人等需求。正因如此，互联网让许多用户上瘾，他们想要了解其他人对自己每日发布内容的看法。可以说，脸书文化建立在获得短暂幸福的基础之上，这与法兰克福学派学者对前互联网时代福特主义(Fordism)[①]世界大规模生产文化的看法相呼应。人们越来

① 福特主义，指一种基于美国方式的新的工业生活模式，以市场为导向，以分工和专业化为基础，以较低产品价格作为竞争手段的刚性生产模式，此处指文化的量产模式。

越习惯脸书带来的短暂快乐或慰藉,尽管仍然热衷于此,人们也意识到,脸书带来的快乐大多是重复、公式化的低级快乐。主要原因可能在于,我们在脸书的世界里长大,觉得这似乎是唯一的选择,而无法想象做其他事情,直到其他东西的出现使其过时才能改变现状,这就与麦克卢汉的四分体观点相契合。脸书的胜利在于它承诺让人类需求得到个性化表达,尽管大多数用户很快就开始意识到,其真正力量在于灌输给人们的强迫性依恋。

过去,社会关系、悠久文化传统,以及工作、生活和休闲的模式让人们确信:意义和体验的稳定模式将人们在现实空间中团结在一起。互联网打破了这种信仰,迫使人类采用新的战略应对日常生活中的冲击。脸书提供了一系列乌托邦式选择,让人们能够控制意义和体验,挣脱传统意义创造模式的束缚。然而,在新媒体魔力的作用下,这些选择要么与过去的离奇相似,要么退化为盲目自我提升。另一方面,也许正如法兰克福学者所希望的那样,脸书或许是一种革命性工具,最终将唤醒人类的智力和艺术能力,并唤醒个人力量的意识,这对真正创造力的产生至关重要。这就是当代媒介景观的悖论,既在解放又在束缚。

推特

2006 年,杰克·多尔西(Jack Dorsey)推出社交网站推特。推特上的信息被称为"推文"(tweet),该词模仿鸟类发出的声音,让人联想到鸟类通讯的作用,这种联想既包括鸟类给人的温和印象,又包括信鸽等鸟类曾在人类交流中扮演的传信者角色。推文显示在用户的个人资料页面,粉丝可见,仿佛人与人之间通过鸟类互相传递信息。推特本质上是互联网上的短消息服务(SMS),因为它无需短信设备即可传递文字信息。尽管推特包含了"信息网络"和社交网络这两种功能,但正如该网站自身的定位那样,推特更多的是一种信息网络。

大多数推文是朋友、伙伴、同事、熟人之间的对话式交流。不过,其公司表示,推特的主要亮点并非信息,它还具有心理功能、沟通功能和社交功能。有些人将推特当作社交理毛[①](social grooming)行为的场所,向他人展示自己美好的一面,以获得关注,赢得粉丝。不论是美国国家航空航天局还是各大高校,各类机构现在都把推特作为与客户和同事联系的途径之一。

① 社交理毛,指在一些哺乳动物间,互相梳理毛发是最重要的社交行为和沟通途径,此处意指推特是人们社交的场所。

一些评论家称，文化的推特化已改变人们对信息的思考和反应方式，以及对人际关系的看法。有人认为，推文的字数限制、人们对粉丝的渴望、源源不断产生的推文，这一切都阻碍了人们进行反思性交流，转而沉浸在肤浅的交流之中。这种观点或许有一定道理，但评论家们可能忽略了一个历史问题，即非正式的日常互动可能一直都是如此。推特并非将非正式交流引入社会生活，只是让人们有可能扩大这种交流的范围。推特现在是一种公共的“情绪风向标”，正如纽曼(2014:21)所言：

> 推特是丰富的信息来源，可通过各种应用程序检索。推特上的情绪甚至可以用来预测股市。心情或积极消极情绪看似简单，却可能是强大的预测因素。

如果能够利用推特等社交媒体在大众行为中“挖掘情绪”，这将成为构建公共大脑的有力支持。唐纳德·特朗普当选美国总统就是一个例证。特朗普喜欢使用推特与他所谓的支持者保持联系，几近痴迷。毫无疑问，他的语言风格和推文内容在感情上“击中了”他的支持者。这表明，当权者可以利用推特这种具有潜在说服力的媒介宣扬个人政治观点。

油管

2005 年，查德·赫尔利(Chad Hurley)、史蒂夫·陈(Steve Chen)和贾维德·卡里姆(Jawed Karim)共同创立油管。这是一个视频共享网站，内容涵盖个人、音乐家、艺术家、电视网，以及其他专业人士和机构发布的视频。用户可以对视频进行评论和评分，并向他人发送油管视频链接，油管因此成为一种社交网站。如今，油管还提供广告业务、视频日记、油管音乐、油管频道、电影、教育资源等内容。2006 年，油管被谷歌收购，收视率随之激增，电视网也不得不利用油管推广节目。2007 年，油管与美国有线电视新闻网联合举办一系列总统竞选辩论会，用户可以发布视频向候选人提问。

斯特兰奇洛夫(Strangelove, 2010)指出，油管现象不能简单地用传统的媒体和流行文化理论来框定。匿名音乐家演奏古典音乐的视频片段能获得超过 6000 万次播放量；醉汉费劲地想吃点东西也能获得数百万浏览量；一只弹钢琴的猫也可以走红网络。很难通过这些定义油管，我们只知道，它几乎向所有人开放表演舞台,视频中捕捉的任何信息都可能引起世界各地其他人的兴趣。

在由交互式社交网络组成的第二代万维网媒介景观中,现实社群的限制不复存在。新的动力已然出现,并以虚拟的方式将人们联结起来。例如,选举结果不仅受到公开辩论和传统大众媒体广告的影响,也受到脸书、推特和油管上舆论的影响。

人类所处的新型电子环境令大脑越来越依赖混合理解模式,包括拼贴、混搭和仿作。拼贴(collage)一词来源于绘画领域,原指将碎片粘在画布或其他表面上制作出的图片或设计。该词可用来描述许多网站。通过以某种方式排列元素,网站可以创造出印刷时代的传统技术所无法实现的视觉效果。混搭(bricolage)一词强调结构的统一,而不仅仅是各种元素的混合。该词由克劳德·列维-斯特劳斯(1962)引入人类学,用来描述许多部落仪式的风格,这些仪式将各种符号和神话全面融合,让人产生神奇的感觉,感受到社群和谐。不同的元素在这种混合中变得统一。毫无疑问,混搭完美地描述了第二代万维网世界。仿作(pastiche)在绘画领域是指旨在模仿或讽刺另一作品或风格的元素的混合。社交媒体,特别是油管的许多方面都涉及仿作。网页工具栏和社交媒体上混乱的图像就可作为当今媒介景观如何表现仿作的例证。油管上使用"混剪百科"(mashpedia)一词,恰如其分地描述出仿作在其中的表现形式。"混剪百科"是一种播放列表,人们可以收集油管、维基百科、推特、网络相簿(Flickr)等平台的内容。现在也有类似的仿作文本,其中包括柯斯米克斯(Kosmix),它整合网络相簿、谷歌、亚马逊、油管等不同来源的内容。

显然,数字星系通过拼贴、混搭和仿作产生了包罗万象的新式"混剪百科"。这就是艺术、科学类视频同讽刺、滑稽类视频能够同时出现在网络上的原因。过去很难想象可以将数学与幽默联系起来,如今却已稀松平常。无独有偶,在漫画中讨论数学问题不仅很常见,往往也很有必要。举例来说,油管上有很多视频讨论斐波那契数列,这也渗透到流行文化中,从电影《达·芬奇密码》(*The Da Vinci Code*)到电视剧《犯罪心理》(*Criminal Minds*)的《杰作》(*Masterpiece*)一集,各处都能看到它的身影。数学不再抽象纯粹,与世隔绝,而是融入世界的混剪百科之中。

模因文化

总的来说,网络空间催生出一种"模因文化",其中潮流来得快,去得也快。

过去的广播文化、电影文化、电视文化等由技术支撑的文化竭尽所能稳定某些潮流，模因文化则不然。在模因文化中，稳定性不复存在，潮流来了又去，去了又来。

罗兰·巴特(1957)认为，对新事物、新奇观、新风尚、新名人等的不断渴望，是市场文化助长的一种心态，这一点我们早已了解。在这种文化中，无论是家中已有的电视机，还是新近购买的移动电子设备，人们总是担心过时。在互联网时代，人们越来越多地受到新潮流、新风格和新名人的狂轰滥炸，巴特的观点似乎已经成为事实。互联网已经成为一种强大的民主力量，赋予所有人发言权，也让人人都有机会展现新想法、新艺术形式等。但互联网也给时尚和潮流敲响了警钟。就像过去生活的时代一样，人类需要在严肃和时尚、瞬息和稳定之间寻求平衡。

计算机与心智

在媒介景观中，机器人、电子人等“智能”机器常常被描绘成主角或反派，拥有曾经只有神话和传说中主角和反派才具备的品质。机器具有人类的品质，人类也不过是生物机器，这种表述在如今所有媒体中都风靡一时。然而，并非只有各类媒体关注智能机器。人工智能等某些心智科学都在认真思考一个问题：智能计算机是否真的可以与人类共存？这就是为什么从智能手机到亚马逊的亚历克萨(Alexa)，每天与我们互动的“智慧”(人工智能)设备都是为复制人类思维的复杂功能而制造的。但在我看来，认为人类和机器智能之间存在相似性的这种假设是错误的。人类智能发源于生活经验，经过历史沉淀发展而来；机器智能则是由人类发明创造的。

实际上，认为计算机可以自主思考的观点不过是万物有灵论(animism)哲学的世俗版本。万物有灵论认为，所有事物，无论是否有生命，都存在灵魂。其世俗版本可称为机器有灵论(machinism)。鉴于计算机在数字星系中的重要地位，机器有灵论的信仰每天都在不断强化。由于在媒介表征中，机器人和机械人体现了利他主义、精神性、艺术性等所有曾经被认为是人类独有的品质，这种信仰进一步强化。因此，本章有必要对此展开讨论。

在某种程度上，计算机硬件、软件和网络技术的显著进步催生出智能机器的观点。在数字星系中，这些技术强化了一种错觉，即知识和信息独立于创造者而存在。但是,人类符号并不等同于计算机数据,并不是非黑即白,划分为真假两类。人类符号的设计不仅是为了传递信息,还提供了机器永远无法理解的观点、情感和其他人类意识。下文讨论绝非为勒德主义[①]背书,我欢迎一切使日常生活更加便捷的技术变革。但是由人类打造、以帮助人类为目的的机器将成为人类,甚至超越人类,这种观念在符号学层面恕我无法苟同。下文将讨论这种观点。

机器有灵论

人工智能科学是计算机技术的一个分支。20世纪中叶,该科学的出现提供了一种技术符号语言,用于在计算机软件中对人类认知的某些方面进行建模。其主要目标之一是试图回答什么是人类心智,以及是否有可能以算法形式重建人类心智的问题。

然而,整个研究过程引出一个问题:"心智"一词最初指的是什么?这个名词通常用来表示思考、推理、获取和应用知识的能力。正如前文所述,问题在于词语的外延意义只能通过参照其他意义来确定。"心智"的意义无法绝对确定,只能在与其他词语结构的关系中,以对立的方式确定:比如,"心智"与"内心";"心智"与"身体";等等。我们通过这种对立,从符号学角度说明人类的"心智"为何独特。"心智宛如机械"仅仅是一种比喻。P. N. 约翰逊-莱尔德(P. N. Johnson-Laird)在《心智模型》(*Mental Models*)一书中确定了三种机械心智(1983:24):

(1)"笛卡尔式机器"[②],不使用符号,缺乏自我意识;

(2)"克雷克机器"[因肯恩克·克雷克(Kenneth Craik)[③]1943年的出版物而得名],构建现实模型,但缺乏自我意识;

(3)"自我反思机器",构建现实模型,并能够意识到自己具有构建模型的能力。

---

① 勒德主义强烈反对在任何方面提高机械化和自动化,是2003年公布的自然辩证法名词。

② 笛卡尔式机器,此处指的是"笛卡尔主义"般的机器。笛卡尔主义认为精神和物质二元对立,割裂了精神与物质之间的关系。

③ 肯尼思·克雷克,英国哲学家与心理学家,是"心智模型"的提出者,此处提到的出版物是《解释的本质》(*The Nature of Explanation*)。

人工智能工程师设计的计算机软件模拟人类思维方式，产生了前两种智能形式，但目前只有人类能够达到第三种形式。与“笛卡尔式机器”或“克雷克机器”不同，人类不仅能够构建心智模型，而且能够意识到自己在这样做。人工智能理论家指出，第三种意识必将导致计算机领域的“奇点”，这一点前文曾提到过(Kurzweil, 2005)。

计算机是人类最伟大的智能成果之一，是理智的延伸。作为物品和人工制品的制造者，人类终于发明了一种技术，最终将接管驾驶汽车、编写公式化文本等大部分繁琐的推理工作和日常事务。针对这一问题，20 世纪 60 年代末，心理学家阿恩海姆(Arnheim, 1969:73)将计算机视为竞争对手，向人类发出告诫：“没有必要强调计算机的极强实用性。但是，相信计算机具有智能，就等于要在竞争中打败它，但计算机并无参与这场竞争的必要。”阿恩海姆的观点如今仍然意义非凡。

人工智能研究人员认为计算机可以实现真正的智能，这一观点并非始于数字星系，而是古已有之。比如，某些苏美尔和巴比伦神话中，就有关于无生命物被赋予生命的描述。不过，现代的机器有灵论可以追溯到玛丽·雪莱于 1818 年出版的怪诞恐怖小说《弗兰肯斯坦》(见第三章)。自那时起，机器有灵论已成为现代神话。这就是为什么我们以拟人化方式谈论计算机，例如我们会说计算机“感染”了“病毒”，以及为什么如今的媒体叙事中有如此多机器人角色。

从根本上说，人工智能和媒介已经结合。二者都推动了将计算机作为人类思维对应物的流行观点的形成。霍华德·加德纳(Howard Gardner, 1985:6)指出，从一开始，人工智能就基于这样一种观点，即存在一个完全独立于生物学或神经学以及社会学或文化学的心智水平，它可以像电子计算机一样运行。正如加德纳(1985:6)所言，尽管并非所有人工智能科学家都是这样想的，但这种“机械师的偏见”是整个人工智能行业的“通病”。人工智能科学家坚持认为，无论是解决问题的能力，还是情感和创造力，通过发展计算机编程理论能够令这一切最终成为机器智能的内在特征。

这一观点的基础显然是“机器”的概念，可追溯到数学家艾伦·图灵(见第五章)。图灵展示了纸带上的 4 种简单操作——向右移动、向左移动、擦除斜线与打印斜线，计算机借此可以执行任何可用二进制代码表达的程序，例如空白和斜线组成的代码。只要能够指定执行一项任务所涉及的步骤，并将其翻译成二进制代码。图灵机,即现在的计算机程序,就能够扫描包含代码的纸带,执行指令。尽管图灵本人很清楚该概念的局限性,公开承认图灵机永远不可能准确模仿人类意识的精神层面,但对许多人工智能理论家来说,他的真知灼见表明,人类实际上是一种特殊的原生质机器,不仅可以用类似计算机程序的形式表达其认知状态、情感和社会行为,而且机械化的机器最终可以像人类一样思考、感受和社交。即使是“灵魂”或“精神”这样的概念,也不过是动物的凡俗大脑和身体中的高级图灵机智能,是一种虚幻的概念。意识实际上不过是一个生物程序运作的结果,人类借此表达和调整脑内情感和身体冲动。

人工智能运动实际上是“笛卡尔计划”的当代产物,该计划曾开创现代机器主义哲学时代。笛卡尔认为,所有的人类问题,无论是科学、法律、道德,还是政治问题,最终都可以通过一种基于逻辑计算的通用哲学方法解决。正如第一章所述,工程师克劳德·香农证明,在动物和机械的交流系统中,任何信息都可以用概率相等的二进制选择来描述,因此笛卡尔的想法似乎可以实现。20世纪50年代,人们认为大脑实际上不过是一台根据其自身的生物二进制代码运行的图灵机,因此对计算机终将执行人类思维过程的可能性越来越感兴趣。20世纪60年代,计算机技术显著进步,似乎使笛卡尔的梦想照进现实。

但是,感受、想象、发明、梦想,以及创造仪式、艺术作品等都是身体和情感体验的衍生品,超出了机器的能力范围。人工智能理论及其意识模型也许可以给我们提供关于精神状态属性的精确信息,但却无法告诉我们这些状态最初从何而来。

从根本意义上说,机器有灵论是概念性隐喻(见第二章)思维的产物,即“心智=机器”的隐喻。这并不是说技术发现是纯隐喻性且虚构的。相反,技术是人类独创性的产物,隐喻则是理解这种独创性的认知策略。

奇点理论

2005年,雷·库日韦尔出版《奇点临近》(*The Singularity Is Near*),书中明确提出人工智能将超越自然智能的观点,该观点由库日韦尔和一众人工智能研究人员发展至今。简言之,这种观点认为,在某一时刻,人工智能将发展到超越人类智能的程度。当一个“可升级”的智能软件在没有人类干预的情况下完全自治,能够进行自我改进时,这一时刻就会出现。每一次新的自我改进都会引起智能爆炸,这反过来会引领强大的超级人工智能,超越所有人类智能。库日韦尔预测，奇点将出现于 2045 年左右，届时人工智能技术将非常先进，无法通过人类干预阻止。

自我意识与语言有关联。心理学家研究的“内心言语”是这种独特心态的表现(Vygotsky, 1962,1978)。另外，人类与机器不同，可以随意创造出工具、工艺品和技术，从而拓展生物能力；机器则必须通过专门的编程才能做到这一点，本身就缺乏创造力。奇点理论的支持者声称，机器已经超越了拟人主义，其中软件已发展到内部的相互联系即将产生自我意识的程度。

麦克卢汉早已洞悉这一切的可笑之处。他曾讽刺道：“未来的技术大师必须无忧无虑、聪明睿智，因为机器极易学会人类的阴沉和愚昧。”(McLuhan, 1968:55)麦克卢汉在《理解媒介》(*Understanding Media*)中写道，我们喜欢技术，因为技术是团结的力量。“今天，人类通过技术拓展肢体和官能，但同时我们也渴望在技术和经验上形成外部共识，最终令人类公共生活也形成全球性共识。”(McLuhan, 1964:105)鉴于人工智能思维模式在当前媒介景观的传播，我们有必要退一步，反思我们自己如何想象人类智能的起源。

我们可能会想到普罗米修斯的神话。在古希腊神话中，普罗米修斯是一位造福人类的泰坦巨人。他与弟弟厄毗米修斯(Epimetheus)负责创造人类和动物，为其提供生存所需的禀赋。厄毗米修斯赐予动物勇气、力量、敏捷，以及羽毛、皮毛等保护层。普罗米修斯则赋予人类直立行走的能力，令其形态更加高贵。普罗米修斯私自为人类盗取属于众神的火种，此举惹恼了宙斯，他一怒之下将普罗米修斯锁在巨石上，令鹫鹰每日啄食普罗米修斯的肝脏，直至英雄赫拉克勒斯搭救，普罗米修斯才得以脱离苦海。这个故事的寓意与人类智能起源密切相关，火是赋予人类智慧并令其摆脱动物本能的技术。若没有火，人类将永远停留在本能生存的阶段。换句话说，技术将人类从生物学的束缚中解放出来，使人类能够在自己创造的世界中生活。

我们经常为计算机赋予人类的品质，相信计算机是普罗米修斯式生命的新形式。其中蕴含的神话般诱惑力终将令内心深信不疑，换句话说，人们相信，按照人类形象制造机器，机器终有一天会同人类别无二致。因此，普罗米修斯神话的最后一章是潘多拉的故事，这并非巧合。宙斯派美丽的潘多拉来到人间，以抵消普罗米修斯盗取火种为人类带来的益处。诸神给了潘多拉一个盒子，警告她永远不要打开。然而，好奇心战胜了她，潘多拉最终打开盒子，向世界释放无数瘟疫和悲伤。只有“希望”，这个盒子里装着的唯一的好东西，还在慰藉深陷不幸的人类。

苏美尔和巴比伦神话中有着用泥土创造生命的记载(沃森 Watson, 1990:221)。古罗马人对自动装置非常着迷。自 21 世纪以来,人们一直在不懈地探索如何让非生物机器具有生命力。许多影业人士展开天马行空的想象。电影中的机器人和人形机器具有诸神的所有属性。沃森(1990:228)指出,像奇点这样的理论可能是"灾难的前兆,仅仅是一种猜测"。今天,人类第一次发现自己"处于一切的中心",可能确实正经历"惊奇感"(Watson, 1991:228)。威廉·巴雷特(William Barrett, 1986:160)曾说过,如果有一天机器被赋予人类心智的特征,它将有"一种奇怪的非实体化意识,因为它将没有血肉之躯的敏感、直觉和悲怆。而如果没有这些品质,我们就不可能有智慧,也不可能有人性"。

老大哥[①]在看着

计算机技术带来的另一个危险就是"老大哥"一直在监视我们,正如 1949 年乔治·奥韦尔的小说《一九八四》中的可怕预言:当我们不再在意自己是否一直被监视时,这种监视就已实现。

无论出于什么原因,位兹(Waze)、谷歌地图、飞书信(Facebook Messenger)、瓦次艾普(WhatsApp)、亚马逊、亚历克萨、苹果智能语音助手(Siri)等无数人工智能设备都在不断收集所有人的数据。正如 1960 年小说家赫尔曼·黑塞在小说《卢迪老师》(*Magister Ludi*)中预言的那样,以及心理学家卡尔·荣格在著作中预言的那样,如今的我们是大数据系统的一部分,仅仅是数据中的"比特"(bit)。上述"监控设备"对"老大哥"俯首称臣,致力于全天候搜寻个人信息和社会趋势。这其中有很多是积极的,例如通过大数据研判商业趋势、犯罪模式、疾病问题等。同样,这也是生活在当今技术世界中的悖论。

"老大哥"技术让世界演变为一个巨大的数据系统,人们作为数字投射到该系统中,越来越渴求"部落"保护和情感庇护。这是因为人类同大多数物种一样,一直生活在社会群体中,而非某种抽象空间。即使在现代,部落也仍是人类遵循本能彼此联系的集合方式。在复杂的城市社会中,各种文化、亚文化、反文化和平行文化不断相互竞争,共享领域无处不在,成为或抽象或虚构的思想,个

---

① 老大哥(Big Brother)出自《一九八四》,书中的大洋国是典型的极权社会,当权者被人民亲切地称为"老大哥",他能透过显示屏监视每一个人,到处都挂着"老大哥正在看着你"的横幅。

人常常与存在于更大社会背景中的部落式团体或安排产生关联。人们仍然认为,小团体中的成员身份对个人生活有着更直接的意义。这种再部落化的倾向不断影响着现代人类,这可能是许多城市居民焦虑和疏离的来源,因为他们生活在缺乏人情味的庞大社会体系中。

再部落化意味形象重构,因为这需要人们进行面对面接触。这种现象无处不在。即使当今的人们认为能够通过互联网与世界相连,但他们仍强烈渴望生活在现实世界中。因此,数字星系的日常生活悖论,与其说是通过接触解决人与人之间的冲突,不如说是同时产生了“全球主义”和“部落主义”。

扩展阅读

20 世纪 90 年代中期,符号学开始进入人工智能和计算机媒体研究领域。可参阅以下内容了解相关研究:

Andersen, Peter Bøgh. 1997. *A Theory of Computer Semiotics: Semiotic Approaches to Construction and Assessment of Computer Systems*. Cambridge: Cambridge University Press.

安德森在书中阐释计算机编程的具体形式如何成为程序员所使用的符号系统的产物。为了解计算机如何在人类生活中发挥作用,需考虑符号理论、计算机使用背景以及其他非计算机因素。

O'Neill, Shaleph. 2008. *Interactive Media: The Semiotics of Embodied Interaction*. New York: Springer.

奥尼尔着眼于计算机编程中使用的理论,提出几个基本概念的重新表述。

Tanaka-Ishii, Kumiko. 2010. *Semiotics of Programming*. Cambridge: Cambridge University Press.

本书的重要性在于表明在编写生成语言的程序时,符号模型之间的假定差异会被打破。

第八章　广　告

> **我已找到世上最能激励人心却也最难创作的文学形式。这种最难掌握却又潜能无限的形式就是广告。写十首差强人意的十四行诗，就足以吸引评论家谈论一二，但要写出一则行之有效的广告，吸引几千名不太挑剔的买家，可要难上许多。**
>
> ——奥尔德斯·赫胥黎(1894—1963)

广告无处不在，广告牌、广播、电视、公共汽车、地铁、杂志、报纸、海报、衣物、鞋帽、钢笔、手机、社交媒体网站等，不一而足。如果说广告只是当今世界普遍存在的传播形式之一，那可是低估它了。据估计，每个美国人平均每天都会接触到数千条广告，一生中观看电视和互联网广告的时间加起来可达数年之久(Kilbourne, 1999)。广告利用各种语言和非语言技巧，使信息尽可能具有说服力。广告已经成为现代意指次序的一部分，旨在暗示人们如何通过消费最大限度满足内心深处的冲动和欲望，进而影响人们的处事态度和生活方式。正如1936年7月11日美国作家E. B. 怀特(1899—1985)在《纽约客》(*New Yorker*)上刊登的一篇文章中所言："广告商是梦想的诠释者，就如同为法老解梦的约瑟夫。广告同电影一样，用刻意营造的奇遇点燃我们枯燥乏味的生活。广告商的利器是我们的弱点：恐惧、野心、疾病、骄傲、自私、欲望以及无知。这些利器无往不胜。"

鉴于其对理解现代意指次序的重要性，广告成为传媒符号学的重点研究领域之一也就不足为奇了。在广告领域，传媒符号学试图回答两个问题：①广告文本如何编码意义？②广告商如何创造对大众而言有意义的意指系统？本章将围绕上述问题展开讨论。此外，根据麦克卢汉的界定，广告本身就是一种媒介，是媒介景观不可分割的一部分。

何为广告

1957 年，万斯·帕卡德（Vance Packard）出版《潜在的劝说者》（*The Hidden Persuaders*），该书探讨广告的社会心理影响，极富话题性和启发性。此后，大批探讨广告如何影响个人和社会的研究相继问世，其中大多数都隐含着一个问题：广告是否已成为一种塑造文化习俗和个人行为的无意识心理力量，抑或仅仅是当代城市化社会中更深层次文化倾向的一面镜子？但这个问题始终没有明确答案。从各大网站和社交媒体上的弹窗广告，到油管上的纯广告节目，广告逐渐遍布数字媒介景观的各个角落。与此同时，研究仍在继续。但由于人们已习惯将广告作为日常生活的一部分，帕卡德论述所引发的有关广告对社会广泛影响的纷争已经平息。对此本章将不再赘述，需要明确的是，广告已经成为社会上人人都会接触到的最受认可且最具吸引力的大众媒介形式之一，这一点几乎有目共睹。广告商每天发布的图像和信息勾勒出当代社会的图景。广告本身并不会破坏主流文化的价值体系，相反，广告之所以有效，是因为它们反映了社会中已经存在的“变化”。

广告不再仅仅是商业利益的“奴仆”，它已成为社会上说服他人时的常用策略，比如支持某个政治候选人或某项事业。商业公司、政党及其候选人、社会组织、特殊利益集团以及政府都定期在各种媒体上发布广告，塑造自己的良好形象。自 20 世纪 60 年代以来，针对癌症、艾滋病、人权、贫困等社会热点问题的广告宣传活动也开始兴起。

广告（advertising）一词源于中世纪拉丁语动词“advertere”，意为“吸引人们的注意力”。广告是指任何类型或形式的公告或陈述，旨在促销特定商品或服务，促进某项事业，或提高对某些问题的认识等。宣传、报道和公关等表征和活动旨在改变和影响人们的观点、态度和行为，广告则不然。如今，广告已经演变成一种有说服力的社会话语形式，其主要目的是影响我们对商品购买和消费的认知。广告话语多种多样，从报纸和杂志上的简单布告，到互联网上复杂的多模态生活方式广告，皆属此类。因此，广告已经成为一种特权话语，基本上取代了布道、政治演说、谚语、格言等相对传统的话语形式，而这些话语形式几个世纪以来都曾极具修辞力量和道德权威。广告宣扬灌输享乐主义的价值观,将人类视为"递归①单元",可分为"品味群体""生活群体"或"细分市场",可根据统计规律管理操纵。精神分析学家卡尔·荣格(1957:19—20)几十年前就曾警示人们,在我们生活的时代中,人类被视为集合体中的万千齿轮之一,而不是"无论如何也无法理解的无与伦比的独特生物"。

除了在政治、社会意识运动等方面的用途外,广告分为两大类:①消费者广告,旨在促销某些产品;②贸易广告,通过适当的贸易出版物和媒体向经销商和专业人士推销。本章重点探究消费者广告,可将其更具体地定义为一种修辞话语形式,旨在促销适销商品及服务。

值得一提的是,1914年,消费者广告催生了第一家记录并分析广告效果数据的机构——美国发行量稽核局(Audit Bureau of Circulations),这是一个独立组织,由希望获得并标准化呈现发行量统计数据的报纸和杂志出版商创建并资助。1936年,美国广告研究基金会(Advertising Research Foundation)成立,对广告技术进行研发,增强所有广告和营销研究的真实性、可靠性、有效性和实用性。如前文所述,现今,统计信息收集技术和元数据分析日益成熟,广告商可以进行全球定位系统分析,根据人们的居住地、收入情况、教育背景、常用网站、外出就餐地点来精准寻找受众,确定他们对某些产品和服务的敏感性或倾向性。

广告与营销学密切相关。广告商和营销机构事先进行涉及面广且耗资巨大的调查,确定产品或服务的潜在接受度,然后再进行广告宣传,宣传费用可达数百万甚至数十亿美元。如果根据调查结果,制造商能够确定其中一个广告版本会吸引足够多的购买者,那么研究团队就会投放临时广告,了解消费者的偏好,预测试各种销售形式。在确定一到两个最受欢迎的广告后,广告商将其引入测试市场,根据市场测试结果就可以决定是否在全国投放广告。

广告宣传活动不断通过各类媒体传播广告信息,让其充斥媒介景观,这就造成了一种错觉,即广告中的产品与意义系统之间存在关联。如巴特作品中常说的那样,正因如此,广告可被认为是嗜新狂的根源。广告商通过适应性变化,不断试图确保时尚、音乐、价值观、媒体人物的流行等一切社会或娱乐趋势的转

① 在数学和计算机科学中,递归指由一种(或多种)简单的基本情况定义的一类对象或方法,并规定其他所有情况都能被还原为其基本情况。

变也能反映在广告文本中。事实上，当代媒介景观最突出的特点就是广告、流行文化趋势和一般社会趋势之间的动态相互作用，三者通过持续的协同作用互相影响。

广告发展史概况

人类文明史上最早的广告文本是古代中东城市挂在商店门外的各类招牌。早在公元前3000年，巴比伦商人就利用这种招牌为商店里的产品做广告。古希腊人和古罗马人也在商店外悬挂招牌。鉴于当时识字的人不多，那个时代的商人在石板、黏土或木头上雕刻象形符号，作为商店的招牌。纵观历史，市场上的宣传画和招牌实际上是传播信息、促进商品和服务交易与销售的大众媒介。

使用商店招牌和宣传画的传统一直延续到中世纪。到了15世纪印刷机发明后，人们可以快速地印刷廉价传单，将这些传单张贴在公共场所，或插入书籍、手册、报纸等印刷媒体中。与宣传画或商店招牌相比，传单的优势在于可以复印并分发给各处居民，无论远近。

19世纪，广告的使用率越来越高，影响力也越来越大。因此，1842年费城企业家沃尔尼·B. 帕尔默(Volney B. Palmer)成立了第一家广告公司。1849年，帕尔默又在纽约、波士顿和巴尔的摩开设了分公司。1865年，乔治·P. 罗厄尔(George P. Rowell)开始作为广告代理商与当地报纸签订合同。10年后，即1875年，费城的另一家广告公司，艾尔父子广告公司(N. W. Ayer and Son)成立，与罗厄尔和帕尔默的公司分庭抗礼。后来，该公司雇用作家和画家创作平面广告，为客户开展全方位的广告宣传活动，成为现代意义上第一家广告公司。1900年，美国许多机构都为客户撰写广告，并开始策划广告宣传活动。20世纪20年代，这些机构本身已发展成为大型商业企业，不断开发能够影响所谓典型消费者的新技术和新方法。这一时期，广告才开始被视为主要营销手段之一。20世纪初的几十年，人们将商业和心理学结合在一起，在前人的基础上进一步尝试建立产品和消费者意识之间的文本桥梁。

20世纪20年代，电力使用日益普及，广告因此得以通过新的电子媒介进一步巩固在社会中的地位。电力使制作户外广告灯牌成为可能；照相凸版等印刷技术使各家杂志的编辑部和广告部创造出可以纳入广告文本的有效图示说明。无线电催生了电台广告这种新形式，这种广告用一段口头叙述或音乐短歌宣传产品或服务及其用途(见第四章)，出现后立即成为一种极具说服力的广告形式,因为它可以在瞬间接触到大量的潜在客户,无论是否识字都能理解广告内容。20世纪50年代初,随着电视的出现,同电台广告类似的电视广告变得更加有影响力,它可以在全社会传播广告信息。当时的人们很快就习惯了电视广告形式,认为产品与为推广而制作的广告风格和内容密不可分。今天,互联网广告已经与印刷广告,以及电台、电视广告并驾齐驱。如今的广告文本与传统媒体的广告宣传方式相比并未发生重大变化。与电视广告一样,互联网广告商使用图像、音频和各种视觉技术增强信息的有效性。不同之处在于,互联网广告让广告商能够了解最新的有效宣传策略并立即做出调整。互联网为广告商提供了通过电子邮件营销、社交媒体和移动设备获取信息的新技术。脸书、交友网、欧库特(Orkut)、贝博网(Bebo)等交友网站现在都出现广告,用户可以在社交网络中转发给其他人。2012年,脸书推出"推广帖子",企业可以付费在用户的消息推送中发布广告。2013年又出现视频广告。这一年,推特允许广告商使用浏览器历史记录中的数据,向目标受众用户推送广告。同年,照片墙允许广告商赞助照片和视频。

网站上的广告由服务器提供并嵌入网页,通过链接到广告商的页面来吸引人们注意。此类横幅广告是广告与数字通信融合的产物,营销人员能够实时监控广告宣传活动,通过点击标签确定市场取向。有批评人士称,横幅广告引发广告商不断侵入文化和交际活动的问题。同样,通过数字媒体收集的元数据(见第七章)允许广告商悄无声息地了解并有效利用人们的习惯和欲望。

广告"语言"几乎已成为大众化语言,甚至持反对态度的人也在使用。正如特威切尔(Twitchell, 2000:1)所言:"有关产品和服务的语言几乎已经取代了所有其他主题的语言。"我们不知不觉地吸收广告文本,对其做出反应,以类似于过去个人和群体对权威和规范文本的反应方式,无意识地将广告文本作为规划、解释和构建社会行动和行为的模板。广告标语已渗透到日常对话中,广告已成为一种无处不在、包罗万象的社会话语形式。麦克卢汉(1964)一语中的,这种情况下的媒介确实已经成为讯息。

广告讯息嵌入

广告商将广告嵌入媒介景观的两种主要技术称为市场定位和形象塑造。市场定位是指在合适的媒体上向恰当的人群投放产品广告。啤酒广告的定位通常为爱酒人士,比如电视上的啤酒广告面向经常流连派对的大学生;香水广告的定位一般为钟情于浪漫社交的人，这从电视播放的香水广告就能看出。奔驰汽车的广告面向社会上的高档汽车购买者；道奇公羊汽车的广告则针对中产阶级的郊区居民。为某种产品进行形象塑造，本质上就是为其塑造一种"个性"，以便特定类型的消费者进行识别。产品的名称、包装、徽标、价格和整体形象为其创造一种可识别的特征，旨在吸引特定类型的消费者。以啤酒为例，什么样的人喝百威啤酒？什么样的人喝喜力啤酒？答案通常与消费者的教育水平、阶级、社会生活方式等息息相关。显然，为产品进行形象塑造是为了直接与特定人群交流，而非吸引所有人，这些人群可以从广告为产品塑造出的形象中看到自己的个性。

在"神话化"技术的加持下，品牌形象进一步巩固。这种策略有意将品牌名称、徽标、产品设计、平面广告和电视广告赋予某种神话意义。例如，追求美丽和征服死亡等神话主题不断被广告商们编织到为某些产品塑造的特定形象中。这种策略在推广美容产品的广告中随处可见，广告中的模特美艳动人，不可方物，近乎神化，仿佛现代世界的阿多尼斯①和阿佛洛狄忒②。

广告商使产品神话化的另一种方式是徽标设计。以麦当劳的金拱门标志为例。如今，大多数人都和家人或朋友一起去快餐店，想要在融洽的气氛中快速用餐。大多数人也认为麦当劳餐厅的食物相当美味，服务快捷且礼貌。现在许多人甚至认为在麦当劳餐厅用餐比在自己家里更自在，更有"家"的感觉。事实上，这正是解开麦当劳徽标设计意图的符号学钥匙。拱门承载着神话般的象征主义，召唤着善良的人们凯旋而行，穿过拱门进入一个有序、清洁、友好、好客、上进、自律的如家庭般的"天堂"。从菜单到制服，麦当劳的一切都严格按标准执行。金色拱门标志不经意传递出的信息是，麦当劳是一个井然有序的地方，它将"全心全意为您服务"，这也是该公司过去的标语之一，措辞十分贴切。

总而言之，广告商通常会塑造一些隐含形象，激发人们无意识的欲望、冲动和神话幻想。简单来说，现代广告商强调的不是产品，而是购买产品可能带来的好处。显然，广告商非常擅长利用哲学家、艺术家和宗教思想家曾经探索过的潜意识心理活动领域。

---

① 阿多尼斯(Adonis)，春季植物之神，王室美男子，如花一般俊美精致的五官，令世间所有人与物都为之失色。

② 阿佛洛狄忒(Aphrodite)，古希腊神话中爱情与美丽的女神，奥林匹斯十二主神之一。

广告修辞

无论使用何种媒介推销何种产品,广告语篇的基础都是修辞。广告商通过用典、隐喻、反讽、类比、幽默等各类修辞技巧表达意义,润色广告词。

在实用层面上,产品命名具有索引功能,消费者能够据此筛选是否购买某个产品。以高级时装鞋品牌阿玛尼(Armani)为例。在外延层面上,如果我们想买这种鞋,可以通过品牌名称识别。但这并不是这样命名的唯一目的。不创造新的名称或表达,而是用制造者的名字来命名,给产品赋予一种匠心独妙、精雕细刻、品质卓越的光环。因此,鞋子称得上是艺术家或制造者的“作品”。阿玛尼、古驰(Gucci)和卡尔文·克莱因(Calvin Klein)等设计师的名字让人联想到他们的产品是艺术品,而不仅仅是衣服、鞋履或珠宝;在汽车领域,法拉利(Ferrari)、兰博基尼(Lamborghini)和玛莎拉蒂(Maserati)等名称也是如此。在这种情况下,制造商的名称大大扩展了产品的外延性索引意义。这种延伸过程是隐喻性的,暗含在“阿玛尼鞋等同于艺术品”的等式中。品牌名称、标语、宣传词等将产品形象纳入社会思维定式的语言实际上是一种隐喻。当人们购买阿玛尼或古驰的产品时,他们会觉得自己购买的是一幅画、一座雕塑、一件可以随身携带的艺术品;当他们购买克里斯汀·迪奥(Christian Dior)的“毒药”香水时,会觉得自己在购买一种危险但诱人的爱情药水;当他们购买月滴润泽口红、自然奇迹护肤品、太阳花香水、夏士莲洗发水或肌肤露水保湿精华等化妆品时,可能会觉得自己获得了来自大自然的美容滋养;当他们购买恒久 27 号全天保湿霜、倩碧(Clinique)[1]品牌产品、调理霜或均衡霜等美容产品时,可能会认为这些产品配方科学,能够有效护肤。无名的产品则不会产生这样的隐喻意义系统。

中世纪时期,商人和行会成员在店铺外悬挂各具特色的招牌,从而产生了商标的概念。例如,中世纪的剑和陶器在广告中都有可识别的符号,这样买家就可追溯货源,保证质量。从那个时代流传下来的最知名商标包括理发店的三色柱和典当行的三颗金球。19 世纪末,品牌名称首次出现,美国公司开始销售包装上印有品牌名的商品。在此之前,日常生活用品都装在大型散装容器里,在邻近商店出售。1880 年左右,肥皂和牙膏制造商开始为产品命名,以便识

---

① Clinique,倩碧法语原意指“诊所”。

别。商标的概念仍然存在,并演变为企业的徽标。于是,第一批现代品牌名称和相应的徽标(代表品牌的图像标志)由此诞生,其中包括象牙牌(Ivory)、梨牌(Pears)、萨波利奥(Sapolio)、高露洁(Colgate)、美国柯克家(Kirk's American Family)和派克钢笔(Parker's pens)。不久,更多制造商加入了这股潮流,创造出皇家发酵粉(Royal Baking Powder)、桂格燕麦(Quaker Oats)、贝克巧克力(Baker's Chocolate)、希尔根汁啤酒(Hire's Root Beer)、丽格鞋业(Regal Shoes)、威迪文钢笔(Waterman's Pens)、宝纳米(Bon Ami)、箭牌糖果(Wrigley)和可口可乐(Coca-Cola)等产品品牌,皆具有修辞或暗示性质。

许多品牌名称同微型诗一样,激发了人们的想象力,让人们从中汲取灵感。制造商和营销人员创造概念上隐喻的品牌名称,通过修辞微调信息,使其深入人心。有时,修辞形式并不通过书面或口头形式表达,而是简单的暗示,比如在几年前拉科斯特(Lacoste)的一则服装广告中,就简单呈现出空中飘浮的画面,暗喻穿着这款轻便时尚的服装仿佛在空中自由翱翔。

广告中使用的其他主要修辞策略包括转喻和反讽。这些都与产品的功能和社会认知相关。显然,香奈儿香水产品使用讽刺标语行不通;百威啤酒则能够奏效。这一点在21世纪初百威啤酒的广告宣传中表现得尤为明显,当时百威啤酒公司为适应不断变化的文化氛围而改变形象。该公司采取的方法是上演都市年轻男性可能喜欢的短剧,这一战略的实施效果超出公司预期。例如,2000年初该公司发布一则商业广告,短片中的小狗雷克斯追赶一辆想象中的百威啤酒卡车,不加思考地跳过树篱,迎头撞上一辆面包车,十分滑稽。2001年的一则广告中,娱乐明星锡德里克将百威淡啤洒在约会对象身上,搞砸了自己梦寐以求的约会。很明显,这则广告模仿当时情景喜剧和电影中的书呆子式幽默。2002年的一则广告中,一位妻子用百威啤酒引诱丈夫到卧室,而他却扑向啤酒,然后从缎面床单上滑出窗外。2004年的一则广告中,一名雅皮士的小狗帮他取来一瓶百威淡啤,又为了抢啤酒咬了他的胯部。

修辞类广告的一些其他特征和策略包括:

- 广告短歌和广告语:能够强化品牌名称的知名度,因为它们往往无意间在隐喻层面上发挥作用,例如"我就喜欢(I'm lovin' it)""吮指留香(Finger lickin' good)"。
- 使用祈使动词:人们会感觉收到来自某些未知权威的建议,或产生某种自然的冲动,这是一种暗示性手段,例如“想做就做(Just do it)”“相信你的感觉(Trust your senses)”。

- 口诀:创造出让无意义的陈述听起来真实的效果,这种技巧叫作同义反复,例如“黛安芬内衣,任何曲线,完美展现(Triumph has a bra for the way you are)”“大众汽车,大众的汽车(A Volkswagen is a Volkswagen)”。
- 押头韵[①]:重复音节,增加品牌名称被记住的可能性,是一种典型的诗歌手法,例如“超自由感觉(The Superfree sensation)(押 s 的头韵)”“健力士妙不可言(Guinness is good for you)(押 g 的头韵)”。
- 省略语言:一些广告战略性地避免使用语言,暗示产品靠品质说话。
- 有意遗漏:使用这种技巧的前提是秘密能吸引人们的注意力,例如“不要告诉你的朋友……(Don't tell your friends about…)”“你知道她穿的是什么吗?(Do you know what she's wearing?)”。

值得注意的是,广告的话语风格与产品的意义和功能相匹配。因此,宣传百威啤酒这样的产品需要采用非正式口语,但宣传宝马汽车或香奈儿香水这样的高端产品时,就需要优雅精致的广告,许多化妆品的广告往往性感而诱人。广告因此采用符合其目的的话语风格:广告可以采取媒体采访、名人推荐、官方格式(姓名:玛丽;年龄:15 岁;问题:痤疮)等形式。从这种意义上说,广告语篇与社会符号学结构是一体的。香水与汉堡背后的符号学代码不同,这表现在相关广告语篇的修辞结构中。

意指系统构建

如前文所述,广告旨在使用修辞和形象塑造等手段为产品创建一个意指系统。要做到这一点,首先要像上文所述,确定一个品牌名称,并尽可能创造合适的徽标。产品有了名字,就像人一样,可以根据其名称识别。这也难怪商标(品牌名称的法律术语)会受到公司和制造商的强烈保护。品牌名称是极为重要的

① 押头韵:英语语音修辞手段之一,指两个单词或两个单词以上的首个字母及其发音相同,形成悦耳的读音。

产品标识符，在某些情况下，甚至已成为指代某类产品的通用语，例如阿司匹林[①]、赛璐玢[②]和埃斯克雷特[③]。

品牌创立

正如第二章所述，汽车品牌“讴歌”是模仿日语和意大利语单词的音韵设计出来的。该品牌利用隐喻性的延伸，意图唤起人们对日本和意大利两种文化特质的感知。实际上，品牌名称本身就为产品生成了一个意指系统。下面列举一些其他例子，说明如何创造品牌名称以生成特定类型的隐喻意指系统，从而形成家喻户晓的品牌，使人们像记住普通单词的隐喻语义一样对产品印象深刻。

- 制造商的实际名称会让人联想到“传统化”“可靠性”“艺术性”“成熟度”等内涵，例如阿玛尼、贝纳通（Benetton）、福尔杰（Folger's）等。
- 虚构人物的名称会让人联想到特定类型的形象：云狄斯（Wendy's）让人想到“年轻友善的女孩”形象，洁碧先生（Mr. Clean）让人想到“强壮的劳动者”形象等。
- 自然界事物的名称赋予产品与大自然相关的品质，如“水”“健康”“清洁”等，例如汰渍（Tide）、激流（Surf）、卡思卡特（Cascade[④]）、韦尔瓦水（Aqua Velva）、激浪（Mountain Dew）等。
- 夸张的名称能够突出产品的“优越性”“卓越性”等，例如极致闪耀（MaxiLight）、超鲜（SuperFresh）、超轻（UltraLite）等。
- 由不同单词组合而成的名称能够产生复合含义：水果国度（Fruitopia，“水果 fruit ＋ 乌托邦 Utopia”）、优谷（Yogourt，“酸奶 yogurt ＋ 美食 gourmet”）等。
- 一些名称只是为了说明产品功能：易洁污（Easy Off）、超省力（Lestoil）、一擦净（One Wipe）、快吸液（Quick Flow）、易可擦（Easy Wipe）等。

---

① 阿司匹林（aspirin）是拜耳公司生产的一种解热镇痛药的品牌，也指一种白色结晶或结晶性粉末。

② 赛璐玢（cellophane）原为一种玻璃纸品牌，现泛指用于包装的玻璃纸。

③ 埃斯克雷特（escalator）原本是美国奥蒂斯电梯公司生产的电动扶梯品牌名，由单词 escalade（攀登）和 elevator（电梯）组合而成。escalator 一词现多指电动扶梯。

④ Cascade 原意为小瀑布，尤指一连串瀑布中的一支。

● 一些名称旨在表明产品功效:亮白牙膏(Close-Up Toothpaste)、无汗除臭剂(No Sweat Deodorant)等。

品牌命名方法必须与时俱进才能行之有效。比如,汽车制造商现在关注的是如何吸引已经习惯于不同交流方式的互联网时代用户的命名趋势。例如,早在2001年,凯迪拉克就发布了一款名为CTS的新车型。事实上,这种只使用字母和数字的名称已十分普遍。讴歌已经将其车型系列命名为TL、RL、MDX、RSX等。这种名称与"互联网话语"相一致,这是一种以字母和数字符号为中心的高度电报化的交流形式。但有利就有弊,这样的缩写很难被记住,对于刚接触到互联网的老客户来说尤为困难。

值得提及的是,"品牌"一词最初是指用热烙铁烫在皮肤上产生的疤痕或标记,其上带有易于识别的图案,用于识别身份等信息。早在公元前2000年,埃及人就给牲畜打上烙印。中世纪晚期,商人和行会成员在店铺外张贴有特色的标记,从而产生了商标的概念。

如前所述,徽标是品牌名称的对应图形。设计徽标是为了以视觉形态为品牌生成同类的内涵意指系统。以苹果电脑公司采用的苹果徽标为例。很明显,这是一个充满潜在宗教内涵的标志性符号,最重要的是,它令人想起《圣经》中亚当和夏娃的故事,故事围绕着偷尝含有"禁忌知识"的苹果展开。事实上,希伯来语的《创世纪》中提到的是一种"禁果",而非特指苹果。苹果的说法来源于中世纪对伊甸园场景的描绘,当时的画家们对《创世纪》的故事很感兴趣。至少从中世纪开始,《圣经》中苹果作为"禁忌知识"的象征始终在西方文化中产生共鸣。这就是为什么苹果电脑公司不仅命名为"苹果",而且还选择了这种水果作为徽标,这象征着它也为购买和使用其产品的人提供了获取"禁忌知识"的途径。此外,该徽标是一个被咬了一口的苹果,这将使用苹果电脑等产品与人类之母夏娃联系起来,加强了该公司与《创世纪》故事之间的联系。

如今产品上的徽标清晰可见,但直到20世纪70年代情况还并非如此,当时服装上的徽标都隐藏在衣领或口袋等处。但自那以后,徽标就变得显眼了。比如,拉夫劳伦(Ralph Lauren)服装上的马球标志和拉科斯特服装上的短吻鳄徽标都印在显眼的位置。这些徽标象征着"酷"(Klein, 2000:69),很多人似乎渴望着穿上这些品牌的服装,展现上流社会的时尚光环。

广告宣传活动

广告宣传活动是一种基于媒体的系统化宣传手段,持续时间可达数月以上。这类活动的目的可能是展示相对于竞争品牌的产品优势,也可能是改变产品或公司的形象等。广告公司还必须确定目标市场,即产品的潜在用户以及广告的目标人群。最晚始于20世纪初,广告宣传活动已成为品牌战略的一部分。广告宣传同镇上小贩叫卖的功能类似,但却拥有极大的技术优势。有些广告如今已家喻户晓,成为文化的一部分。

毋庸置疑,现代广告宣传活动可以追溯到19世纪。当时,P. T. 巴纳姆(P. T. Barnum)将画报张贴在乡村各处,宣传他的马戏团等生意,招揽更多观众。值得注意的是,宣传活动(campaign)一词就来源于拉丁文的“乡村”(countryside)。广告宣传活动令产品成为历史文物。例如,世纪之交的可口可乐瓶或19世纪末的派克钢笔都已成为珍贵的收藏品,其价值几乎可与古代文物或艺术品比肩。在《震撼世界的20例广告》(*Twenty Ads that Shook the World*)(2000)一书中,詹姆斯·特威切尔(James Twitchell)论证了这个观点。书中探讨了已经广泛融入美国社会历史的一些广告宣传活动。正如他所言(2000:8):“广告已进入我们的血液。”

广告宣传活动不仅内容日益复杂,利用技术传递信息的方式也变得更加多元。如前所述,广告和新的大众传播技术之间一直是合作关系,广告商是使用这些技术的先驱者之一。如今,使用多种媒体技术进行广告宣传活动已成为所有大品牌的惯用策略。广告商将传统或线下媒体与新的卫星和在线媒体结合起来,使用点击付费广告、横幅广告、电子邮件营销和博客营销等营销技术。在线广告宣传技术包括:

- 无干扰广告,即分块加载整版广告,最大限度减少对浏览内容的干扰。
- 弹出式广告,即在浏览窗口上方打开一个新窗口显示广告。
- 隐性弹出式广告,即在浏览窗口下方加载一个新窗口,用户在关闭活动窗口后才能看到广告。
- 移动广告,即发送至短信接收设备的广告。

广告植入

将品牌嵌入意指次序的另一个主要策略是投放在电影和电视节目中,即广告植入。这样做的目的是利用社会趋势和符号系统,使品牌以更丰富的内涵得到社会关注。正如亚历克斯·弗兰克尔(Alex Frankel, 2004:81)所言:"品牌最常见的营销话术是将其作为一种承诺,一种公司与消费者之间提供特定体验的默契。"

品牌本身有时也会成为一种时尚,塑造着社会流行趋势。这种现象可以称为"反向品牌宣传"。例如,20世纪50年代,橡皮泥(Silly Putty①)、彩虹圈(Slinkies②)和呼啦圈(Hula Hoops)红极一时,成为歌曲和故事的灵感来源。1949年,广告营销人员彼得·C. L. 霍奇森(Peter C. L. Hodgson)将橡皮泥推向市场,这种物质是通用电气公司研究人员在寻求可用合成橡胶的过程中发现的。这种硅酮物质可以像软黏土一样塑形,像太妃糖一样拉伸,像橡胶球一样弹跳。彩虹圈是一种线圈玩具,用特定方式放在台阶上,就可以自己"走"下楼梯。呼啦圈是一种轻型塑料圈,可以通过臀部运动使其围绕身体旋转,进行游戏或锻炼。由于媒体的大肆宣传,这些产品已成为流行文化的标志,并延续至今。

20世纪40至50年代,品牌植入轻而易举。当时许多广播和电视节目都由某一赞助商独家赞助,比如《德士古明星剧场》(*Texaco Star Theater*)、《通用电气剧场》(*General Electric Theater*)、《克拉福特剧院》(*Kraft Theater*)等。《米老鼠俱乐部》(*Mickey Mouse Club*)(1955年首播)等儿童节目也得到了类似赞助。该节目由迪士尼的年轻演员出演,推广整个迪士尼品牌的产品,这些演员也成了儿童文化的象征。但这种形式的赞助并不适用于所有类型的节目。因此,随后出现了其他品牌宣传策略,并在媒体上传播开来。通常,赞助商会被事先写入脚本中,使其出现不那么突兀。1982年,史蒂文·施皮尔贝格执导的《E. T. 外星人》中的外星人吃了里斯巧克力豆(Reese's Pieces),大大增加了该产品的销量,电影也由此进入广告植入行列。这一事件开启了好莱坞广告植入

---

① Silly Putty是20世纪中期一家生产橡皮泥的公司,现也指"橡皮泥;泥彩蛋"。

② Slinkies(机灵鬼)是"彩虹圈"的旧称。这是一种螺旋弹簧玩具,放在楼梯上会在重力的作用下且由于惯性"拾级而下"。

的潮流。例如，1983年，电影演员汤姆·克鲁斯(Tom Cruise)在电影《乖仔也疯狂》(*Risky Business*)中戴上了雷朋牌(Rayburn)徒步旅行者(Wayfarers)太阳镜，该产品的销售量直线上升，越来越多的人认为戴太阳镜很酷。

如今，广告植入非常普遍，人们大都习以为常。其主要目的是将品牌形象与流行文化、精彩场面等媒介景观相融合。其中一个例子是1998年1月推出的青春偶像剧《恋爱时代》(*Dawson's Creek*)。剧中所有角色都穿戴着J.克鲁(J. Crew)制作的服装和配饰。演员们看上去就像从J.克鲁产品目录中走出来的模特，他们当月也确实被选入产品目录。该剧播出两季后，随着社会上"酷炫造型"的改变，剧中角色也在变化，换上了美鹰傲飞品牌(American Eagle Outfitters)的服装。这家公司也同样将演员们作为官方网站和实体店内的模特。

无论是在心理还是社会层面上，上述做法都产生了许多后续影响。现今，成为"时髦一族"需要对流行品牌的鞋子、T恤、牛仔裤等产品有一定敏感性。穿戴品牌体现着个人生活方式的"品味"。这就是品牌效应如此强大的原因，它们为不同生活方式提供了"编码"会员卡。如今，新的移动设备就是这样的会员卡，既可以隐藏起来，也可以作为配饰醒目地展示出来。

名人品牌代言也可以视为广告植入的一种形式。这种策略行之有效，因为它将人们对于名人的感受转移到产品上。如前所述，创造虚拟人物来推广特定品牌也是如此。其中很多形象已经成为独立于代言产品的流行文化名人。在2001年的动画片《食物大战》(*Foodfight*)中，洁碧先生、本叔叔(Uncle Ben)、鲔鱼查理(Charlie the Tuna)、女主人牌特温奇蛋糕小人(Hostess' Twinkie the Kid)甚至作为客串角色出场。

广告文本

广告文本形成可简单定义为基于产品内部有意构建的特定代码或意指系统，构建平面广告或商业广告。要实现这一点，有多种方法，其中之一就是将自己融入社会主流，并巧妙地笼络人心。另一种方法是使用类似艺术家式的手法。从符号学意义上讲，将两者结合起来能够创造一种既有互文性又有潜在含义的文本。互文性即品牌本身暗指其他具有文化意义的文本，包括经典文本和当代文本；潜在含义是指将符号系统建立在前文讨论过的隐喻修辞之上。

笼络战略

最有效的广告宣传策略不仅需要紧跟时代，还需要顺应时代。譬如，20 世纪 60 年代有一群人自称“叛逆者”和“革命者”，他们通常被称为“嬉皮士”。他们发自内心地认为自己对主流消费主义文化的意识形态价值观和生活方式提出了根本性挑战，最终却成为这些文化的潜在潮流引领者，为其提供生活方式和话语特征。自 20 世纪 60 年代以来，广告商一直顺应这些生活方式和话语特征，不断将其融入社会。因此，非主流文化的服装时尚迅速转化为主流时尚，非主流文化的音乐风格转化为主流音乐风格，非主流文化的象征主义和话语转化为全社会的象征主义和话语——由此形成了一种社会心态，即每个人无论其政治和意识形态如何，都可以间接参与“青年革命”。

当时的许多广告都使用“嬉皮士”形象，广告商们决定不去对抗年轻人的反叛形象，而是直接接受，实现利益最大化。这种“打不过就加入”的策略调侃消费主义和广告本身，其效果超出预期。年轻叛逆意味着外表“潮流酷炫”；反封建和颠覆性意味着“穿着时髦”。企业领导人们高喊青春叛逆的口号，宣传这类媒体形象，以此推销商品和服务，可以算得上是巧妙地“加入了这场革命”。“新颖”和“独特”是新型广告营销的两个关键词，诱使人们争相购买商品，人们并不一定需要这些商品，购买只是因为它们新颖、酷炫、时髦。这种巧妙的营销策略的潜在意指系统让消费者相信，他们所购买的商品将自己变成伪革命者，不必为特立独行和离经叛道付出社会代价。

“百事新一代”和“可口可乐兄弟情”等广告活动直接融合嬉皮士反主流文化的形象、修辞和象征意义，从而造成嬉皮士和软饮料制造商目标一致的错觉。通过购买来反抗成为流行文化思维模式中的潜意识，营销战略家们开始有效地操控这种思维模式。“道奇叛逆”和“奥兹莫比尔新一代汽车”紧随软饮料广告宣传活动之后，将嬉皮士叛逆和反抗的强大内涵刻入产品名称中。甚至连一家缝纫公司也站出来，呼吁人们加入自己的代理革命，因此它的口号是“别让企业决定你的世界；别让公司影响你的穿着”。广告商声称“加入革命”，实际上是创造了真正的革命。这就是为什么自 20 世纪 60 年代末以来，广告、营销和娱乐领域已与青年生活方式运动完全交织在一起，既响应这些运动，又促成了这些运动所带来的社会趋势和价值观的快速转变。

从社会学角度来看，最终结果是进一步抹杀了传统文化在年轻人和老年人这两个社会类别之间的关键情感差异。这就是为什么现在年轻人的语言通过广告文本迅速转变为所有人的语言;年轻人的时尚趋势出现不久就被推广营销为所有人的时尚风格;年轻人不断变化的审美迅速融入整个社会的审美。实际上,流行文化已经成为社会规范。

1997年,托马斯·弗兰克(Thomas Frank)出版《酷的征服》(*The Conquest of Cool*)一书,将"笼络"一词引入广告研究领域。弗兰克提出这一概念,是为了描述20世纪60年代大品牌广告的主导策略,这些品牌将反主流文化生活方式的符号作为自己的符号,根据自己的消费主义需求对其改编和复用。

1969年在旧金山成立的盖璞(Gap)公司就是一个很好的例子,该品牌始终将笼络消费者作为一种战略。事实上,该公司的名称就来源于年轻人和老年人之间的"代沟"(generation gap)。该公司最初的口号之一是"跳入鸿沟"。毫不意外,盖璞的产品现在面向所有年龄段的消费者,该品牌也吸纳了"永远年轻"的主题,这就是为什么他们的商业广告总是涉及不同时代的音乐艺术家。这些广告的潜台词很明显:"年龄和音乐喜好无关;我们都处在鸿沟(相同的生活方式)中。"以下是一些例子:

- 1998年:"卡其摇摆舞"广告片,广告曲为路易斯·普里马(Louis Prima,20世纪40至50年代爵士乐艺术家)的《跳跃摇摆恸哭》(*Jump, Jive, an' Wail*)。
- 1999年:"人人都穿灯芯绒"广告片,广告曲为多诺万(Donovan,嬉皮士时代的明星)的《小黄人》(*Mellow Yellow*)。
- 2001年:"付出一点点"广告片,广告曲为超级流浪汉合唱团(Supertramp, 20世纪70至80年代的流行摇滚乐队)的《付出一点点》(*Give A Little Bit*)。
- 2005年:"你怎样穿搭"广告片,广告曲为伦尼·克拉维茨(Lenny Kravitz, 20世纪90年代的音乐明星)的《淑女》(*Lady*)。
- 2006年:"黑色紧身裤"广告片,广告曲为AC/DC乐队(20世纪80年代红极一时的硬摇滚乐队,2000年代中期翻红)的《黑暗中归来》(*Back in Black*)。
- 2017年:"完美和声"广告片,广告曲为贾内尔·梦奈(Janelle Monáe)翻唱的弗雷迪·斯科特(Freddie Scott)经典曲目《你拥有我需要的一切》[(*You*)

Got What I Need],以此宣传盖璞公司的和平与团结主题。

涉足任何市场都不仅要靠经济头脑,还要靠文化智慧,这是大型企业笼络战略的成功带给我们的启示。反文化改革者认为,普遍存在的疏离感和无根感是由物质主义造成的。他们声称,物质主义破坏了普通民众的共同价值观,导致社会动荡,个人焦虑和不满情绪蔓延。嬉皮士们认为自己在做一些有意义的事情来对抗疏离感,他们与苦难和压迫作斗争,试图通过物质重建精神。但事实证明,他们最终无意间沦为营销人员的工具。嬉皮士没能根除资本主义的祸患,只是让市场战略家赋予其充满魅力的新活力。

广告宣传活动不仅是为了迎合趋势并将其转化为产品优势,而且往往旨在创造产品的"历史",从而将其与文化连续性和公共传统联系起来。这在一定程度上可以简单通过让产品"无处不在",即引入社会意识中来实现。例如,可口可乐的宣传活动一直旨在吸引广大群众,这就是为什么如今几乎所有人都知道可口可乐,并对其表意系统有一定的了解。这种方法对于所有人都感兴趣的产品和服务尤其有效,如汽车、化妆品、保险、食品、饮料、止痛药等。但这种方法不能用于"有争议"的产品,如香烟和酒精,也不能用于没有广泛吸引力的东西,如某些音乐风格和某类书籍。

广告之所以强大,是因为它提供了可识别的"对象"和"解决方案",让人们对生活充满希望,比如获得更多金钱和更好工作、延缓衰老和减少疾病、提高个人声望、得到他人赞扬、获取更多享受或欢愉、推动社会进步、改善外貌、提升健康、维持两性关系、受到他人欢迎、实现情感安全,等等。至于所采用的技术是否能够实现上述效果,这仅仅受限于广告商的独创性、用来传播广告文本渠道的局限性、广告信息发布地的某些法律限制,以及广告行业定制的标准。毫不夸张地说,现代流行文化史与广告发展史有着千丝万缕的联系。回顾 20 世纪,广告商传递的信息、广告的表现风格以及使用语言的方式显然已经融入现代表达和交流模式。正如麦克卢汉(1964:24)所言,广告已经成为现代世界的"艺术"。

广告艺术

除了创建品牌和笼络人心这两种战略以外,广告商还擅长使用各类工艺,使产品与众不同,更具吸引力。实际上,广告商利用人类最独特的本能之一,即

“艺术本能”，这是一种幻想和欲望的冲动，涵盖人类区别于其他生命形式的所有感觉和情感。许多现代艺术家都受雇为商品制作广告，比如苹果公司曾聘请里德利·斯科特，盖璞公司和达特桑（Datsun）公司也曾聘请萨尔瓦多·达利（Salvador Dalí）。但即便不聘请这些艺术家，现在的广告商也会制作可与绘画等艺术形式相媲美的精美广告。诚然，我们承认广告艺术生来就具有商业目的，但它仍然让我们感到赏心悦目。霍夫曼（Hoffman, 2002:6）曾对所谓正统艺术与广告艺术的区别做出如下阐述：

> 在文化批评的层级结构中，艺术与广告之间的界限从一开始就相当清晰。艺术高雅；广告低俗。艺术精雕细琢，属于少数精英；广告庸俗不雅，属于平民阶层。艺术追求原创；广告彼此雷同。艺术为表达个人愿景而生；广告为销售产品获益而来。艺术创造极富真理性的深刻见解；广告挪用他人的真知灼见。艺术诚挚得令人不安；广告则真假参半。艺术亘古不变；广告昙花一现。

如今，超级碗①（Super Bowl）转播期间的广告所引起的强烈反响不亚于过去任何一件真正艺术作品的反响。人们在网上评价自己喜欢的广告，然后把其中最受欢迎的下载保存，仿佛这些广告是真正的艺术品。显然，广告艺术是一个核心话题。第二章曾提到，术语“解释项”在符号学中是指我们在特定的个人、社会、历史或物理环境中从某一符号中获得的任何意义。产品的“解释项”不再仅仅将其视为产品，而是涵盖范围更广。这是广告艺术给现代思维模式所带来的最深刻影响。

最早意识到广告能够让我们将产品视为有意义物品的群体之一是波普艺术家。波普艺术从业者一开始就活跃于商业设计领域，这一点不足为奇。如安迪·沃霍尔在涉足波普艺术领域之前是一名鞋履广告设计师。波普艺术运动的灵感来自大规模生产和消费物品。工厂、超市和垃圾桶成了波普艺术家们的学校。尽管波普艺术看起来荒谬，但无论这些作品多么有争议或多么粗俗，许多人还是钟情于此。在某种意义上，波普艺术运动告诉普通人，艺术是供大众

① 超级碗是 NFL 职业橄榄球大联盟的年度冠军赛，作为极具商业价值的体育盛事，超级碗的广告位价格十分高昂，且为了吸引观众都极富创意。

消费的,而不仅仅独属于精英阶层的鉴赏家们。有些艺术家在绘画、拼贴艺术画和雕塑中复刻啤酒瓶、汤罐头、连环画、路标等物品;还有些则直接使用这些物品创造作品。波普艺术家们利用反映现代消费主义文化中物质化和庸俗性的图像和声音,试图创造出一种比过去的艺术更直接切题的现实观。他们希望欣赏者能够直接对物体做出反应,而不是对艺术家的技巧和观点做出反应。正如霍夫曼(2002:101)所言:

> 与广告一样,波普艺术更注重概念而非作品本身。波普艺术利用各个阶层的人们日常触手可及的物品,即我们周围大规模生产的普通事物进行创作。人们使用且喜爱这些事物。波普艺术家直接用这些事物进行创作并非因为已无甚可描绘了,而是希望以这种方式表达个人观点。

波普艺术运动兴起于20世纪40至50年代,当时的画家罗伯特·劳申贝格(Robert Rauschenberg)和贾斯珀·约翰斯(Jasper Johns)等人致力于弥合传统艺术与大众文化之间的鸿沟。劳申贝格用被子和枕头等家居用品做拼贴画,约翰斯则取材于美国国旗和靶子。第一件成熟的波普艺术作品是英国艺术家理查德·汉密尔顿(Richard Hamilton)1956年创作的《到底是什么让今天的家庭如此不同,如此迷人?》(*Just What Is It That Makes Today's Home So Different, So Appealing?*)(私人藏品)。这幅拼贴画极具讽刺意味,画中的两个主人公滑稽可笑,凸显出波普艺术粗糙和讽刺的特点。美国艺术家罗伊·利希滕斯坦(Roy Lichtenstein)对批量制作的商业插图,尤其是连环画和广告非常感兴趣,因此他开始在画布上创作连环画。利希滕斯坦的画作和真正的连环画一样,带有表现声音的文字和对话。20世纪60年代,波普艺术发展迅速,画家们开始关注品牌商业产品,制作汉堡等快餐食品的雕塑和大型连环画框架,并将一些戏剧化事件当作艺术品。波普艺术家还采用大规模生产技术。劳申贝格和约翰斯此时已经放弃创作有标题的独立画作,开始创作大型系列作品,其中每件作品都描绘相同的对象。20世纪60年代初,沃霍尔将波普艺术推向新高度,采用丝网印刷的大规模生产技术,将可口可乐瓶、金宝汤罐头等家喻户晓的产品绘制成数百幅相同的印刷品,用相同的方式将无数布里奥牌(Brillo)肥皂盒堆叠摆放。

再次引用霍夫曼(2002:101)的话,波普艺术和广告艺术在同一个时代交会，难以区分，这标志着“美国文化中销售行业的全面胜利”。以包装、产品设计，以及不断创造大量优质新广告的形式出现的广告艺术已经成为一种文化元艺术。时尚生活杂志俨然成为艺术作品目录，其中的图片与摄影作品并无二致。因此，广告越来越被看作名副其实的艺术，大型电影节甚至针对广告设立了专门奖项。虽然我们可能因其目的性太强而对广告不屑一顾，但作为一种审美体验，人们总是乐在其中。广告让人信服，使人愉悦，令人着迷。广告中无一例外都包含着潜台词，这种表层之下的含义使我们卷入一种内在的符号学自我对话，这与我们在美术馆观看画作时的自我对话如出一辙。

一些品牌意识到波普艺术等艺术形式与广告艺术之间已无明确界限，因此将艺术手法明确而直接地融入品牌形象的构建中。其中之一是瑞典绝对伏特加(Absolut Vodka)，该公司聘请许多世界顶级艺术家设计制作广告，进一步模糊了艺术与品牌之间的界限。该品牌在官网上自信满满地展示“顶级广告”，仿佛那是某种艺术品目录或技术研究。绝对伏特加甚至开设了自己的艺术博物馆，可以通过网络浏览。显然，会有人从杂志上撕下它的平面广告，或者从互联网上下载广告图片，就像收集艺术品一样。绝对伏特加成功之后，其他品牌也争相效仿，无论争议多大，都在广告设计中明确使用艺术。如霍夫曼(2002：122)所言：“艺术和商业交汇之处仍然是敢于冒险和不畏争议的营销人员的沃土。”

采用“通感”的广告也日益普遍，这类广告让观看者沉浸在一种虚假的感官窥视中，人类借此进入多维感官空间。通感效应并非来自表层文本中的单个元素，而是来自它们之间的关联。比如说，在广告中仅仅看到一块冰并不会感到寒冷，看到冰块放在人身上才会有这种感觉。在广告中看到嘴唇所产生的欲望并非来自嘴唇本身，而是来自其他各种文本中描绘的情色象征，即通过互文性产生欲望。

另一种主要的艺术手法是超现实主义。以 20 世纪 90 年代可可·香奈儿(Coco Chanel)的经典广告宣传活动为例。广告中的女士年轻性感，打扮得像长尾鸟。她脚踝上绑着一根绳子，穿性感长袜，戴黑色手套。文本暗含的意义多不胜数。那个女人仿佛从梦中向我们走来的。她是谁？她在何处？绳子在谁手中(此问题已超出实际广告文本范畴)？“可可”这个名字本身暗含一种可能的解释，这是香奈儿品牌已故创始人加布丽埃勒·博纳尔·香奈儿(Gabrielle Bonheur Chanel)的昵称。“可可”的发音同鸟鸣的拟声词发音相似。

"可可"也是可卡因的缩写,可卡因不仅是一种麻醉剂,也是一种催情剂。文本与视觉图像相结合,似乎暗示香水会让女性"自由奔放""无拘无束"。模特脸上"如鸟一般"渴求的表情则强化了这种解释。在英语文化中,女性形象与鸟类之间的隐喻联系根深蒂固。如在英语俚语中,年轻女子被称为"雏鸟"。超大瓶的可可小姐香水呈现鲜艳的琥珀色,放置在深色背景中,强烈暗示着烈焰与火光,也暗示着"燃烧的欲望"。

但上述解释只是众多可能性之一。广告中的女性赤着双足,暗示女性作为"母亲"和"大地女神"的生物学角色。这名女子将一瓶可可小姐香水放在脸旁和胸前,仿佛那是她的孩子。虽然她的服装暴露,裸露的后背和肩膀产生情色意象,但她身体微侧,掩盖住身体的前部,暗示她的端庄。总而言之,这次广告宣传活动至今仍是超现实主义艺术的杰作。这名女子看似黑暗虚空,似乎神秘地"从虚无中"出现,这些无不暗示着超现实主义的梦幻场景。如朱迪思·威廉森(Judith Williamson, 1996)所言,可可·香奈儿这类广告文本构成了"超现实主义谜题"。一般来说,香水、服装、酒精饮料等日用品的广告旨在产生提出超现实主义谜题或形成神话形象的通感反应,这是因为这类产品都有关欲望,而超现实主义艺术是传递欲望的完美渠道,尤其是潜意识的欲望。霍夫曼(2002:71)将超现实主义在广告中的运用总结如下:

> 与使用古典绘画的方式不同,广告商们通常不会直接使用现有的超现实主义图像,他们更多的是照搬超现实主义绘画的视觉修辞,而对当初催生这一运动的更深层次问题和思想漠不关心。艺术总监们在向客户展示超现实主义图像时很有底气,一定程度上必然是因为超现实主义和广告一样,核心充斥着欲望。

每个人都有需要逃避的时刻。为此,我们可以读小说、看漫画、看电影、浏览网络、诉诸虚拟现实等。总而言之,我们通过幻想逃避现实。艺术正是一种幻想的形式。广告中的产品显然是一种观众借以实现幻想的微妙手段。广告创造了,更准确地说是再造了一个真正的心灵幻想世界,任何人仅仅通过观看广告就能进入这个世界。同儿童天马行空的幻想一样,广告让我们逃到美梦成真的世界里。

扩展阅读

推荐以下几本直接涉及广告研究的传媒符号学作品：

Kress, Gunther. 2017. *Reading Images: The Grammar of Visual Design*. London: Taylor & Francis.

克雷斯对视觉设计的符号学研究为解读广告中的图像提供一种视角。

Skaggs, Steven. 2017. *Fire Signs: A Semiotic Theory for Graphic Design*. Cambridge: MIT Press.

本书综合论述平面设计符号学，阐明符号学思想如何支撑广告、徽标等的构建。

Oswald, Laura. 2015. *Marketing Semiotics: Signs, Strategies, and Brand Value*. Oxford: Oxford University Press.

奥斯瓦尔德将符号学研究扩展到现代营销和广告的各种技术领域。

第九章 传媒的影响

> 我们生活的世界里充斥着各类虚幻事物——大众营销与广告屡见不鲜，政治活动也成为一种广告营销，科学技术瞬间转化为流行意象，消费品领域内个人身份日益模糊混杂，电视荧幕取代了对一切体验的自由原始想象。我们生活在一部鸿篇巨制里。作家创作小说已无需刻画虚构，只需描述现实，生活已经成为小说。
>
> ——J. G. 巴拉德(J. G. Ballard, 1930—2009)

如绪论中的埃利奥特·卡佛一样，当代各类媒介表征的一个共同主题是告诫人们，如今的媒体大亨正穷凶极恶般控制着世界大众，这着实讽刺。电影、爆料文章、电视纪录片和网站经常探讨“传媒之危险”。现代文化的悖论就在于此——在这个世界上，传媒不仅控制着公众思维，同时也从各个层面批判传媒本身。如今的传媒不仅是善的力量，也是恶的源泉。传媒化世界使普罗大众能够接触到过去精英阶层独享的各种表征；但也创造了一种全社会的“消遣心态”，人们无休止地追求娱乐，追逐“新奇”“时尚”“酷炫”等字眼。传媒的悖论始终是本书基本主题。美国文化沃土中，既能产生《莫扎特传》这样不可估量的电影艺术作品，也能产生电视摔跤比赛这样令人麻木、毫无意义的感官刺激。

本书目标是从符号学分析这一特定角度讨论该主题。符号学分析的基本目的是根据文本层面的组合方式解释传媒表征，即探究某一特定表征“X”如何以某种特定方式(X=Y)产生一个意义系统“Y”。对符号学家而言，特定传媒是什么并不重要，因为印刷、音频、电影、电视、计算机、广告等传媒及其类型产生的各种意义基本上相同，只是通过不同种类的能指来实现。因此，传媒符号学研究本质上是对能指差异的研究，以及对这种差异如何改变文本及其讯息的传递和影响的研究。

本章为终章，共有三个目标：①图解符号学分析的主要特点；②更深入探究媒体对人类的各种影响；③对媒体和当代文化之间的关系进行总结性思考。

概述

早期以图像媒介记录思想的形式使储存和传承知识成为可能，人类思想和情感从而形成连续性。随着字母文字的出现，印刷品成为一种强大媒介，为建立世界文明铺平了道路。进入古腾堡星系，印刷品的可用性日益提升，功能也不断多样化。其中之一便是消遣娱乐。印刷技术的发展令书籍广泛流行，价格低廉，成为人们可以惬意打发闲暇时光的传媒。随着电子传媒和数字传媒的出现，书籍的消遣娱乐功能变得更加突出。

本书的一个次要主题是，新媒体并非替代性的，而是延伸性的。如印刷品延伸口语，广播延伸印刷品，电视延伸广播，诸如此类。许多人认为，印刷文字是编码交流知识的最高模式，其他所有媒体在某种程度上都比印刷品“低级”。但这种观点并不正确。同样，尽管新媒体可能会造成影响，但认为其破坏了所谓“真正”文化的观点也是错的。正如社会评论家所言，当今许多媒体可能确实已经成为驱动全球消费主义经济机器上的重要齿轮，但它们绝不会撼动人类表征的基本想象力。相反，它们为想象力插上了更丰满的羽翼，使其在人类事务中占据最高地位。此外，电影、流行音乐、电视节目，甚至热门视频，都史无前例地让更多人有机会展现个人想象力。

如今的数字星系实际上是古腾堡星系的延伸。古腾堡制作铅活字印刷《圣经》后，更多人得以接触各种思想，人类的精神进化和文化因此有机会进行真正的革命。但如第三章所述，这种革命并没有使世界同质化，而是催生了形形色色的表征形式。

符号学视角

本书贯穿始终阐述：媒介景观的构成要素是以技术为基础的意义系统中的元素。这些元素是特定的能指，传媒符号学因而成为理解媒介和意义之间相互作用的核心科学。因此，传媒之间的差异往往是表征形式的“物理”差异，而不是内容上的差异。事实上,当一种传媒的类型被另一种传媒改编时,其内容不会消失,而是实现循环利用。譬如,当印刷传媒类型被电子传媒采用时,其意义并没有改变,而是被转化为通过新物理渠道传递的平行类型。因此,大多数电影、电视节目等媒介表征不过是以新的方式循环使用相同种类的所指罢了。如本书所述,弄清这一点如何实现是传媒符号学的主要目标之一。

对传媒文本的符号学分析首先会因文本类型、代码或符号系统的不同而异。如果有一个文本"X"的意义"Y"显而易见,那么弄清 X＝Y 结构的过程相当直接。这种类型的分析图示为一条直线,体现出"X"可直接表示"Y"。

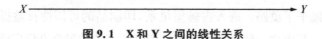

图 9.1　X 和 Y 之间的线性关系

线性分析

以报纸上的新闻报道为例,其文本旨在直接报道一些有新闻价值的事件,如政治选举的结果和冰球比赛的比分。显然,X＝Y 关系的表现方式会因报纸、作者等的不同而异。但正常情况下,阐释的整体结构为线性,因此一般可直接分析。

第二种主要形式为文本"X"的意义"Y"可以通过迂回、螺旋的方式确定,也就是说,需要考虑历史因素、互文性等方面。这种类型的分析可用螺旋形图示表达(见图 9.2)。

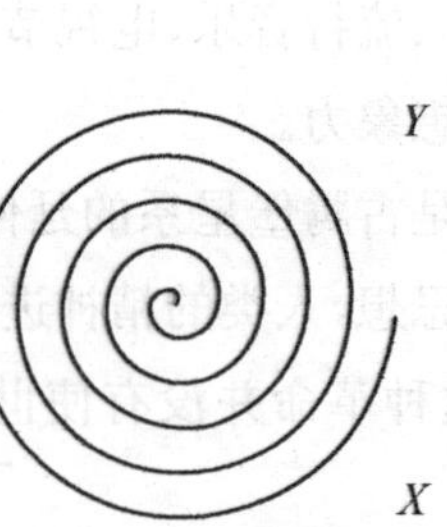

图 9.2　X 和 Y 之间的螺旋形关系

上一章的可可・香奈儿广告宣传活动可作为案例。对其潜在文本意义的解释具有一系列神话内涵。此类分析并非孤立,其神话所指已经反复出现,且跨越了时间,其表征包括戴安娜的神话等古代故事,以及《致命诱惑》(*Fatal*

Attraction)等当代电影。因此,不能通过线性方式理解其关系,而要考虑与其他编码同类所指的文本之间的历史联系。

第三种主要类型的文本"X"以迂回的"之"字形方式获取意义"Y",换言之,通过将其特征与其他文本的特征相比较获取意义。这种类型的分析可以用图 9.3 表示。

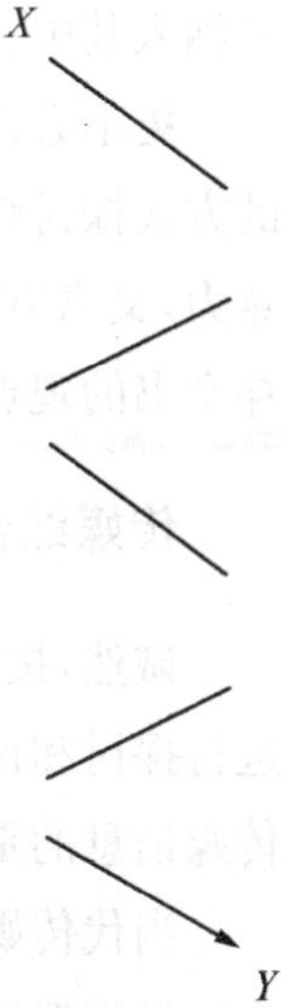

图 9.3 X和Y之间的"之"字形关系

以角色"孤胆骑警"为例,其同名连续剧于 1933 年在底特律 WXYZ 电台[①]播出。开场以 1829 年罗西尼歌剧《威廉·退尔》序曲的第四乐章为背景音乐,配上播音员的旁白:"一匹骏马光速疾驰,伴随着飞扬的尘土,和一声酣畅淋漓的'驾!席尔瓦',孤胆骑警再次出动。"电台节目改编为电视节目后,这位戴面具的英雄与原住民伙伴唐托(Tonto)成为媒体名人,是 20 世纪 50 年代周六早间节目的常客。为什么《孤胆骑警》如此受欢迎?首先,该节目是周播寓意剧,其中善与恶鲜明对立。这位神秘执法者将身份隐藏在标志性的面具后,宛如现代版的神话英雄。他的白马象征纯洁与诚实,他可靠的伙伴象征种族平等和原住民智慧。潜在受害者从无情的黑帮分子魔爪中被拯救出来,这种简单的情节设定引起观众共鸣。如今,《孤胆骑警》的漫画、广播、电视剧和电影版本都提供这套相同的"意义元素",也就是说,这些元素可以相互比较,并与其他关于英雄的表征中的元素相关联。

上述文本不太可能出现截然不同的符号学解释。例如,人们可能从可可·香奈儿的广告中看出不同的潜台词,如充满野性的女人形象。但是,得到各种潜在文本意义的过程都为螺旋式。同样,人们可能希望在《孤胆骑警》文本中强调基本故事情节的某些神话方面,或者彰显该剧的某些其他特征。但无论如何,通过"之"字形比较确立文本整体意义的过程往往相当稳定。

因此,值得关注的并不总是意义,而是其表征方式。如今,为适应不断变化的社会现实,各类电视节目以不同方式表现蕴含于《孤胆骑警》中的寓意。如电视上许多科幻节目和法律节目的内容与《孤胆骑警》系列节目内容基本相同,但以一种"全新的方式",将一系列涉及当代心理、社会和文化问题的复杂潜在意

① WXYZ 电台,源自 1923 成立于底特律的 WGHP 电台,1930 年更名为 WXYZ 电台,是美国广播公司的附属电台,1984 年之后更名为 WXYT 电台,WXYZ 成为电视台。

义纳入其中。

更不必说,许多电视节目、电影、广播剧等均打破了这种模式,以真正创新的方式探讨哲学、精神和美学主题。如上所述,当代基于传媒的表征既分散注意力,又富有创造性;既墨守成规,又标新立异。这是此类表征的悖论,也是贯穿全书的观点。

传媒综合文本

诚然,按照符号学预设的整个研究路径,很多结论和发现都无法论证,只能进行探讨和论辩。但这一过程本身就是批判性理解和自我反思,两者都是筛选传媒信息的重要"过滤器"。

当代传媒符号学分析很大一部分受到了巴特的影响,他认为流行文化是一个巨型消遣娱乐工厂,旨在彻底颠覆传统的艺术形式和意义创造。当今许多人把这种彻底颠覆的原因归咎于技术,但正如本书所论证,事实并非如此。媒体技术实现了艺术民主化。如今,任何人都可随意下载古典音乐、经典电影等。此外,即使是作为日常消遣的电视,也有其积极的一面。电视为许多人,尤其是老年人,在独处的漫漫长夜提供慰藉与陪伴。

第三章引入了综合文本的概念,描述报纸将诸如新闻报道、电影评论、漫画等不同内容综合成拼贴文本的方式。综合文本一词也可以用来形容我们所处的整个媒介景观。作为巨型综合文本,媒介景观赋予我们日常接触到的各种表征凝聚力和连续性。因此,从符号学角度看,各类传媒已经融合成为一个包罗万象的社会文本。人们根据传媒社会文本评价自己的生活,模仿其中生活方式等各类内容。

传媒符号学的终极目标是通过逐步分析印刷品、音频等单一传媒形式来描述和解析这些传媒组成的整个综合文本。这就意味着要研究特定的能指如何相互关联。能指在文化中的相互关联性能够解释为什么从部落演进到先进的技术社会,意指次序能够产生一种整体感,从而赋予人类活动目的性。事实上,从特定的传媒产品中提取意义,人们需要了解该产品与特定文化的联系。

符号学分析对传媒研究的重要启示在于,电视节目、音乐流派等某一特定表征的意义很大程度上取决于该表征与其他表征的相互联系。要从符号学层面说明某个具体文本如何成为范围更广的综合文本的组成部分,广告行业就是非常好的案例。以"黑色达卡"(Drakkar noir)男士古龙水广告为例,几年前这则广告风靡一时，充斥于世界各地的杂志，其广告至今在网站上仍随处可见。广告聚焦于一款古龙水的瓶身，阴森黑暗，形状古怪。黑暗意味着恐惧、邪恶和未知。禁忌的事情往往在夜幕下发生。产品名“黑色达卡”令人毛骨悚然，强化了这样一种感觉，即喷上这款古龙水，就会变得深沉阴郁，但也会性感撩人。“达卡”的发音显然能让人联想到德古拉，这个致命的吸血鬼只需一个眼神就能迷住猎物，这在消费者心中激起了一种隐秘的恐惧和贪婪。

从这一文本可以提取出吸血鬼的主题，原因在于该主题是社会文本性的一部分。1897 年，布拉姆·斯托克(Bram Stoker)首次发表小说《德古拉》，此后多次再版，德古拉的传说从他笔下跃然于现代世界。他笔下的角色成为衡量未来文学和电影中所有吸血鬼的标准。德古拉的形象实际上已经成为流行文化传说的一部分。

很明显，古龙水的整体呈现方式并非随意设计，而是为了唤起在文本和历史层面上相关联的内涵丰富的意义链：

黑暗＝邪恶＝令人渴望之物＝德古拉＝性＝……

我们无疑还可以从中获取包含其他内涵的符号解释，因为吸血鬼形象也有着其他象征，特别是打破禁忌。德古拉的形象挑战权威，划定激情和权力之间的细微界限，重新唤起了对青春永驻和不死之身的神话探索。斯托克笔下的德古拉是邪恶的化身，但在现代表征中，德古拉已经演变成更加矛盾的生物，这清楚地反映了流行文化中善恶界限的模糊性。

传媒延伸

贯穿本书始终的主题之一是麦克卢汉的观点：传媒是人类自身的延伸。这个主题值得我们再次重新审视。其基本思想是：工具是某些感官、身体、表达或智能的延伸，因此，技术总体上是人类强化生物学能力的尝试和内在需要。符号及其结构是否是扩展解剖学层面感觉神经能力的工具，使我们能够做一些本来不可能做到的事？如果确实如此，这就需要如生物符号学运动所倡导的那样，调整符号学理论。雅各布·冯·于克斯屈尔(Jakob von Uexküll, 1909)是该运动的先行者。他提出，自然界赋予一个物种特定的神经解剖学结构，该物种以特定方式感知物体与信息的外在世界(Umwelt)，从而能够自行构建该世界的必要模型，即内在世界(Innenwelt)，并按自己的方式理解和应对外在世界。人类的建模过程相对复杂，涉及抽象的符号学。这也许就是为什么人类不只是简单地对刺激物做出反应，而是创造性地与刺激物进行互动，且这种互动具有象征意义。人类将刺激物转变成存于世上的符号形式，用这些符号进一步探索世界。这意味着人类最终掌控着自身的进化。在某些人看来，这种观点似乎有些荒谬，但近几十年来，生物学家越来越多地采用冯·于克斯屈尔的基本观点，认为人类进化是自创生的，前文已对此简要论述过。技术是自创生的，使人类与自然合作，实现进化。

麦克卢汉的基本观点是，人类创造工具，最初是为了延伸自身能力，如为了看得更远，跑得更快，思维更敏捷等。一旦有了必要的工具，人类就会进一步延伸，创造出复杂的工具系统和技术。因此，人类的进化是自创生的，换言之，人类通过自己制造的工具所产生的条件、活动和意义实现进化，而并非严格按照生物过程进化。实际上，人类是自己世界的创造者，正如麦克卢汉论述的那样，我们生活在“人造环境中，令进化过程从生物学转向技术领域”(McLuhan, 1968:85)。从印刷时代到电子时代再到数字时代，用于创造知识和沟通交流的工具日新月异，我们对自己的身体这一得到延伸的有机物质也产生了不同感受。如麦克卢汉(1970:180)所言：“当进化过程从生物学转向软件技术时，身体就成了旧的硬件环境。人体现已成为探测仪，成为实验室。”尽管如此，印刷品传播却并未消失。我们从中得到的历史经验是，人类的进化由技术创新的力量引导，但这些创新并没有切断我们自己塑造的历史长河中的关联性。

借用麦克卢汉的话来总结(1962:3)：“传媒是将人类生存环境中的感觉延伸扩展的手段。”大众传媒的出现对塑造现代人类生活而言至关重要。尽管大众传播的本质始终吸引着各个时代的思想家，但时至今日，人们才从人类信息处理方式的角度对其进行科学研究。

文字的影响

贯穿本书的一个潜在意义是，文字和阅读对人类进化至关重要。从象形文字到字母以及其他文字，我们实际上已通过书写成为有意识的存在。

文字写作是传媒化的社会表征实践。如已故的雅克·德里达(1976)所言，文字与阅读相互映照。德里达认为，为了解答深刻的存在主义问题，文字设定了语言范畴和精确定义，并通过书面文本固化下来，这恰恰误导了我们对这些问题的理解。人们假设语言是一种毫不失真的思想编码工具，但当我们回看文字发展史及其经历的所有变化时，就会发现这种假设毫无依据。德里达分析了哲学话语，发现这种话语极其复杂、循环往复，仅服务于哲学家的特定利益。现实本质上就难以捉摸，哲学话语很难作为获取现实真相的工具。

德里达的主要论点是，书面文本的意义会因读者、阅读年代、阅读方式等而异，不能以任何绝对的方式确定。因此，作者身份变化不定，只有读者才能决定文本意义。德里达反对其他学者阐释文学作品的传统方式，这种传统观点认为文学作品反映作者观点。叙事文本没有一成不变的统一意义，因为读者不可能全盘接受作者的想法。同一文本可以有无数合理解释，这些解释超出了作者的意图。因此，随着时间的推移，文本会自我“解构”。就其本质而言，文字写作属于自我指称。因此，文本中看似真实的内容实际上只是一种具体观点。在某种意义上，德里达说得没错。社会是一种虚构之物，是一种包罗万象的表征传媒。人类创造社会，以结构化的有序方式在其中开展活动，而文字是一种可以记录这些活动以供复制的手段。前文曾论证过，在互联网时代这种情况已发生了一些变化，用麦克卢汉的概念来说，所有以前的媒体都已过时，但又通过多模态和视觉文字符号等各种方式再现。从古腓尼基和古希腊时期至今，字母文字始终作为世界文化的规范。但随着互联网时代的到来，书写文字系统已发生翻天覆地的变化。

视觉文字符号

对“完美语言”的追求可追溯到古代时期以及巴别塔等故事。在巴别塔的故事中，人类想要建造通往天堂的高塔，上帝为了惩罚这一狂妄行为，让人类说不同的语言，无法彼此理解，建塔的努力也付之东流。但直到17世纪，通用语言或共同语言的概念才真正出现，法国哲学家勒内·笛卡尔(René Descartes)是最早提出这一概念的人之一。自笛卡尔提出建议至今，已有数百种人工语言问世。17世纪的神职人员约翰·威尔金斯(John Wilkins)撰文提出，真正的通用语言中的词汇应不存在歧义。1879年，德国牧师约翰·马丁·施莱尔(Johann Martin Schleyer)发明沃拉普克语(Volapük)，这是构建通用语言的最早尝试之一，该语言也得到一定程度的传播。“沃拉普克”得名于该语言中两个单词，分别意为“世界”和“说话”。

如今，人工语言中只有世界语(Esperanto)在一定程度上仍在使用。众所周知，世界语的发明者为波兰医生路德维克·拉扎尔·柴门霍夫(Ludwik

Lejzer Zamenhof)。其核心词汇主要由印欧语系的常见词根组成。西班牙语等罗曼语族与世界语最为相似,因此讲这些语言的人更易理解,但这种偏向也降低了世界语的普适性。如柴门霍夫所言,设计世界语时避免了任何形式的分裂以及外界干扰,因为外界干扰会影响其语法和词汇。但研究发现,世界语已经被简化和改动。因此,人人都说"通用语言"的想法似乎是天方夜谭。多样性是自然界的法则,也是人类生活和社会的法则。

在互联网时代,对于通用交流模式的需求再次出现。有趣的是,通过多模态,互联网传播已经向更加象形且广泛的视觉形式演变,像麦克卢汉预言的那样回归古代视觉书写。不过,早在互联网时代之前,德国哲学家戈特弗里德·莱布尼茨就提出了一种视觉符号语言,他称之为普遍语言(characteristica universalis)。这种语言由视觉字符的代码组成,可以毫无歧义地表达常见的哲学、数学和科学概念。因此,他的目标是促进技术交流,避免误解。该语言通过表意构建,以汉字为基础,至少莱布尼兹时代的欧洲人是这么理解的。尽管莱布尼茨批评了其他因日常实用目的而创造通用语言的尝试,如上文提及的威尔金斯,但随着莱布尼茨所处时代经济、科学和政治关系全球扩张,他所主张的普遍语言用途变得更广,预示着现代互联网时代的到来。他坚持认为,这一系统能够使数学和科学概念更加精确,摆脱语言的变化无常。

毋庸置疑,由于局限于数学和逻辑领域,莱布尼茨的视觉符号语言从未流行起来。为了创造出面向大众的通用文字,查尔斯·布利斯(Charles Bliss, 1949)做出大胆尝试,发起所谓的语义学运动。布利斯在中国生活过一段时间,当时,他对中国商店招牌产生浓厚兴趣,误以为这些招牌是用表意文字书写。他学会了如何读懂这些招牌,意识到自己并非用中文阅读,而是通过母语德语进行语言概念过滤。受这一经历启发,他开始创造一种类似莱布尼茨系统的图画书写文字系统,试图通过构建任何人都能轻松理解的符号,使书面交流世界通用。

他创造出的系统被称为布利斯符号(Blissymbolics),因效果显著引起了心理学家和教育家的关注。1965年,加拿大某教学中心采用了布利斯的系统,成功教会脑瘫儿童交流。该中心假设,这可能有助于孩子们掌握口语单词,事实也确实如此。但布利斯本人认为这是一种误用。他尖锐地批评了该教学中心,但最终,这套符号还是被纳入各种为有学习障碍的儿童设计的临床治疗教学中,且卓有成效。虽然布利斯不赞同,但这一应用使他的文字系统成为一种有效的教学方法。

布利斯设计系统时，国际旅游和通信正不断发展。因此，许多人认为，需要研发一种基于符号的新语言来促进全球交流。对一些人而言，布利斯符号正是完美的解决方案。但它最终也没有流行起来。其中一个原因是，人们的书写形式与其文化、历史惯例和读写方式息息相关，而要打破这些实为虚妄。

表情符号

人们追求能够再现象形文字某些标志性特征的书写模式，在互联网时代，他们终于得偿所愿，一种被称为表情符号(emoji)的书写方式应运而生。自2010年起，表情符号广泛传播，到2015年已成为名副其实的通用视觉代码。2015年，《牛津词典》将“笑出眼泪的脸”表情符号(见图9.4)收入“年度词汇”，表情符号获得广泛认可。

图9.4 “笑出眼泪的脸”表情符号

表情符号并非传统意义上的“文字”，而是一种象形文字，它颠覆了一直以来字典对书面“文字”的定义，即言语中各个声音的表征。同样是在2015年，音乐家、艺术家、政治家、广告商等各界人士开始在推特、脸书主页、照片墙、各大网站等数字场所中使用表情符号，这也意味着表情符号在社会交流中发挥着越来越重要的作用。表情符号种类越来越多，其中包括不同肤色的笑脸表情，显然，表情符号现象不仅是在视觉上点缀书面文字的“可爱”方式，更是名副其实的“时代标志”。《牛津词典》在其网站上解释称，之所以选择表情符号而非传统语音词汇，是因为它“把握住了当代世界的精神、情绪和关注点”。随着第二代互联网技术的到来，传统文字书写方式是否在衰退？至少从16世纪以来就一直为人类所用的那种读写能力，是否像《牛津词典》的选择暗示的那样，失去了其社会价值和威望？

在大多数信息制作媒体和文字领域，印刷时代鼓励甚至强制完全使用字母书写。如今互联网时代却鼓励在编撰信息时使用包括视觉和声音在内的不同模式，同时使用字母和非字母文字。从印刷时代的消亡到人类交流系统和实践的进化演变，这种新型的多模态书写系统蕴含着广泛意义。表情符号的出现和传播似乎成为对象形文字的再现，通过近乎原始的简单图像，直接表达思想和情感，包括语气。人类读写非正式信息的方式与以往截然不同，这同时也预示一种戏剧性的转变，即向一种更全面、更有想象力的表达方式转变，这不禁让人联想到人类祖先居住在洞穴时留下的刻痕。

表情符号的书写形式是一种新传媒,将语言的各种情感方面延伸到书写形式中。具有革命性的并非表情符号本身,而是其背后的技术。因此,随着技术的发展,表情符号也很可能会蜕变或消失。同时,表情符号本身也存在一种无意识的社会心理潜文本,它们似乎总能为普通的日常书面交流增添一种"阳光"、欢快的基调,与当代世界的黑暗现实和冲突形成鲜明对比。它们似乎在含蓄地说:"微笑吧,生命如此短暂。"最受欢迎的表情符号选用阳光的色彩,在我看来,这绝非巧合。

用字母字符书写单词是为了代表声音结构,以便与口语匹配。表情符号本质上则是一种视觉符号,常常能够取代字母词,直接表示指称物。在推文和短信等大多数非正式书面文本中,表情符号与字母混合使用,产生了"混合书写代码",对话者可同时使用传统字母和表情符号创造信息,有效地将音位指称系统与图标象形指称系统融合在一起(Danesi, 2016)。

大多数表情符号本质上是类似速写的风格化图标符号。当然,各种图标符号的"象似性"程度有所不同。如云朵表情符号是一个视觉图标符号,表示云朵的轮廓。而日出表情符号是一种表意图标形式,显示太阳从后方升起的形状(见图 9.5)。

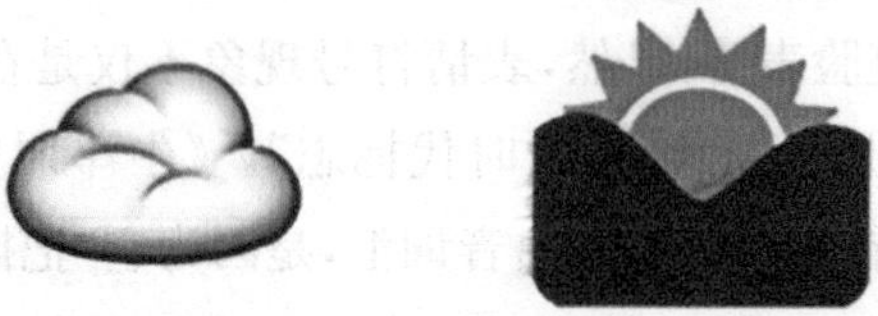

图 9.5 云朵和日出表情符号

表情符号隐含的其他图像模态包括明暗度、色彩和视角。明暗度指线条或形状的明暗程度,在呈现各种对比方面发挥了重要作用。色彩传达各种模态的意义。如灰白色在云的表情符号中代表我们感知到的实际颜色,但在某些表情符号中,灰白色可以暗示无聊等各种情绪。视角是指一种模拟性的表征模式,旨在唤起感知的某些特征,如运动。日出表情符号的设计是为了给人一种太阳正在上升的感觉,这具有指示符的性质。实际上,只有极少数表情符号仅作为类象符,多数情况下,表情符号同时融合了几种符号学模式,如指示符和类象符,只是有的较明显,有的较隐晦。

需要注意的是，尽管在全球即时通信时代，表情符号是为了加强对书面文本的广泛理解而存在，但由于种种原因，带有不同文化风格的表情符号已经出现。即使是面部表情符号或笑脸形象①也根据不同文化需求进行了修改。笑脸的创造者试图使表情符号在文化上尽可能中立。用黄色作为主色调显然是一种风格策略，以消除有关种族或民族的可识别面部特征。圆形轮廓似乎也削弱了面部结构的特定细节，以免暗示个性或身份。但是，笑脸表情符号普遍流传之后，新的表情符号被构建出来，或显性或隐性地嵌入不同文化含义。所以，用不同颜色的脸部表情符号如今已不足为奇。因此更准确地说，有些表情符号在文化中立性方面的“普适度”比其他符号高。笑脸表情无论是否使用不同颜色都有较高的普适度，相比之下，高尔夫球车这类表情符号普适度中等。而其他诸如代表“生生不息，繁荣昌盛”(live long and prosper)的瓦肯举手礼表情符号②的普适度相对较低，这个表情符号暗指 20 世纪 60 年代美国网络电视《星际迷航》节目里瓦肯人(Vulcan)的和平符号，是特定流行文化的指称物。尽管在很多地区，这个符号某种程度上已成为通用符号，但其解释受到各种因素的制约，比如表情符号使用者的年龄及其地理历史背景等。

无论使用何种语言，几乎所有的移动设备的输入法中都有笑脸和笑出眼泪的表情符号。这种漫画般的非写实象形文字能够，而且也确确实实取代了单词和短语。尽管现在某些文本可完全由表情符号组成，但表情符号多数情况下仍然与字母书写混合使用，成为强化意义的手段。目前我们还不能确定只用表情符号的写作模式是否广为传播，混合系统仍然是非正式写作中最突出的表现形式。

前文讨论旨在呈现技术、媒介和社会实践在不断演进的动态中彼此融合、牵一发而动全身的状况。根据麦克卢汉的四大法则，这些都归入一种不断演进的循环。如我们所见，字母在古代得到了广泛使用；视觉文字符号变得过时但并没有消失，只是在艺术等其他视觉表征模式中再现。从根本上说，绘画和雕塑都属于文字书写形式，即使不识字也可从整体上解读。表情符号书写本身也是一种视觉艺术形式，不同之处在于，符号是预先确定的，因此需要像字母字符一样从输入法或应用程序中选择。表情符号已经使大众共享书写艺术成为现实。

---

① 20 世纪 60 年代末，为了让人们早日从戴高乐“强人统治”的阴霾中挣脱，笑脸形象(Smiley)出现在《法兰西晚报》版头，鼓励着大家乐观向上。

② 瓦肯举手礼的手势为中指与食指并拢，无名指与小指并拢，最后将大拇指尽可能张开。

思想文化影响

上述讨论甚至全书内容都涉及传媒对人类的影响。如今,许多有影响力的思想家将矛头指向大众传播技术和大众传媒,称其带来“恶劣影响”。如德国哲学家于尔根·哈伯马斯(Jürgen Habermas)声称,西方工业民主国家创造了一种完全为经济效率服务的传媒文化。巴特和鲍德里亚也指责以经济为根基的传媒向人类灌输一种观念——快乐是生命的真谛,消费是生活的目标。自20世纪50年代末以来,“媒体抨击”遍布多个领域。从街头暴力、家庭破裂到哲学虚无主义,媒体背负着所有罪名。难道大众传媒真的是哈伯马斯、巴特、鲍德里亚等人笔下毁灭道德的工具吗?

毫无疑问,一种文化中用来表达思想的传媒会影响人们感知世界的方式,这种观点古已有之。早在古代,希腊历史学家希罗多德(Herodotus,约公元前484—425)就曾断言,埃及人与希腊人的思维方式之所以不同,是因为埃及人从右到左写字,希腊人则是从左到右。因此,希罗多德提出,一种文化用来进行表征活动的媒介的物理特性决定了该文化背景下的人们如何理解世界。14世纪,阿尔及利亚学者伊本·赫勒敦(Ibn Khaldun, 1332—1406)也阐述了类似观点。他在一篇精彩的文章中写到,游牧民族和城市居民贝都因人(Bedouin)之间存在的微妙行为差异是由于他们在语言上不同,以及他们利用不同语言表征现实的方式各异。几个世纪后,哲学家约翰·戈特弗里德·冯·赫尔德(Johann Gottfried von Herder, 1744—1803)、语言学家威廉·冯·洪堡(Wilhelm von Humboldt, 1767—1835)和哲学家乔治·威廉·弗里德里希·黑格尔(Georg Wilhelm Friedrich Hegel, 1770—1831)都重申了类似观点。此后不久,马丁·海德格尔(Martin Heidegger, 1889—1976)表示,技术社会已经剥夺了人类生活的意义。他把这种社会诱发的心理状态称为虚无主义,该词现已被广泛使用。

人们通常会指责“传媒符号学”的产物阻碍了原本要追求的更“崇高的生活目标”。如果是这样,“指责者”就应当已了解其他人不知道的这些目标的具体内容,更重要的是,他们也应当了解人们为什么会追求这些目标。与人类历史上的任何其他时期一样,要从目前的传媒表征中确定何为“可敬”,何为“可鄙”,即便有可能做到,难度也相当大。事实上,历史告诉我们,可敬的表征往往会自行延续，可鄙的表征则很快会自行消失，被人遗忘。

皮下注射理论

大众传播和传媒研究已出现多种分支，其中就有专门批判性传媒影响研究。这些分支都以内容分析为基础。内容分析是指对传媒信息包含的内容种类，以及这些内容对人类影响的描述。这一领域的相关研究普遍认为，媒体内容不再仅仅反映文化价值，在很大程度上也塑造文化价值（Meyrowitz, 1985; Croteau & Hoynes, 1997; Dutton, 1997; Berman, 1998; Ryan, 19994 McChesney, 1999）。如果这些研究所言非虚，那么这种情况显然源自媒介传播。1949 年乔治・奥韦尔小说中的"老大哥"似乎已经以遍及全球的电脑屏幕形式具体化了。

认为大众传媒可以直接影响行为的理论被称为皮下注射理论（HNT），该理论相信媒体能够直接动摇人们的思想，就像皮下注射可以直接改变身体状况一样。"垃圾食品"现象经常被当作这一理论的佐证。20 世纪 20 年代，快餐店首次出现，当时叫作小餐馆。20 世纪 50 年代，小餐馆不断壮大，被称为汉堡"摊"，其定位是成为主要面向青少年的社交场所。当时的人认为，这些地方的食物是损害健康的"垃圾"，只有年轻人才吃，因为他们新陈代谢较快，可以更快消化这些食物，也比老年人更容易从其健康危害中恢复。但经过有效的广告宣传，垃圾食品很快就成为各年龄段人群的嗜好。因此，吃垃圾食品的冲动已成为当代生活的常态，诱发了不健康的饮食习惯。事实上，无节制地吃垃圾食品是导致患肥胖症人数增加的主要因素之一（施洛塞尔 Schlosser, 2000）。

肥胖与媒体宣扬的骨感审美格格不入。这种现实和媒体形象的脱节产生了以前不为人知的基于文化的疾病，其中之一便是神经性厌食症，该病患者因害怕发胖限制食物摄入，过量运动，导致减肥过度。不出所料，神经性厌食症患者多为青少年，年轻女孩居多，她们往往认为外形在同龄人社交中至关重要。患者还可能表现出暴食症状，吃大量食物，然后催吐。目前还没有治疗神经性厌食症的有效疗法。

但是，此种认为媒体引起饮食失调的皮下注射观点忽视了史实。暴食或节食并非只存在于当代，二者一直是生活过度富足诱发的症状。因此，需要一种更为温和的皮下注射理论，多级传播（Multistep Flow）理论就是其中之一。该理论主张媒体影响是间接的，并以特定的社区价值观为媒介。不同社会阶层的人对媒体产品的阐释相去甚远,由此可部分论证这种观点。人们往往将不同阶层人群视为诠释共同体(interpretive communities),倾向于与家庭、工会、社区、教堂等真实存在的群体相吻合。

这一切都引出一个问题:假如有人有权决定哪些内容能进入传媒综合文本,这个人是谁?实际上,大多数人都能轻易区分某件事物是否属于艺术。尽管很多时候,专心与分心之间的界线很模糊,但是伟大的艺术作品大多会需要专心投入,许多流行的媒体作品则是为了分心消遣。许多原本用于娱乐消遣的形式本身已经演变成了高度专注的艺术作品。如第四章提到的某些爵士乐和摇滚乐值得与伟大的古典乐并驾齐驱;第五章提到的许多电影成为史上最伟大的视觉艺术作品之一;甚至各时代某些电视节目都具有重大艺术价值。有些类型的广告本身也具有艺术价值。虽然人们可能并不赞同广告的整体目标,但作为一种审美体验,人们仍然享受其中。广告让人信服,令人愉悦,使人着迷。

为了抵制任何所谓的皮下注射效应,提出严厉措施来审查或压制任何形式的媒体表达都是无用功。一方面,媒体信息只有在个人已经对其内容有倾向性的情况下才会产生这样的效果;另一方面,传媒大亨们会想尽办法规避这些措施。即使在民主文化环境中有可能控制媒体内容,也必然会适得其反。问题的关键是要意识到媒体产生的意义。人类若是能意识到文本中暗含的意义,就将更好地抵御这些文本可能造成的不良影响。

具体而言,可以用“连续体”来解释闲散消遣与专注欣赏的概念。在连续体的一端是仅供消遣娱乐的音乐,且性质不会随着时间推移而改变;另一端则是主要用于专注欣赏的音乐,尽管其最初目的可能是娱乐。以朱塞佩·威尔第(Giuseppe Verdi, 1813—1901)的歌剧为例,尽管他的歌剧很伟大,但人们最初去看歌剧只是为了娱乐消遣。这种音乐最终发展出超娱乐功能的意义,影响因素有很多,其中最重要的是作曲家的音乐天赋。在传媒世界中,几乎所有人都认同广告短歌属于娱乐消遣一类,例如“我可舒适”牌泡腾片(Alka Seltzer)的“扑通、扑通、嘶嘶、嘶嘶,真舒适自在啊(Plop, plop, fizz, fizz, oh what a relief it is)”广告歌。同样的,莫扎特强有力的《安魂曲》(*Requiem Mass*)等音乐作品自然需要专注欣赏。尽管这种论断显而易见,但还是具体表明了人们总体而言可以从媒体文化提供的大杂烩式选择中辨别出好坏。问题在于,处于连续体中段的传媒产品会造成文化困惑。

毋庸置疑,“符号解释”是决定某人如何在连续体上定位特定文本的主要因素。回顾第二章等内容，该词指个人作为社会群体的一员，将从文本中获得的特定类型的意义。人类并非机械性地消费文化意义，而是创造性地使用它们。

传媒文化的问题在于，媒体的批评者和捍卫者都言之有理。娱乐产业的目标是促进消费主义生活方式。各类传媒传达的生活图景碎片势必日复一日地影响我们的整体观点，让我们认为现实虚幻离奇，人类的行为由不相干的图像、欲望、感觉拼凑而成，生活可实现的唯一目标是通过消费获得快乐。事实也正如此类媒体评论家所言，如今的消费主义信息等同于传统的宗教或哲学话语。但同样是在这个媒介景观中，人们也可以通过博客、社交媒体等揭露消费主义的陈腐和技术的危险。现代性的悖论就在于此。

次生口语[①]文化

正如麦克卢汉所预料，数字通信的世界将带来次生口语(secondary orality)文化的回归，表现在认知、阐释、表达甚至教育的模式中，尽管这些模式根本上是通过书写文字媒介形成的，但仍然与口语特征相关。

通过发声和手势交流的口语往往与通过文字和阅读表达的读写相对。从社会进化角度来看，这两种模式与不同的认知风格和文化类别有关。口语文化富有诗意，注重模仿；读写文化则具有反思性与逻辑性，强调原创，这种文化背景下的社会也十分文明。如麦克卢汉所言，原生口语是基础形式，并且仍然存在于许多社会或团体中。例如，犯罪团伙和邪教的组织方式与口语文化部落的组织方式相同，有一个领导者，并有口耳相传的互动。而在电子通信时代，出现了次生口语，奇异地与书写文字融合在一起，将书写文字变成了一种准口语传媒。社交媒体中的书面交流有许多口语化特点：

(1) 压缩省略，缺乏许多标点符号和正确语法，其方式类似于口头讲话。
(2) 像语音一样可实时同步发生，同时可像写作一样经手编辑。
(3) 和表达方式上是非正式和高度对话性的。
(4) 鼓励对话者像在口头交流一样立即作出答复。

---

① 次生口语，即有明确或潜在文本依托的口语，如舞台表演、播音主持、演讲朗诵、学术报告、论辩谈判等，与原生口语相对。

原生口语[①](primary orality)基于人声等自然媒介,次生口语则基于人工媒介。麦克卢汉之所以始终对写作现象充满兴趣,就是因为它揭示了传媒如何扩展感官结构并影响认知和文化演变。麦克卢汉在多伦多大学的学生德里克·德·克霍夫(Derrick de Kerckhove)对此做了相关研究。他在第二代互联网革命之际提出"互联智能"(connected intelligence)一词(克霍夫,1997)。这一概念也被称为"分布式认知"(distributed cognition)或"网络化智能"(networked intelligence)。研究认为,尽管人们偶尔也会对某些个体的智能表示敬意,但其对通过社交媒体传播的外向型智能的兴趣高于对个体智能行为的兴趣。在这个媒介景观中,群体利益高于个人名利。

传媒链接

在网络空间中,通信和互动几乎在以光速发生发展。正因如此,当代网络空间居民会感到被当下发生的事牢牢束缚,往往感受不到未来。在印刷时代,由于强调线性发展,人类构建了历史的线性叙事模型,表明未来无限遥远,个人和社会的进化都需要找到通往未来的道路;在网络空间则没有这种线性认知,只有连接性,让人们感觉被困在某些网络结构中,没有任何个体能动性。这与生活在原生口语文化中的人们经历的意识模式相同。不同之处在于,原生口语文化存在的空间和环境受限,存在边界,人们能够确定自己在世界中的位置。而在次生口语文化中,没有空间和时间的概念,也没有明确边界,人们感到无处存在,却又无处不在。

表 9.1 口语文化与书面文化对比

口语文化	书面文化
词汇量极小,约几千词,因为口语社群成员必须记住所有词组与短语	词汇量充足,近乎无限,保存在书本等书写传媒中,获取可不受时间限制
学习方式为学徒式的口头对话	学习方式为印刷文本分析,这也是教育知识传播的基本方式
倾向于外向性,因为理解故事时需要与团体共同聆听萨满等首领讲述	倾向于内向性,因为阅读是独立活动,会产生自我反省

① 原生口语,指完全没有文本依托的自然原生态的口语。

续　表

口语文化	书面文化
非常重视传统，长者是知识的监管人，因此在文化中占统治地位	重视创新、辩论和批判性反思
产生“英雄式”文化，因为历史必须铭记，通过史诗和英雄故事可以实现这一点	产生“反英雄”文化，崇尚对人类行为和历史的心理分析
产生“片段式”思维，文化中过去的片段彼此交织	产生“线性”思维，将历史片段视为一段进程，如书写文字般线性排列

当今世界的问题从根本上说是麦克卢汉式的问题，它存在于零零碎碎的网络、字节与想法中，融合成一种混杂的思想，当与印刷时代的风格对照时就显得混乱。这是否意味着哲学思考像很多人认为的那样，正濒临消失的边缘？毕竟，哲学本身是印刷文化的产物，而非主要依靠人类学家所说的民间智慧和文字魔术的原生口语文化。因此，这一论述给我们的警示是，现在我们有责任对热词和模因进行筛选，并从哲学角度对其批判。换句话说，矛盾之处在于，在这个互联的世界中，哲学思考不断再现，因为我们冥冥之中觉得它仍然最符合人类利益。将新旧技术对立实属谬误。在这个时代，思想的清晰性和独特性仍然可能存在，这事实上也是我们需要设定的目标。

印刷时代使个人主义成为一种价值观和优先选择，注重隐私，避免公开曝光。由此产生了所谓的“个人主义大脑”，这种意识形式认为每个人都是独立个体，表达个人观点是所有人不可剥夺的权利，每个人都有独立于其他人的想法，独立于法律和既存智慧等权威结构。个人主义认为，只有在承认个人权利的基础上才能实现文明社会，而集体本身除了其中成员的一系列个人权利外，再无其他权利。在个人主义社会中，共同体或集体的思想属于人类进化的前一个阶段，这是文字出现之前社会的典型特征。如果存在“集体思想”，这些思想则来自于为了共同利益而汇集起来的个人思想的共识。身体和心灵的所有功能都被看作私有，无法共享或传输。在这种范式中，我们继承其他个体的想法，但将其变成自己想要或需要的东西。我们互相学习，而不是向特定的社会政治人物或领导人学习。在这种体系中，个人创造力非常重要，部落形式的知识则被视为原始或迷信。

个人主义大脑是一种理想，通过人类有机体中发挥作用的社会技术力量形成。因此，它有一定价值，但也有众多弊端，经临床诊断的精神疾病就是其中之一。因此，临床心理学取代宗教，通过科学方法实现心灵与周围环境的和谐相处。精神分析、存在主义、荒诞主义、超现实主义和后现代主义等运动在强调群体和谐的部落社会中绝不可能出现,这些都是个人主义大脑的产物,会受到异化和扭曲的影响。而在第二代互联网世界中,虚拟的“公共大脑”已经固化,这种运动和心理实践的影响力较小,类似的运动只是零星浮现,收效甚微,也就不难理解了。在学术界,个人主义引发了关于身份、他者性和其他个人主义概念的辩论和研究,随着个人主义艺术运动从表现主义到后现代主义演变,浪漫理想主义者的倾向成为尖锐的社会焦点。个体身份的概念如果在公共团体中出现几乎毫无价值,在公共团体中唯一有价值的身份是领导者,如萨满、贵族、英雄等,他们决定了群体思维。

但正如本书所述,技术带来的社会变革总是呈现出一种悖论。个人主义大脑并没有完全消失,只是以不同方式出现在社交媒体中,比如创建个人资料,以及通过个人主义构建身份的新方式。身份不再由真实世界的外部社会力量塑造,而是在网络上通过自我描绘实现。因此,其悖论在于,个人主义大脑试图在公共大脑中寻找一席之地,就像大脑中的单个细胞有特定的功能,但其更重要的功能是作为大脑整体功能的组成部分。

也许人脑本质上是不同元素的混合体,因此仿作与拼贴源自其神经结构必备的认知模式。如果是这样的话,那就正如麦克卢汉所言,当前的电子宇宙真的是一个外化的大脑,以电路、分支、互联等形式显示其相互连接的物理性质。如德·克霍夫(1997)所述,媒介景观挖掘了大脑的基本轮廓结构,使我们能够跳出个人主义大脑的线性思维,看到、听到、感受到更多。

技术的危险之处在于各类概念,包括奇点以及“技术垄断”(Technopoly)。1992 年,尼尔·波兹曼(Neil Postman)提出“技术垄断”这一概念,指某一社会完全依赖技术,视其为权威,从中获得娱乐,甚至听命于技术。当技术造成世界中信息饱和时,就会出现这种情况。波兹曼根据以技术为导向的进化归纳出三种“范式转向”:

(1)“工具使用文化”。其利用工具解决生存的物理问题,并服务于充满仪式象征和艺术的新兴世界。这些文化是神权主义的,由形而上学的世界观统一起来。

(2)“技术统治文化”。其采用字母表等认知工具创造特定的世界观或波兹曼笔下的“思想世界”。这有助于推翻以前的形而上学思想世界,例如日心说就推翻了地心说。技术主义促使人们发明创造，推动科学发展和识字率上升。技术统治社会仍然是“自上而下”的，即由宗教组织、教育机构和社会机构控制。

(3)“技术垄断文化”。其是一种“极权技术统治”，自行发展。它使人类只能在机器和计算中寻求意义。

波兹曼告诫人们，那些看不到技术的弊端，不断要求更多创新，从而得到更多信息的人，实际上是新型精神控制的沉默见证者。在波兹曼看来，改善这种情况的唯一方法是让人们接受有关技术的历史、社会影响和心理偏见的教育，从而明智地使用技术。尽管本书并非遵照波兹曼式概念，而是为了给媒介景观提供一个解释框架，但波兹曼的上述观点实际上也是本书的潜在意义之一。正如本书通篇反复强调的那样，上述解释框架是一种符号学意义框架。

总结反思

符号学研究基于全人类都有“对意义的需求”这一假设，这也正是各类媒体产品都如此引人入胜的原因。媒体产品提供的表征满足了我们对意义的需求。当然，这种需求推动着人类发展，不仅创造出世俗的狂欢文化形式，也创造了神话、艺术、仪式、语言、数学、科学等真正伟大的事物，使人类有别于其他物种。我们如今所处的传媒文化，无论其代表性产品看起来多么怪异，又或者多么平凡，实际不过都是满足这种需求的当代工具。当然也不要忘记，一些媒体人本身往往就决心“让世界更美好”。无数电视台记者、报纸记者等不断对“体制”问责。创意媒体制造商也提供了真正有意义的替代方案，取代主导“消遣工厂”的即时满足通俗文化。

各类文化从内部动态协同地解决问题并设定未来目标。尽管传媒全球化确实已经将世界变成狂热消费的“工厂”，由大公司控制其运作，但这个工厂的不断变化也确实来自内部，不过是带来些不稳定性罢了。我们唯一要做的是确保后代了解这个工厂运作中的历史和象征力量。简单来说，我们有责任确保我们的孩子能够区分有意义的新闻纪录片和跑鞋广告。讽刺的是，这样做的最佳方式还是通过媒体。

在内心深处，我们都本能地认为，尽管媒体有种种缺陷，但人类最终会站在民主的一边，不允许自己被少数人控制。这就是从所有以失败告终的精神控制社会实验中得出的经验。专制独裁无法长久禁锢人类的想象力。古代以色列人就用"hychma"一词来描述人性的这一方面,将其定义为"心灵科学"。心灵科学不会让"暴君掳走人心"。

扩展阅读

本书多次提到,心灵、身体和文化相互关联的概念现在属于生物符号学范畴。该领域著作如下:

Hoffmeyer, Jesper. 2008. *Biosemiotics: An Examination into the Signs of Life and the Life of Signs*. Scranton: University of Scranton Press.

霍夫迈尔研究了生物符号学自20世纪90年代初以来的发展情况,强调信息的符号学性质。

Kull, Kalevi. 2011. *Towards a Semiotic Biology: Life is the Action of Signs*. London: Imperial College Press.

库尔认为,生命应该是符号过程,否则就只具有物理性质。库尔旁征博引阐述了这一生物符号学的关键概念。

Sebeok, Thomas A. and Danesi, Marcel. 2000. *The Forms of Meaning: Modeling Systems Theory and Semiotic Analysis*. Berlin: Mouton de Gruyter.

西比奥克与达内西认为,生物符号学的主要目标是研究模式化现象,这些现象在不同层次上嵌入符号学。

Posner, Roland, Klaus Robering, and Thomas A. Sebeok (eds.). 1997-2004. *Semiotik: Ein Handbuch zu den zeichentheoretischen Grundlagen von Natur und Kultur / Semiotics: A Handbook on the Sign-Theoretic Foundations of Nature and Culture*. 4 vols. Berlin: Mouton de Gruyter.

这本论文集共四卷,收录当代符号学各领域及其子领域专家的文章,对该学科进行全面专业的介绍,涵盖从符号理论到生物符号学的前沿课题。